A leitura desse importante livro será muito proveitosa para todos quantos se interessam pela evangelização de pessoas do nosso tempo, tão profundamente alienadas do evangelho. Concebido a partir de vinte anos de evangelização individual, esse livro reflete profunda compreensão da teologia bíblica e pungente compaixão pelas pessoas — e encontra um meio de fazer perguntas inteligentes e investigativas. E isso é exatamente o que o próprio Mestre faria!

D. A. Carson, professor pesquisador de Novo Testamento da Trinity Evangelical Divinity School

Evangelização e apologética por meio de perguntas oferece uma mescla absolutamente singular de informações apologéticas e conselhos práticos sobre evangelização. Newman é um experiente profissional, e esse livro é leitura essencial para quem quer aprender a aplicar a apologética à evangelização de uma maneira bíblica e sensível nas relações pessoais.

J. P. Moreland, professor emérito de Filosofia na Talbot School of Theology, Biola University

Randy Newman vai muito além dos manuais e da apologética, trazendo de volta a arte perdida de ouvir, do diálogo e do coração da evangelização no espírito de Cristo.

Marc V. Rutter, diretor nacional, Human Resource Leadership, Campus Ministry, Campus Crusade for Christ [Cruzada Estudantil e Profissional para Cristo]

Randy Newman escreveu um valioso recurso para todos nós que queremos compartilhar as boas-novas de Jesus com os nossos contemporâneos.

Mitch Glaser, presidente, Chosen People Ministries

Fazer perguntas, as perguntas certas, é uma habilidade essencial necessária a todos os cristãos. Da próxima vez em que eu for falar de minha fé a alguém, vou fazer algumas perguntas "que abrem o caminho para o evangelho!".

Major General R. L. VanAntwerp, ex-chefe de Engenharias, Exército dos Estados Unidos, Presidente de Officers'

EVANGELIZAÇÃO E APOLOGÉTICA
POR MEIO DE PERGUNTAS

Dados Internacionais de Catalogação na Publicação (CIP)
Angélica Ilacqua CRB-8/7057

Newman, Randy
  Evangelização e apologética por meio de perguntas : aprendendo com Jesus a fazer perguntas que envolvem o coração das pessoas / Randy Newman ; tradução de Daniel Hubert Kroker. — São Paulo : Vida Nova, 2021.
  320 p.

ISBN 978-65-86136-45-6
Título original: Questioning evangelism: engaging people's hearts the way Jesus did

1. Apologética 2. Evangelização 3. Cristianismo I. Título II. Kroker, Daniel Hubert

20-2419   CDD 239

Índices para catálogo sistemático

1. Apologética

RANDY NEWMAN

EVANGELIZAÇÃO E APOLOGÉTICA
POR MEIO DE PERGUNTAS

APRENDENDO COM JESUS A FAZER PERGUNTAS
QUE ENVOLVEM O CORAÇÃO DAS PESSOAS

Tradução

Daniel Hubert Kroker

APRESENTAÇÃO DE LEE STROBEL

©2004, 2017, de Randy Newman
Título do original: *Questioning evangelism: engaging people's hearts the way Jesus did*, edição publicada por Kregel Publications (Grand Rapids, Michigan, USA).

Todos os direitos em língua portuguesa reservados por
Sociedade Religiosa Edições Vida Nova
Rua Antônio Carlos Tacconi, 63, São Paulo, SP, 04810-020
vidanova.com.br | vidanova@vidanova.com.br

1.ª edição: 2021

Proibida a reprodução por quaisquer meios,
salvo em citações breves, com indicação da fonte.

Impresso no Brasil / *Printed in Brazil*

Todas as citações bíblicas sem indicação da versão foram traduzidas diretamente da New International Version. As citações com indicação da versão *in loco* foram traduzidas diretamente da King James Version (KJV) e da New American Standard Bible (NASB).

Direção executiva
Kenneth Lee Davis

Gerência editorial
Fabiano Silveira Medeiros

Edição de texto
Lenita Ananias
Rosa M. Ferreira

Preparação de texto
Danny Charão
Marcia B. Medeiros

Revisão de provas
Abner Arrais

Gerência de produção
Sérgio Siqueira Moura

Diagramação
Sandra Oliveira

Capa
Souto Marcas Vivas

À minha mãe judia,

Rhoda Newman,

que, já idosa, aos 75 anos,
encontrou respostas às suas muitas perguntas
e se tornou seguidora de
Jesus, Salvador, Rabi, Redentor e Senhor.

SUMÁRIO

Prefácio à segunda edição 11
Agradecimentos 13
Apresentação de Lee Strobel 15

Introdução 17

PARTE 1: POR QUE FAZER PERGUNTAS?

1. Por que perguntas são melhores do que respostas? 25
2. O conquistar almas salomônico: O que o livro de
   Provérbios nos ensina sobre perguntas? 47
3. Como as perguntas preparam o caminho para as respostas? ...65

PARTE 2: QUE PERGUNTAS AS PESSOAS ESTÃO FAZENDO?

4. Por que os cristãos são tão intolerantes? 89
5. Por que um Deus bom permite o mal e o sofrimento
   como ataques terroristas e aids? O principal "por quê?"
   (Primeira parte) 117
6. Por que alguém adoraria a um Deus que permitiu o
   Onze de setembro? O principal "por quê?"
   (Segunda parte) 133
7. Por que acreditaríamos em um livro antigo escrito por
   homens judeus já mortos? 145

8. Por que os cristãos são tão homofóbicos?..................169
9. O que há de tão bom no casamento? 195
10. Se Jesus é tão extraordinário, por que alguns seguidores dele são tão desprezíveis? 223

PARTE 3: POR QUE PERGUNTAS E RESPOSTAS NÃO BASTAM?

11. A pergunta da compaixão: "E se eu não me importar que o meu próximo esteja indo para o inferno?"...............247
12. A pergunta da ira: "E se eu *quiser* mesmo que o meu próximo vá para o inferno?". 265
13. A pergunta do silêncio: "Quando é hora de ficar calado?"..283

Epílogo: Perguntas não respondidas..................303

PREFÁCIO À SEGUNDA EDIÇÃO

Já passou mais de uma década desde a publicação original de *Evangelização e apologética por meio de perguntas*. Durante esse tempo, nosso mundo sofreu mudanças drásticas, mas nosso evangelho não. O ambiente em que proclamamos a boa notícia ficou mais hostil, mas nossa mensagem é tão boa como sempre.

Houve um tempo em que, creio, os cristãos compartilhavam a fé movidos pela culpa. Isso criou muitos males. Então, houve um período em que a principal motivação era o triunfalismo. Tínhamos mais evidências e melhores argumentos do que os não cristãos à nossa volta. Queríamos ganhar! Esse tempo foi ainda pior do que os dias motivados pela culpa. Mas hoje encontro mais e mais cristãos desejosos de alcançar as pessoas por sua preocupação pelos perdidos. Eles os amam. Estou esperançoso de que essa motivação graciosa dê muito fruto, apesar da hostilidade cultural atual.

O feedback mais encorajador que tenho ouvido sobre *Evangelização e apologética por meio de perguntas* é quando as pessoas dizem: "Li seu livro e eu agora penso 'Eu consigo fazer isso. Consigo fazer perguntas e ver como Deus me usa'". Acredito que Deus honrará esses esforços por envolver o coração das pessoas da forma como Jesus fez — fazendo perguntas.

Mas tenho recebido um comentário menos encorajador. Ao ler meus diálogos hipotéticos, alguns leitores responderam: "Ah, eu nunca conseguiria ser inteligente assim. Eu simplesmente não sou essa pessoa. Bem, eu também não. Quase ninguém é. A realidade é que os diálogos hipotéticos não são tão espontâneos como parecem. Todos faríamos bem em tentar imaginar muitas maneiras pelas quais podemos iniciar diálogos com pessoas que questionam e praticar que respostas poderíamos dar. Não permita que esses diálogos hipotéticos o desencorajem de tentar se envolver, mesmo que suas palavras não sejam tão suaves quanto parecem em meus exemplos.

Uma mudança significativa nessa edição está no capítulo sobre a homossexualidade. Desde a primeira publicação de *Evangelização e apologética por meio de perguntas*, nossa cultura tornou-se radicalmente pró-gay, e a Suprema Corte dos Estados Unidos declarou o casamento gay legal em todos os 50 estados. O ensinamento das Escrituras acerca da homossexualidade, no entanto, não mudou. Se meu capítulo sobre a homossexualidade foi levemente útil na primeira publicação, pode ser absolutamente crucial nessa segunda edição. Atualizei o capítulo e ofereci novos recursos para aqueles que querem mais ajuda com essa questão.

Sou grato a nosso Senhor pelo modo como ele usou *Evangelização e apologética por meio de perguntas*. Que ele tenha prazer em continuar a fazê-lo conforme o povo de Deus ora por avivamento, alcança as pessoas com ousadia humilde e faz perguntas que podem levar a uma eternidade diferente para muitas, muitas pessoas.

AGRADECIMENTOS

A palavra *grato* me traz lembranças felizes de muita gente e inspira afeição sincera por todas as pessoas que me incentivaram durante a escrita deste livro — ouvindo as minhas ideias, lendo um capítulo ou dois (ou mais!), ajudando-me a formular o fluxo de um raciocínio ou me indicando o que não fazia muito sentido. Pelo tempo e pelas sugestões que me ofereceram, devo muitos agradecimentos a Ellen Beauchamp, Jim Beavers, Barbara Brand, Mike Calkin, David Case, Dave Fossum, Mitch Glaser, Derrick Lovick, Mark Lundquist, Dave McGaw, Mike Metzger, Jim Roembke, Joe Scimecca, Stan Wallace, David Walnut e George Selden.

Sou grato aos membros do Pentagon Prayer Breakfast, da Burke Community Church, Barcroft Bible Church, à classe Life Builders da McLean Bible Church e aos companheiros do corpo docente da George Mason University e da University of Maryland por terem permitido que eu "testasse" as minhas ideias em mensagens a eles.

Muito obrigado aos meus maiores incentivadores e desafiadores — Lin Johnson, Spencer Brand, Patrick Dennis, Don Carson e J. P. Moreland — por terem dedicado tempo para avaliar meu texto e insistido para que eu continuasse.

Tenho o prazer de dizer aos meus três filhos — Dan, David e Jon — que o papai estará mais disponível agora que este projeto foi concluído. Será uma demonstração da graça de Deus se este livro ajudar vocês a alcançar seus colegas — pessoas que eu sequer consigo começar a imaginar quem são!

Acima de tudo, sou grato à minha esposa, Pam, por seu amor e incentivo. Às vezes, você acreditou mais em mim e nesta obra do que eu mesmo. Escrever o capítulo sobre o casamento foi um prazer — por sua causa.

APRESENTAÇÃO

O e-mail era sarcástico, com tons claramente hostis e zombadores. No fim, a pessoa — alguém que eu não conhecia — fez uma pergunta pungente: "Se o seu Deus é amoroso, por que ele permite tanta dor e sofrimento no mundo?".

Eu não estava de bom humor quando li o e-mail. Parte de mim queria responder no mesmo tom negativo, mas logo percebi que não seria a abordagem certa. Então comecei a escrever uma resposta detalhada de cinco pontos para a pergunta sobre a dor e o sofrimento, o tipo de resposta teologicamente correta que você aprende quando estuda apologética cristã.

Fiz uma pausa. Deletei o que eu tinha escrito. Em vez disso, simplesmente digitei, "De todas as perguntas do universo, por que você escolheu perguntar isso?", pressionei o botão enviar.

A resposta veio no dia seguinte. O segundo e-mail tinha um tom totalmente diferente — a raiva tinha desaparecido, e o escritor estava muito mais sincero. Ele descreveu suas impressionantes conquistas acadêmicas e contou como ascendeu ao sucesso em sua carreira — apenas para perder a visão e a saúde para o diabetes. Seu trabalho evaporou. Os amigos se afastaram. Agora ele estava vivendo da assistência do governo. Ele estava sofrendo de depressão, solidão, amargura e medo.

Eu senti empatia por ele e comuniquei isso a ele. Ele respondeu que se sentiu ouvido e valorizado. De repente, a porta estava aberta a um diálogo espiritual frutífero.

Esse é, em suma, o poder de uma pergunta. E é disso que esse livro trata — como compartilhar a mensagem de esperança e graça de Deus por meio de perguntas que levam à reflexão. Isso mesmo — parecido com o que Jesus fez.

Ninguém ensina a arte da pergunta melhor do que meu amigo Randy Newman. Ao conhecer Randy pessoalmente, você imediatamente se sente atraído por seu humor autodepreciante, seu intelecto inegável e seu grande coração por Deus e pelas pessoas — que sangra pelas páginas desse livro de leitura obrigatória.

Anos atrás, os apologistas cristãos figurativamente alinhavavam os alvos de sua evangelização e os metralhavam com fatos, evidências e argumentos. Isso não funciona mais. Para a maior parte, a evangelização acontece por meio de relacionamentos, que são mais bem nutridos com perguntas instigantes do que com um discurso memorizado acerca do evangelho.

Permita que Randy o ensine a ser um embaixador mais eficaz para Jesus no século 21, ao ouvir mais do que falar, ao validar a outra pessoa como alguém criada à imagem de Deus e respeitando sua jornada espiritual.

E, claro, fazendo boas perguntas — como Randy aprendeu com o próprio mestre.

Lee Strobel,
professor de Pensamento Cristão
pela Houston Baptist University

INTRODUÇÃO

Você talvez ache este livro simplesmente estranho. No que diz respeito à evangelização, penso de modo diferente de muitas pessoas. Faço perguntas que outros não fazem. Apresento respostas em que muita gente não pensa. E respostas que muitos consideram absolutamente invencíveis não conseguem me convencer.

Talvez você pense como eu penso, ou talvez conheça pessoas que fazem o mesmo tipo de perguntas que faço. Quem sabe o nosso mundo tenha mudado tanto que precisemos repensar a evangelização.

As perguntas que faço não são desarrazoadas. Muitas vezes, as pessoas dizem: "Boa pergunta". Quando digo que certas respostas não são convincentes, é como se eu tivesse gritado um comentário sobre a roupa nova do imperador. E, reagindo às respostas que ofereço, as pessoas muitas vezes me dizem: "Nossa, eu gostaria de ter pensado nisso".

Durante muito tempo, eu me perguntava se devia simplesmente ficar quieto e me apegar ao provérbio: "Até o insensato, quando se cala, é considerado sábio" (Pv 17.28, NASB). Desejando encontrar outra opção, testei as minhas perguntas e respostas com alguns não cristãos de carne e osso. Enquanto escrevia este livro, tive contato com dezenas de pessoas extraordinariamente amáveis e atenciosas que estavam fazendo progresso na própria jornada espiritual. Elas foram generosas ao me permitir acompanhá-las em parte da viagem. Algumas delas eram alunos, outros, professores, e a maioria era pessoas comuns de várias origens. Uma das primeiras pessoas a falar de suas incertezas comigo (e a me permitir compartilhar algumas ideias minhas) foi um bombeiro que lia Nietzsche! Ao longo do caminho, recebi bastante incentivo para escrever este livro.

Oro para que os leitores sejam animados e auxiliados na tarefa de contar aos outros a melhor notícia já anunciada. Não estou questionando a validade da evangelização. Estou convidando os cristãos a recorrerem a perguntas na aventura da evangelização. Contudo, tenho dois medos. O primeiro é de que alguns talvez considerem *Evangelização e apologética por meio de perguntas* uma crítica a outros livros sobre evangelização ou apologética. Obras tão fundamentais como *More than a Carpenter*,[1] de Josh McDowell, *Know why you believe*,[2] de Paul Little, ou *Mere Christianity*,[3] de C. S. Lewis, vêm à mente. Seria o cúmulo da presunção eu criticar essas obras. Esses livros (e muitos outros como eles) são dádivas de Deus à sua igreja, e ele os usou de modos extraordinários. Dou exemplares deles sempre que posso, porque são muito eficientes — com determinadas pessoas.

Também gosto de alguns novos livros no arsenal evangelístico. Não é à toa que os dois livros de Lee Strobel, *The case for Christ* e *The case for faith*, são *best-sellers*.[4] São obras com bons argumentos, bem escritas e convincentes que nosso Senhor usou e continuará usando para conduzir muitos ao reino.

---

[1]Josh McDowell, *More than a Carpenter* (Wheaton: Tyndale House, 1977) [edição em português, *Mais que um carpinteiro* (Belo Horizonte: Betânia, 1980)].

[2]Paul Little, *Know why you believe* (Madison: InterVarsity, 1978) [edição em português: *Saiba o que você crê*, 4. ed. (São Paulo: Mundo Cristão, 1997)].

[3]C. S. Lewis, *Mere Christianity* (New York: HarperCollins, 2001) [edição em português: *Cristianismo puro e simples* (São Paulo: WMF Martins Fontes, 2009)].

[4]Lee Strobel, *The case for Christianity* (Grand Rapids: Zondervan, 1998); idem, *The case for faith* (Grand Rapids: Zondervan, 2000) [edições em português: *Em defesa de Cristo* (São Paulo: Vida, 2011); *Em defesa da fé* (São Paulo: Vida, 2002)].

É preciso, porém, diferentes abordagens para diferentes pessoas. *Evangelização e apologética por meio de perguntas* oferece mais uma abordagem. Se há uma coisa que Jesus nos ensina sobre a evangelização é que ele usava uma variedade de métodos com uma variedade de pessoas.

Qualquer abordagem evangelística, porém, exige três habilidades. A primeira e mais elementar é *anunciar* o evangelho, o que inclui a capacidade de articular clara e concisamente a mensagem da salvação. Valer-se de uma ferramenta como *The four spiritual laws*[5] é útil para apresentar a mensagem com clareza e evitar distrações e digressões desnecessárias. Anunciar o evangelho também implica que quem o anuncia deve falar de sua história, dar seu testemunho. Todo cristão precisa ter fluência ao contar como o Senhor mudou sua vida e a diferença que essa mudança faz diariamente.

A segunda habilidade evangelística é a capacidade de *defender* o evangelho. Prever perguntas comuns, informar-se sobre descobertas históricas úteis e planejar como entregar essas informações em uma sequência lógica tem de fazer parte da recomendação de Pedro de "estarmos sempre preparados para fazer uma defesa" (1Pe 3.15, NASB).

A terceira habilidade — e é aqui que *Evangelização e apologética por meio de perguntas* se encaixa — se assenta no alicerce do anúncio e da defesa do evangelho. Essa habilidade é chamada de *tornar dialógico* o evangelho. Muitas vezes negligenciada, difícil de dominar, mas absolutamente essencial, essa capacidade de dar e receber — fazer perguntas e uma troca constante de ideias — talvez seja exatamente aquilo de que nosso público pós-moderno precisa. Precisamos dessas três habilidades para ser os embaixadores de Cristo no século 21.

---

[5] Bill Bright, *The four spiritual laws* (Orlando: New Life. 1965). No Brasil, é bem comum o uso desse recurso, especialmente na forma de folhetos evangelísticos com o título *As quatro leis espirituais*, distribuídos pela Cruzada Estudantil e Profissional para Cristo. (N. do E.)

Meu segundo medo é que algumas pessoas possam considerar este livro um manual técnico. Se pensarem assim, elas podem se ver tentadas a usar a abordagem da evangelização de um jeito mecânico, rígido. Isso, porém, resultaria em uma atividade infrutífera e frustrante. Não quero que as pessoas reajam aos meus exemplos dizendo: "Preciso memorizar isso para que, da próxima vez que alguém me fizer essa pergunta, eu responda com essas palavras, use essas expressões e faça essas perguntas", e assim por diante.

Em vez disso, minha esperança é que os leitores criem um modo diferente de pensar sobre as pessoas, suas dúvidas e nossa mensagem. Por causa dessa diferença, nossas conversas evangelísticas parecerão menos movidas pelo conteúdo/persuasão e mais movidas pelo relacionamento/compreensão. Vão se parecer mais com diálogos rabínicos do que com monólogos professorais. Nossas conversas serão uma troca de ideias que conduz ambos os participantes à verdade do evangelho. Para um participante, será sua primeira chegada a esse ponto; para o outro, será uma redescoberta e uma nova apreciação da mensagem da cruz.

O objetivo de *Evangelização e apologética por meio de perguntas* é mais ajudar as pessoas a entenderem sobre *como* pensar em uma questão do que *o que* pensar. Este livro vai ajudar os discípulos de Jesus a desenvolverem a mente ("a mente de Cristo") mais do que as suas metodologias, dando aos leitores uma noção do que *dizer*. O mais importante, porém, é que os leitores crescerão em segurança, sabendo o que *perguntar*, porque o livro trata de perguntas — perguntas que os cristãos podem fazer para a conversa avançar na direção de Cristo, perguntas que os não cristãos andam fazendo (direta ou indiretamente) e perguntas que os cristãos podem usar como respostas!

Algumas perguntas que as pessoas fazem hoje são as mesmas velhas perguntas que outros vêm fazendo há milênios. Por exemplo: "Por que um Deus bom permite o mal e o sofrimento?". Mas as pessoas hoje fazem essas perguntas depois de ataques terroristas e tiroteio em escolas, o que torna essa pergunta menos estéril do que talvez fosse em outros tempos. Algumas perguntas eram feitas antes, mas hoje em dia o tom é mais intenso, mais provocador. Quando alguém pergunta, por exemplo: "Será que Jesus é mesmo o único caminho para Deus?", talvez seja mais uma acusação do que uma indagação sincera. Afinal de contas, a condição eterna daqueles "pagãos da África" não é mais a questão. Antes, ela se refere a nosso vizinho hindu, ao muçulmano da mesa ao lado da sua no trabalho, ao judeu que treina o time de futebol do seu filho ou ao casal da sua rua ligado à Nova Era, ambos apegados a cristais, usando camisetas *tie-dye* e que moram juntos sem ser casados.

Algumas perguntas *são* novas. Há vinte anos, poucas pessoas mencionavam o tema da homossexualidade no contexto de uma conversa evangelística. Agora, no entanto, as pessoas frequentemente trazem à tona esse assunto e muitas vezes o verbalizam como ataque: "Por que vocês, cristãos, são tão homofóbicos?".

Uma série de perguntas ocultas em conversas evangelísticas estão implícitas. Houve um tempo em que só os tipos mais rudes tinham a ousadia de perguntar por que tinham de parar de dormir com a namorada (ou namoradas!). E, mesmo nessa época, as perguntas deles eram mais defensivas do que indagações honestas, misturadas com uma boa dose de culpa. Hoje, graças à revolução sexual, a castidade e a fidelidade conjugal estão na defensiva, e os questionadores modernos talvez queiram perguntar (em voz alta ou no seu coração entorpecido): "O que há de tão extraordinário no casamento?", ou: "Se eu crer nesse Deus de quem você está falando, terei de concordar com as antiquadas, repressoras e nocivas ideias dele [e suas?] sobre sexo?", ou: "Por que eu devo ter relações sexuais com apenas uma pessoa pelo resto da minha vida?".

Quer as perguntas sejam antigas, quer novas — ou variações indignadas tanto das antigas quanto das novas —, nossa atitude deve ser mais de envolvimento do que de enfrentamento quando falamos das boas-novas. Precisamos encontrar novas dobradiças, que facilitem a abertura de novas portas. Precisamos ser discípulos de nosso Senhor e rabi, Jesus de Nazaré, para que cada vez mais pessoas participem conosco daquela grande reunião de adoradores em volta do Cordeiro. Se o Senhor achar conveniente usar este livro para esse fim, dando-lhe confiança ao longo do caminho, serei muito grato por isso.

PARTE 1

POR QUE FAZER PERGUNTAS?

Capítulo 1

POR QUE PERGUNTAS SÃO MELHORES DO QUE RESPOSTAS?

Jamais me esquecerei do nome dele.[1] Nunca tinha ouvido antes — Artyum.[2] Ele era da Ucrânia e talvez tenha sido a pessoa em busca de respostas mais sincera que já conheci. Eu não sabia o que fazer com ele. Iniciamos uma conversa no gramado central da American University em Washington, D.C., em um dia de novembro, mas com clima de primavera. Não era para estar tão quente. Mas ali estávamos nós, eu e Artyum, desfrutando o sol, quando o calendário dizia que deveríamos estar dentro do prédio, sorvendo goles de chocolate quente.

Falamos do clima, das aulas, da cidade natal de cada um e coisas assim. Então ele me perguntou o que eu fazia no campus. Quando se trabalha para uma organização chamada Cruzada Estudantil para Cristo e as pessoas perguntam: "O que você faz?", não leva muito tempo para a conversa se voltar para o evangelho. É um dos privilégios de ser um cruzado.

---

[1] Porções deste capítulo apareceram originalmente em Randy Newman, "Stop answering questions", *Discipleship Journal*, January–February 2002, p. 24-9.

[2] A não ser que haja indicação em contrário, todos os cenários foram extraídos de encontros reais, e muitos são combinações de mais de um encontro. Em todos os casos, exceto na história de Artyum, os nomes dos indivíduos foram alterados.

Como um evangelista de formação, dirigi nossa conversa ao ponto em que um livretinho verde passou a ser o foco do nosso diálogo. *Knowing God personally* [Conhecendo a Deus pessoalmente] é uma adaptação de *The four spiritual laws* [As quatro leis espirituais] e é uma boa ferramenta para falar do evangelho.[3] Ainda acredito nisso tanto quanto antes. Mas o que aconteceu naquele dia na American University mudou o meu modo de pensar sobre alguns métodos que usamos para evangelizar.

Eu havia me preparado e também ministrado seminários sobre como apresentar o livreto, avançar em sua exposição, evitar distrações durante a apresentação e explicação, conduzir alguém ao momento da decisão no fim do livreto e orientar a pessoa naquele momento decisivo de conversão, momento de mudança para toda a eternidade, depois de concluir o livretinho. Eu poderia afirmar as vantagens de usar uma ferramenta desse tipo (e há muitas). Eu poderia mostrar as desvantagens de só improvisar e não usar uma ferramenta tão focada (e há muitas). Eu também poderia fazer vários relatos de como Deus a usou para conduzir muitas pessoas ao Salvador.

Li o primeiro ponto: "Deus ama você e o criou para conhecê-lo pessoalmente". Não me lembro de ter pausado nesse ponto. Acho que nem sequer respirei. Contudo, de algum modo, Artyum me interrompeu.

— O que você quer dizer quando fala a palavra *Deus*? — ele perguntou em voz alta. — E o que você quer dizer quando fala a palavra *ama*? E, mais importante ainda, como você sabe que tudo isso é verdade?

Foi um momento difícil para mim. Todo o meu preparo me dizia para eliminar toda e qualquer pergunta dizendo: "Boa pergunta. Que tal voltarmos a ela depois de concluirmos o livrinho?".

---

[3]Bill Bright, *Knowing God personally* (Orlando: New Life, 2000).

Esse recurso havia funcionado bem para mim muitas vezes. O resultado inevitável era que as perguntas seriam esquecidas e nunca feitas de novo. Isso porque muitas perguntas, a maioria talvez, que se fazem no início de uma apresentação evangelística não são de fato perguntas — são cortina de fumaça. O questionador está tentando evitar a convicção que inevitavelmente chega quando alguém se defronta com o evangelho.

Por isso as pessoas interrompem a apresentação antes que ela se torne desconfortável, dizendo algo do tipo: "Bem, não se pode acreditar realmente na Bíblia; ela tem contradições demais", ou: "Há tantas religiões no mundo, como alguém pode saber qual é a certa?", ou ainda muitos e muitos outros comentários pretensiosos que *devem* ser eliminados com a exclamação: "Boa pergunta!".

Todavia, as perguntas de Artyum eram diferentes. Elas não eram cortina de fumaça. Conheço a diferença entre um questionador sincero e alguém que procura evitar a verdade. As perguntas de Artyum eram sobre fundamentos. Será que eu devia avançar para a segunda página do livreto e ler "Todas as pessoas são pecadoras e estão separadas de Deus" se ele estava paralisado nas palavras *Deus* e *amor*? O que ia acontecer quando chegássemos à palavra *pecado*?

Revisei mentalmente as informações do ambiente cultural de Artyum que obtivera em nossa conversa anterior e as associei ao nosso diálogo atual. Por ser da Ucrânia, Artyum havia crescido em um mundo ateu e comunista, lendo Nietzsche e Marx e refletindo profundamente sobre a vida. Fazia bacharelado em História, gostava muito de filosofia, e a superficialidade intelectual demonstrada pela maioria dos americanos o incomodava. Artyum não estava irritado com a minha conversa evangelística. Ele queria de fato encontrar resposta para suas perguntas. Ao contrário de mim, no entanto, não sentia nenhuma necessidade urgente de acompanhar o livrinho. Ele realmente considerava importantíssimo refletir sobre questões cruciais através de diálogo verdadeiro.

O que se seguiu foi uma troca de ideias de noventa minutos, girando em torno de perguntas que atingiam diretamente o fundamento da fé: "Como sabemos o que sabemos?", "De que temos certeza?" e "Que diferença tudo isso faz?". Perto do fim da conversa, eu estava lhe fazendo mais perguntas do que ele a mim.

Artyum me ajudou a repensar sobre a obra da evangelização. *Evangelização e apologética por meio de perguntas* é resultado dessa conversa e reflexão. E, em todos os exemplos deste livro, Artyum é o único nome que não alterei. Embora mencione pessoas reais em conversas reais, todos os outros nomes foram alterados. Mas mantive o nome de Artyum, na esperança de que um dia ele veja este livro, entre em contato comigo e me conte que chegou à fé em Cristo. Isso não aconteceu naquele dia no gramado da American University. Perdi contato com ele logo após o clima voltar às temperaturas normais do mês de novembro.

POR QUE NOS FRUSTRAMOS?

Saí dessa conversa empolgado e ao mesmo tempo frustrado. Um diálogo tão intenso e com tanto interesse por conhecer a verdade foi revigorante. Esse grau de intensidade era relativamente novo, mas a frustração era bem conhecida. Mais uma falta de decisão. As pessoas não "fazem a oração" tão imediatamente comigo quanto com pregadores famosos que ouvi. Esses evangelistas natos estão sempre ao lado de alguém e compartilhando o evangelho. Sempre conduzem aqueles com quem conversam sobre o evangelho a tomar a decisão de salvação (e isso acontece sempre em um avião!).

Alguns já me disseram que minha falta de frutos evangelísticos é consequência de falta de oração. Eu certamente não oro o suficiente, mas não tenho certeza se o problema é só esse. Outros me disseram que não insisto o suficiente para "fechar o negócio". Não sei como responder a isso; o evangelho não é um produto que vendemos. Fazendo uma introspecção, perguntei-me o que eu deixei de dizer que me impediu de conseguir os mesmos resultados extraordinários que tantos outros conseguiram.

Descobri que não estou sozinho em minha frustração. Na verdade, a frustração talvez seja o sentimento que os cristãos mais associam com a evangelização (seguido imediatamente por culpa, perplexidade e desesperança). Nossa frustração é multifacetada. Ficamos frustrados porque nossa mensagem não produz mais decisões, frutos genuínos, impacto cultural nem o avanço do reino de Deus do jeito que Jesus falou.

Em primeiro lugar, nós simplesmente não falamos do evangelho tanto quanto sabemos que deveríamos falar. A mensagem que fascinou nosso coração e constitui a peça central da nossa vida deixa de ser transmitida e proclamada. Perdemos oportunidades de dizer às pessoas o que Jesus significa para nós. O secularismo da nossa cultura nos silenciou quando deveríamos estar pregando. Nós nos perguntamos por que o tema tão presente em nosso pensamento raramente está em nossos lábios.

Em segundo lugar, a maioria de nós não está no mesmo nível daqueles que receberam de Deus o dom da evangelização. Quando de fato avançamos com fé e falamos de Cristo, não são tantos quanto gostaríamos que respondem afirmativamente e fazem "a oração do pecador". Por isso, saber do êxito de um Billy Graham, por exemplo, apenas aumenta nossa frustração. Ao invés de estimular em nós a ousadia de pregar, as histórias de sucesso acabam por nos desanimar. Mas isso não é uma desculpa. Paulo ordena a Timóteo, que não era evangelista, mas tímido: "... faça a obra de um evangelista" (2Tm 4.5). Por isso, nós nos vemos apegados à promessa de que Deus perdoa até o maior dos pecadores — supondo que *pecadores* são os malsucedidos na evangelização — e ansiamos por um método de evangelização para não evangelistas.

Em terceiro lugar, ficamos frustrados pela falta de frutos permanentes. Se você já chegou a "levar alguém a Cristo" e mais tarde encontrou essa pessoa totalmente desinteressada por crescimento espiritual, você conhece a angústia a que me refiro. É verdade que nem todas as sementes da parábola de Jesus caíram em boa terra. Mesmo assim, nós nos indagamos por que algumas plantas brotam e depois secam no sol, ou no terreno pedregoso, ou com as distrações deste mundo. Queremos saber por quê, apesar de todo o nosso empenho evangelístico, a quantidade de cristãos nascidos de novo em nosso país permanece estagnada há mais de trinta anos. No entanto, tem crescido a porcentagem de mórmons, muçulmanos e compradores de cristais da Nova Era.

Em quarto lugar, ficamos frustrados com nossa falta de salinidade, isto é, de influência cultural. Se devemos ser o "sal da terra", um conservante, por que nossa cultura está se deteriorando?

Essas frustrações ocorrem em um ambiente de tamanha diversidade religiosa que muitos de nós questionam alguns pressupostos básicos da fé cristã. As religiões diferentes não são conceitos teóricos praticados em outro país; elas são praticadas pelos nossos vizinhos aqui mesmo.

Em um dos times de basquete de meu filho, por exemplo, há um garoto que usa turbante por causa dos preceitos do siquismo (religião sique). O parceiro de laboratório do mesmo filho se chama Mohammed e jejua durante o Ramadã. No time de basquete de outro filho meu, um menino estuda em uma escola hebraica à noite a fim de se preparar para o *bar mitzvah*, e outro estuda árabe nos fins de semana como parte de sua formação muçulmana. Todos são amicíssimos na escola pública que frequentam durante a semana.

Nossa biblioteca local anuncia seminários sobre ioga, meditação, uso de cristais e doutrinas do mormonismo.

A realidade do pluralismo (visões de mundo diferentes) é uma tentação a levarmos em conta as declarações do relativismo (a legitimidade e a veracidade de todos os pontos de vista). Em nossos momentos de maior sinceridade, nós nos indagamos como é possível defender a declaração de Jesus: "Ninguém vem ao Pai, a não ser por mim" (Jo 14.6). Nossa frustração e intimidação, portanto, geram um estado que beira a paralisia evangelística ou o que um pregador chamou de "constrição espiritual dos músculos da boca".

EXISTE UM MÉTODO MELHOR DE EVANGELIZAR?

Podemos ter resultados melhores em nossa evangelização. Nosso trabalho pode produzir mais frutos, fazer o reino de Deus avançar mais do que se fez recentemente. Existe um modo melhor e mais parecido com o de Jesus, o rabi, do que com o de Murray, o vendedor de carros usados. Esse método requer ouvir mais do que falar, convidar o ouvinte a tomar "uma decisão", em vez de exigir. Talvez o componente mais importante desse tipo de evangelização seja responder a perguntas com perguntas em vez de dar respostas prontas.

Talvez eu pense assim — responder a perguntas com perguntas — porque sou judeu. Cresci com diálogos parecidos com este a seguir:

RANDY: Como está o tempo aí?
VOVÓ BELLE: Como o tempo estaria na Flórida no meio de julho?

Ou

RANDY: E aí, como você está?
TIO NAT: Por que você está perguntando?

Ou

RANDY: Como está a sua família?
TIA VIVIAN: Comparada à de quem?

Eu, todavia, prefiro pensar que respondo a perguntas com perguntas porque estou seguindo o exemplo de Jesus. É inacreditável quantas e quantas vezes Jesus respondia a uma pergunta com outra. Um rico perguntou a Jesus: "Bom mestre, que farei para herdar a vida eterna?". Essa pergunta foi uma ótima oportunidade para a apresentação clara e concisa do evangelho. Quase consigo ouvir um discípulo sussurrando no ouvido de Jesus: "Mostre o livrinho". Por que será que Jesus não começou a explicar e mostrar o modelo mais perfeito de todos os tempos para qualquer seminário de formação evangelística? Como ele respondeu? Com outra pergunta: "Por que você me chama bom?" (Mc 10.17,18).

Quando os líderes religiosos perguntaram a Jesus se era certo pagar impostos, Jesus se referiu a uma moeda e lhes perguntou: "De quem é esta imagem?" (Mt 22.17-20). Quando os fariseus, "procurando um motivo para acusar Jesus", lhe perguntaram: "É permitido curar no sábado?", a resposta de Jesus foi uma pergunta: "Qual de vocês, se tiver uma ovelha e ela cair em um buraco no sábado, não irá pegá-la e tirá-la de lá?" (Mt 12.9-12).

Certa vez fiz um estudo para investigar como Jesus respondeu nos quatro evangelhos a todas as perguntas que lhe foram feitas. A norma foi responder a uma pergunta com outra pergunta. Uma resposta clara, concisa e direta era raridade.

Por isso, quando respondo a uma pergunta com outra pergunta, até queria pensar que estou seguindo o exemplo de Jesus, mas, para ser sincero, talvez eu faça isso porque fico cansado. Depois de anos respondendo a perguntas de não cristãos, fiquei cansado com a rejeição de minhas respostas.

Às vezes (muitas, infelizmente) respondi a perguntas com respostas biblicamente corretas, logicamente sólidas, epistemologicamente inatacáveis e acabei vendo os que perguntavam tão somente dar de ombros. Parecia que minhas respostas confirmavam ainda mais a opinião deles de que os cristãos são simplórios. Na verdade, minhas respostas os havia endurecido na incredulidade, ao invés de lhes amolecer o coração para a fé. Percebi que, em vez de levar as pessoas para mais perto de uma decisão de salvação, uma resposta pode afastá-las ainda mais. Em vez de lhes estimular a mente ou persuadi-las a considerar uma perspectiva alternativa, uma resposta pode lhes dar munição para futuros ataques contra o evangelho.

Por isso, comecei a responder às perguntas com outras perguntas e obtive resultados bem melhores.

Certa vez, um grupo de céticos me questionou. Foi em um estudo bíblico semanal para calouros que tínhamos na moradia estudantil. O anfitrião do grupo de estudo já nos tinha informado havia semanas sobre as perguntas hostis de seu companheiro de quarto. Nessa semana, esse colega apareceu — junto com uma turma de amigos de mentalidade semelhante.

Surgiu, é claro, a pergunta sobre a exclusividade, que quase sempre fazem. Porém, era mais um ataque do que uma indagação sincera.

— Então você deve pensar que todos os seguidores sinceros de outras religiões vão para o inferno!

— Você acredita no inferno? — respondi.

Ele me passou a impressão de nunca ter pensado seriamente nessa possibilidade. Parecia tão perplexo. Talvez porque estava sendo questionado quando achava que era ele quem questionava. Após um longo silêncio, ele respondeu:

— Não. Eu não acredito no inferno. Acho essa ideia ridícula.

Repetindo a palavra que ele escolheu, repliquei:

— Bom, então por que você está me fazendo uma pergunta tão ridícula?

Eu não estava querendo bancar o cara esperto. Simplesmente queria que ele refletisse com sinceridade sobre as hipóteses por trás de sua própria pergunta. O rosto dele indicava que fazia sentido o que eu acabara de dizer e que ele estava pensando no problema do juízo, da condenação eterna e da justiça de Deus pela primeira vez na vida.

O silêncio foi quebrado pela pergunta de outro estudante, que interrompeu:

— Eu *acredito* no inferno. Você acha que todos os que discordam de você vão para lá?

— Você acha que alguém vai para lá? — perguntei. — Hitler está no inferno? (Hitler acabou sendo um aliado útil, ainda que improvável, nesses debates.)

— Claro que Hitler está no inferno.

— Como você acha que Deus decide quem vai para o céu e quem vai para o inferno? Será que ele tem uma escala para avaliar isso?

Desse ponto em diante, a discussão passou a ser educada, e o que se seguiu foi um diálogo sério sobre a santidade de Deus, sobre a condição de pecadores dos seres humanos e sobre a obra expiatória de Jesus. Responder a perguntas com outras perguntas se mostrou um método mais eficiente, ainda que indireto, de falar do evangelho.

Outra ocasião em que perguntar funcionou melhor do que responder foi em uma conversa durante o almoço com um professor de filosofia ateu. Ele era o docente instrutor do clube de filosofia do campus, e eu era o ministro do campus da Cruzada Estudantil. Nós dois havíamos promovido juntos um debate sobre o problema do mal e depois disso nos encontramos para avaliar como tinha sido o evento.

Depois de conversarmos um pouco sobre como poderíamos ter divulgado melhor o evento, sobre temas que poderiam ser tratados em fóruns futuros etc., pedi a opinião dele sobre o conteúdo do debate.

Eu tinha consciência de que o nível era bem elevado para mim e de que nada que eu expusesse sobre a visão cristã acerca do mal superaria o que alguns filósofos brilhantes haviam dito na noite anterior. Mas eu queria saber se ia conseguir levar a conversa do domínio filosófico para o nível pessoal. Estava interessado na alma daquele homem.

Ele me respondeu que ainda achava que os cristãos não conseguiram apresentar uma resposta adequada para o problema do mal. Então eu lhe fiz a pergunta. Depois de confirmar que ele era ateu, perguntei: "Qual é a sua explicação ateísta de por que coisas terríveis acontecem?".

Ele parou um pouco e por fim respondeu, falando baixinho: "Não tenho nenhuma explicação para isso".

Prossegui, dizendo a ele que esse assunto para mim não era uma simples questão acadêmica. Por ser de ascendência judaica, eu tive de lidar com a realidade do Holocausto. Contei-lhe da minha última visita ao Museu Memorial do Holocausto dos Estados Unidos e que havia sido uma experiência emocional difícil para mim. Perguntei-lhe de novo se havia alguma explicação ateísta para o massacre que os nazistas impuseram a seis milhões de pessoas do meu povo.

Mais uma vez, a resposta foi que ele não tinha resposta.

Eu lhe disse que a resposta cristã para o problema do mal tem suas falhas e que eu, de minha parte, não me satisfaço intelectual e emocionalmente com ela. Mas também lhe disse que minha resposta incompleta era melhor do que absolutamente nenhuma resposta. O restante de nossa hora de almoço foi uma conversa particular produtiva e respeitosa que nos aproximou e, espero, ajudou-o a enxergar alguns defeitos na sua cosmovisão.

Responder a uma pergunta com outra, portanto, muitas vezes tem vantagens significativas em relação a respostas diretas. Essa linha de ação expõe os pressupostos de quem pergunta. Também transfere a pressão de quem está sendo indagado para quem está perguntando. Transferir o ônus da resposta é importante, pois, enquanto estamos na defensiva, o indagador não está de fato lidando com as questões. Ele está apenas observando como vamos nos desvencilhar desse nó.

Por exemplo, os chefes dos sacerdotes e os mestres da lei certa vez questionaram Jesus: "'Com que autoridade estás fazendo essas coisas? Quem te deu essa autoridade?'. Ele respondeu: 'Eu também lhes farei uma pergunta; digam-me: 'O batismo de João era do céu, ou dos homens?'" (Lc 20.1-8).

Os autores dos evangelhos nos dão um vislumbre das reais motivações das autoridades religiosas. Depois de uma breve discussão entre eles mesmos para realizarem uma manobra, perceberam a situação embaraçante em que se meteram. Tendo em vista a popularidade de João, se respondessem que a mensagem dele era do céu, então Jesus lhes perguntaria por que não creram nele. Se, contudo, respondessem que a mensagem de João era "dos homens", isto é, nada mais do que divagações de um mero homem, eles se veriam em meio a um tumulto. Assim, responderam a Jesus que não sabiam. Jesus lhes mostrou que a não pergunta hipócrita deles merecia uma devida não resposta: "Tampouco lhes direi com que autoridade estou fazendo estas coisas" (v. 8).

Responder a uma pergunta com outra abre o caminho para um conceito em que o indagador talvez normalmente não pensasse. Quando perguntei aos estudantes da moradia estudantil que me indagavam se eles acreditavam no inferno, abri o caminho para a ideia do juízo divino. Muitas ideias essenciais de nossa mensagem do evangelho — a santidade de Deus, a natureza pecaminosa do ser humano, a obra expiatória de Cristo na cruz e a responsabilidade das pessoas — são estranhas hoje para muita gente. As perguntas põem esses conceitos em foco e lhes dão mais clareza para ser analisados e até mesmo aceitos.

A conversa de Jesus com a mulher à beira do poço (Jo 4.1-26) é um exemplo desse modelo, apesar do fato de ele não ter feito nenhuma pergunta de fato. A noção de justiça, pecado e adoração daquela mulher precisaram ser questionadas para ela aceitar o que Jesus pensa desses conceitos. Se ele não a tivesse desafiado com seus comentários, não se sabe se ela teria chegado à fé salvadora.

Olhando a questão pelo ângulo prático, responder a uma pergunta com outra pode aliviar alguma hostilidade. Quando as pessoas fazem perguntas que na realidade são ataques disfarçados, responder com outra pergunta reflete a temperatura da conversa. Em geral, as pessoas não gostam de diálogos acalorados e costumam ajustar o termostato para evitá-los, o que ajuda a criar uma conversa mais produtiva.

Sem dúvida, uma resposta direta às vezes é preferível. Algumas perguntas são sinceras, e os que as fazem são muito beneficiados com uma afirmação clara e concisa do que a Bíblia diz. Em diversas ocasiões Jesus foi direto ao assunto. Pense, por exemplo, na resposta direta ao mestre da lei que lhe perguntou: "De todos os mandamentos, qual é o mais importante?" (Mc 12.28-31).

Contudo, em muitas situações devemos segurar nossa resposta e preparar o caminho para a receptividade com outra pergunta. Quando seu colega de trabalho lhe pergunta em tom acusatório: "Por que você ainda acredita em Deus, tendo em vista o grande número de pessoas que morrem de aids?", pergunte-lhe: "Como *você* explica tantas mortes?". Quando sua prima pergunta: "Por que você tem uma mente tão fechada que acredita que todos os budistas irão para o inferno?", pergunte-lhe: "Você se tornou budista?", ou: "Você estudou o budismo o suficiente para se convencer de que todos os seus adeptos são dignos do céu?", ou: "O que você descobriu sobre o budismo que tanto a impressiona?". Essas perguntas talvez sejam um modo melhor de responder do que citar indignadamente: "Ninguém vem ao Pai, a não ser por mim" (Jo 14.6).

Quando sua vizinha lhe perguntar "Por que você acha que Jesus era mais do que apenas um bom mestre de ensinos morais?", não mostre ainda seu diagrama "um Senhor mentiroso e lunático". Espere alguns segundos e pergunte a ela: "O que faz você achar que Jesus era um bom mestre? Você leu os ensinamentos dele? Que mensagens mais a impressionam em relação à capacidade de Jesus ensinar? Qual você acha que é a mensagem principal de Jesus?".

Não faz muito tempo, um pastor exortou sua congregação a abrir as portas para a evangelização questionando os *slogans* predominantes de nossa época. "Na próxima vez que alguém do seu trabalho disser: 'Imagem é tudo'", esse pastor aconselhou: "Respondam: 'Não, não é! Imagem não é tudo! A glória de Deus é tudo!'".

Embora eu concorde coma teologia dele, acho sua metodologia falha. Seria melhor responder com olhar perplexo e uma pergunta de uma só palavra: "Será?". Depois de obter a atenção do colega de trabalho, a pergunta seguinte poderia ser: "Você acha mesmo que imagem é tudo?". Acho que muitos captariam a mensagem. Depois disso, podem ser feitas mais algumas perguntas que encaminham para o evangelho: "O que você acha que *é* tudo? Para você, o que é o mais fundamental na vida?".

O QUE É EVANGELIZAÇÃO RABÍNICA?

Responder a uma pergunta com outra faz parte de um estilo diferente de compartilhar as boas-novas, um estilo que eu chamo de evangelização rabínica. Com esse estilo de debate, os rabinos preparam os seus discípulos para pensar sobre Deus e a vida. O método era usado na época de Jesus e é semelhante ao que se pratica hoje em dia nas escolas de formação chamadas *yeshivas*. Esse método às vezes é chamado de "pilpul".

Moishe Rosen, o fundador do movimento Jews for Jesus [Judeus para Jesus], incentiva esse tipo de diálogo em seu livro: *Share the new life with a Jew* [Fale da nova vida com um judeu]. Rosen mostra que observar os dois lados de uma questão pode ajudar as pessoas a pensarem, o que é necessário, mas muitas vezes ignorado, na evangelização individual. Vale a pena reproduzir um de seus exemplos:

> Procurando ilustrar esse estilo diferente de pensamento, um rabino fez uma pergunta a um gentio perscrutador.
> — Vou lhe fazer algumas perguntas — anunciou — para saber se você consegue chegar às respostas corretas pela lógica. Dois homens caíram em uma chaminé. Um estava sujo, e o outro estava limpo. Qual deles se lavou?
> — O sujo, obviamente — respondeu o gentio.
> — Errado! — exclamou o rabino. — O sujo olhou para o limpo e pensou: *Fantástico! Nós acabamos de cair em uma chaminé, mas não ficamos sujos*. Mas o homem limpo olhou para o sujo, presumiu que ambos estavam sujos e imediatamente foi se lavar.
> O gentio sorriu.
> — Ah, entendi.
> — Não, você não entendeu — disse o rabino. — Deixe-me fazer a segunda pergunta: Dois homens caíram em uma chaminé; um estava limpo, e o outro...
> O gentio estava confuso.
> — Você já me fez essa pergunta — exclamou.
> — Não — afirmou o rabino —, ... o outro estava sujo. Qual deles se lavou?
> — O limpo — disse o gentio.
> — Você está errado de novo — disse o rabino. — Foi o sujo. Ele olhou para o homem limpo e pensou: *É incrível que ele tenha caído na chaminé e permanecido limpo*, depois do que ele olhou para as próprias mãos, percebeu que estava sujo e foi se lavar. E agora, a minha terceira pergunta. Dois homens caíram em uma chaminé; um estava sujo, e o outro, limpo. Qual deles foi se lavar?
> O gentio perplexo encolheu os ombros.
> — Não sei se digo que foi o sujo ou o limpo.
> — Nenhum dos dois! — disse o rabino. — A pergunta toda

é ridícula! Como é possível dois homens caírem em uma chaminé juntos e um sair sujo e o outro, limpo?[4]

Embora essa ilustração tenha elementos absurdos, um exercício desse tipo ajuda as pessoas a pensarem criticamente. Esse raciocínio rabínico é necessário e deve ser usado hoje na evangelização para estimular o coração e a mente dos não cristãos.

Acredito que Paulo tenha usado esse estilo de evangelização em sua pregação nas sinagogas, mencionada muitas vezes no livro de Atos. Em Atos 17.2,3, por exemplo, lemos: "Segundo o seu costume, Paulo foi à sinagoga e por três sábados seguidos *discutiu* com eles com base nas Escrituras, *explicando* e *provando* que o Cristo deveria sofrer e ressuscitar dentre os mortos. E dizia: 'Este Jesus que lhes proclamo é o Cristo'" (grifo do autor; afirmações semelhantes são encontradas em Atos 17.17; 18.4,19 e 24.25).

Esses três verbos — *discutir, explicar* e *provar* — denotam o diálogo que ocorria naquelas sessões. No grego original, o primeiro verbo, *discutir*, tem uma intensidade que talvez tenha sua melhor tradução na versão Revised Standard Version: "ele *argumentou*"!

Talvez essas argumentações e explicações tenham sido mais ou menos assim:

PAULO: Portanto, você pode ver que Jesus é o Messias, exatamente como as nossas Escrituras Sagradas previram.
MESTRE DA SINAGOGA: Como? Ele era um blasfemador!
PAULO: Por que você está dizendo isso?
MESTRE DA SINAGOGA: Ele dizia que era O Santo, louvado seja o seu nome.
PAULO: Qual o problema? As Escrituras não dizem que o Messias seria divino?

---

[4]Moishe Rosen, *Share the new life with a Jew* (Chicago: Moody, 1976), p. 47.

Mestre da sinagoga:	Onde elas dizem isso?
Paulo:	Em Isaías, o profeta, ele é chamado de Maravilhoso Conselheiro, Deus Poderoso, Pai Eterno, Príncipe da Paz. Em Miqueias, lemos que ele sempre existiu "desde os dias da eternidade". O rei Davi o chamou de "Meu Senhor". Quem poderia cumprir essas Escrituras a não ser o próprio Deus?
Mestre da sinagoga:	Isso é verdade. Mas esse Jesus sobre o qual você está falando — ele morreu. Como pode o Eterno, louvado seja o seu nome, morrer?
Paulo:	Nosso próprio livro de Salmos não nos diz, no capítulo 16, que o nosso Messias ressuscitaria dos mortos?
Mestre da sinagoga:	Lá vem você mais uma vez com essa conversa de ressurreição. Por que você sempre volta a esse ponto?
Paulo:	Porque ainda estou esperando você me mostrar o cadáver. Você já o encontrou?
Mestre da sinagoga:	Quem deixou esse homem entrar?

O QUE A EVANGELIZAÇÃO RABÍNICA *NÃO* É

A evangelização rabínica não é simplesmente um debate lógico, racional. Precisamos evitar o perigo de achar que uma pessoa recebe o evangelho apenas com base em sua capacidade de raciocinar. Se fosse assim, os não cristãos precisariam tão somente ser convencidos da veracidade e sensibilidade da nossa mensagem e logo se decidiriam por Cristo. Mas a fé é mais do que a concordância intelectual com os fatos. Muitos e muitos cristãos se afastam de uma apresentação evangelística balançando a cabeça, admirados com a falta de entendimento de seus amigos não salvos. "O que será que os impede de aceitar?", perguntam a si mesmos.

Se acharmos que o evangelho é tão somente uma boa oferta que qualquer pessoa racional aceitaria, não só ficaremos surpresos com a quantidade de indivíduos que o recusam, mas talvez também distorçamos a mensagem ao proclamá-la. Talvez despojemos o evangelho de seus elementos sobrenaturais e convencedores, falando da oferta de uma dádiva gratuita ou de ir para o céu, ou de viver para sempre, ou de sentir a liberdade do perdão, ou da necessidade de tomar uma decisão, como se tudo isso fizesse parte de um pacote de benefícios. Sem dúvida, esses componentes da mensagem do evangelho são importantes. Mas, sem o contexto da santidade de Deus, do horror do nosso pecado, da necessidade de arrependimento e da imprescindibilidade da cruz no lugar de apenas um manual de autoajuda para uma conduta melhor, vamos apresentar o evangelho de um jeito muito equivocado. As pessoas precisam saber a notícia ruim da nossa mensagem a fim de valorizarem a boa-nova. Não basta somente convencer a mente dos não cristãos, também é preciso que os seus joelhos se dobrem.

Durante anos, apresentei o evangelho usando uma caneta para ajudar a ilustrar. Eu queria garantir que os meus ouvintes entendessem Efésios 2.8,9: "Pois é pela graça que vocês foram salvos, mediante a fé — e isso não vem de vocês, é dom de Deus — não por obras, para que ninguém se vanglorie".

Para explicar o que a palavra *graça* quer dizer, eu mostrava uma caneta e dizia à pessoa: "Quero lhe dar essa caneta de presente". Em seguida, eu perguntava: "O que é necessário para essa caneta ser sua?".

"Aceitá-la", era a resposta de todos. Todos respondiam corretamente.

Ninguém, contudo, absolutamente ninguém, jamais entendeu o que eu estava tentando transmitir. Finalmente descobri por quê. A salvação não é uma caneta!

Certamente, a salvação é de graça. Ela é um presente que precisa ser aceito, e não obtido ou conquistado por esforço. Mas o motivo por que eu aceito o presente de uma caneta é diferente do motivo por que eu aceito o presente da salvação. Eu não preciso da caneta. Eu posso escrever com um lápis ou com outro objeto. Posso até viver toda a minha vida sem usar uma caneta. Quem sabe eu já tivesse muitas canetas, que eu até preferiria à que me está sendo oferecida. Eu talvez aceitasse a caneta como símbolo da generosidade do doador ou como demonstração de amizade.

Aceitar a salvação, porém, é diferente. Se entendo corretamente o que me está sendo oferecido pela morte do Messias na cruz, sei que é algo sem o qual não posso viver (isto é, eternamente). Estou perdido sem essa dádiva. Estou morto nos meus pecados. Preciso aceitar essa dádiva gratuita para evitar o afastamento total e eterno de um Deus santo e justo. Preciso receber essa oferta tão inefavelmente graciosa com o reconhecimento de que mereço exatamente o oposto. Por isso, minha atitude de aceitar o presente é atitude de humildade e arrependimento. Fazer analogia de uma oferta tão profunda com a oferta de uma caneta a alguém é um grande equívoco na apresentação do núcleo da mensagem.

A evangelização rabínica também não é uma campanha de vendas. Se quiséssemos convencer alguém a "comprar" o evangelho, evitaríamos algumas palavras difíceis que precisam ser ditas. Dizer verdades desagradáveis a um possível interessado não funciona em vendas, mas é essencial na evangelização.

Meu encontro com Warren deixou essa realidade totalmente clara para mim. Como homem de negócios bem-sucedido, Warren era convidado frequentemente para almoços patrocinados por organizações evangelísticas. Ele tinha ouvido o testemunho de muitos altos executivos e recebera uma biblioteca cheia de livros evangelísticos. Conhecia os argumentos a favor da historicidade dos documentos bíblicos melhor do que alguns professores de seminário. Estava mais convencido do que qualquer um que eu já conhecera de que Jesus ressuscitou dos mortos! Tinha o carro cheio de gravações evangelísticas que lhe deram para ouvir durante as muitas e longas viagens que seu trabalho exigia.

Todavia, Warren não conseguia se comprometer. Ele sabia todas as respostas corretas e conhecia os *deve, precisa, não pode esperar* e todos os outros verbos urgentes usados em apelos tarde da noite dos amigos evangelísticos. Qual, então, era o problema de Warren? Por que ele havia deixado tantos evangelistas aspirantes na esteira dele, meneando a cabeça e se perguntando o que o impedia de se decidir? Por que a abordagem no estilo "vendas" não funcionou?

O "problema" de Warren era a namorada. Ela não parava de dizer: "Sim". Ela estava disposta a dormir com ele, mesmo ele tendo deixado claro que não estava interessado em casamento. A constante esperança da moça era que o "sim" dela um dia resultaria no "aceito" dele. Apesar de morarem a quatro horas de distância um do outro, depois de nove anos, a situação deles não havia mudado nada. Ele continuava passando os fins de semana na casa dela e voltando para casa na segunda-feira, onde permanecia até a próxima sexta-feira. Nenhum dos dois queria abandonar seu emprego muito bem remunerado, logo, "por razões econômicas", a situação deles permanecia a mesma.

Certo dia, almocei com Warren em um restaurante mexicano. Eu lhe perguntei (eu e minhas perguntas desagradáveis!):

— Você se casaria com ela se a situação econômica não importasse?

Warren nem sequer parou de comer as batatas fritas.

— Para quê? — respondeu ele à minha pergunta com outra pergunta. Warren tinha tudo o que queria desse relacionamento — companhia e sexo nos fins de semana e isenção de compromisso durante a semana.

Expliquei que ele também tinha outro tipo de isenção — uma falta de compromisso não tão boa —, a desobrigação com a integridade. Ele estava se unindo física e emocionalmente com uma mulher com quem não estava disposto a se comprometer por livre e espontânea vontade (casamento é isso). Agindo assim, ele estava gerando a desintegração de sua alma, o que o impedia de ser uma pessoa por inteiro. É por isso que o Criador do sexo é tão proibitivo quanto à expressão do sexo fora do compromisso matrimonial. Sexo não é apenas um ato físico. Quando o separamos dos outros componentes de nossa personalidade, adulteramos contra nós mesmos.

Expliquei isso ao Warren, sabendo que esses conceitos raramente são expressos. Um elemento da evangelização rabínica é enfrentar e questionar o que uma conversa de vendedor não questiona. No entanto, parte disso o estava tocando. Eu percebia. Ele parou de comer as batatas.

A conduta imoral de Warren o impede de se entregar a Cristo. Como João escreve no terceiro capítulo de seu Evangelho: "... os homens amaram as trevas" (3.19). É por isso que Warren não se aproximou de Cristo, embora continue frequentando (e apreciando!) aqueles almoços evangelísticos para homens de negócios. Desconfio de que ele nunca chegará à fé enquanto não terminar o relacionamento ou não se casar com a namorada.

Este livro apresenta uma solução para nossa frustração evangelística. Estou propondo que façamos mais do que tão somente "proclamar o evangelho" e ficar preocupados quando os resultados não vêm de enxurrada. Estou propondo um estilo de evangelização que é mais um diálogo do que uma conversa de vendedor. Estou defendendo diálogos que produzam conversões, e não apresentações que levam a ideias preconcebidas. Estou incentivando que se façam perguntas mais do que se deem respostas. O apóstolo Paulo achava legítimo acrescentar "argumentação, explicação e provas" ao seu arsenal de armas evangelísticas. Nós devemos fazer o mesmo.

GUIA DE ESTUDO

As perguntas a seguir se destinam a discussão e aplicação em pequenos grupos.

1. Quem são os "Artyums" na sua vida? Em outras palavras, por quem você está orando para que conheça a Cristo como salvador? Faça uma lista dessas pessoas e conte para o grupo como é o seu relacionamento com uma delas.
2. Que perguntas as pessoas fazem sobre sua fé?
3. Alguma história deste capítulo lhe lembra situações ou relacionamentos em que você esteve?
4. Que instrução você já teve que o prepare para a evangelização? O que você aprendeu especificamente? Das três tarefas relacionadas à evangelização que foram mencionadas neste capítulo (declarar, defender e dialogar), em qual você se sente mais competente?
5. Quais livros sobre evangelização ou apologética você leu? Como eles ajudaram você?
6. Leia o diálogo de Jesus com a mulher no poço (Jo 4.1-26). Quais princípios deste capítulo (ou de outra leitura sua) se aplicam a esse texto? Discuta a importância desses princípios para seu mundo.
7. Passem um tempo em oração como grupo, pedindo ousadia e sabedoria para iniciarem conversas com as pessoas da lista de vocês.

CAPÍTULO 2

O CONQUISTAR ALMAS SALOMÔNICO: O QUE O LIVRO DE PROVÉRBIOS NOS ENSINA SOBRE PERGUNTAS?

Nossa família começou recentemente a frequentar uma academia de ginástica. Passamos a fazer parte da imensa multidão de americanos que suam, puxam ferro e contam calorias. Empregamos termos como *repetições*, *séries*, *capacidade aeróbica* e *frequência cardíaca ideal*. Usamos bicicletas, esteiras e elípticos e ficamos de olho em telinhas de LCD que nos informam sobre o progresso da relação entre nossa capacidade cardiorrespiratória e os exercícios.

Antes de me informar sobre como funciona o controle de peso, mergulhei em completo desânimo ao saber que, após trinta minutos de exaustão e língua de fora, eu tinha queimado só 378 calorias (mas quem está contando?). Pensei: "Todo esse suor e não perdi nem um pouco sequer daquele cheesecake de ontem à noite!". Depois de fazer algumas contas na calculadora, concluí que precisaria de 14.247 horas consecutivas naqueles aparelhos para ficar parecido com as pessoas dos folhetos publicitários da academia. Era evidente que algo estava errado nas minhas contas.

Depois fiquei sabendo que os exercícios cardíacos de queima de gordura não se relacionam somente com o número de calorias que queimamos enquanto estamos no aparelho. Isso, na verdade, é apenas uma pequena parte da equação. Em um seminário patrocinado pela academia, destinado a nos ajudar a obter o máximo dos nossos exercícios, aprendi a aumentar minha taxa de metabolismo. Ao exercitar-nos constantemente, disse o instrutor, aumentamos a taxa do metabolismo normal — isto é, a queima de energia diária quando estamos relaxados, sentados no sofá assistindo à televisão. Com o metabolismo aumentado, podemos queimar a sobremesa da noite anterior com mais eficiência mesmo estando sentados quietos (ou até dormindo!). Períodos regulares de exercício mudam o funcionamento do organismo em todas as outras ocasiões.

Em nossa vida espiritual, a dinâmica é semelhante. Se achamos que a espiritualidade cristã é somente o que acontece enquanto estamos lendo a Bíblia, orando ou entoando cânticos de adoração na igreja, nosso conceito de fé é incompleto. Contudo, não estamos sozinhos nesse erro. Muitos cristãos enchem a agenda de atividades religiosas e desprezam todas as coisas "seculares" para serem mais "espirituais".

Um padrão mais saudável e mais bíblico consiste em disciplinas espirituais — leitura da Bíblia, oração, adoração, jejum, momentos a sós com Deus e outras práticas semelhantes —, o qual resulta em transformação de toda a vida. Adquirimos a semelhança de Cristo e crescemos em sabedoria e compaixão (entre outras qualidades), e essas virtudes mudam nosso modo de fazer todo o resto — inclusive as coisas "seculares".

A obra de evangelização passa a ser diferente quando pensamos desse modo transformado. Em vez de tentar aprender todas as palavras certas, possuir todos os livrinhos certos, prever todas as perguntas certas e memorizar todas as introduções e citações bíblicas certas, temos de abordar a evangelização com sabedoria. Isso significa que passamos a encarnar o evangelho e falar francamente sobre ele porque ele nos cativou o coração e a mente. Ser uma pessoa sábia e compassiva é pré-requisito para qualquer técnica evangelística.

Este capítulo trata da sabedoria, com o livro de Provérbios como texto principal. Os capítulos posteriores tratam da compaixão, do ouvir e da ira (também temas importantes no livro de Provérbios). À medida que estudamos essas declarações categóricas de Salomão e outros, crescemos em sabedoria. Criamos lentes através das quais enxergamos o mundo. Criamos redes para interpretar a realidade através delas. E ficamos mais parecidos com um rabino do que com um vendedor de carros usados.

Sem dúvida, Provérbios nos ensina a lidar com situações específicas. Assim como o exercício físico torna nosso corpo mais eficiente para queimar calorias, mergulhar em Provérbios nos torna mais proficientes na aplicação da sabedoria a uma ampla variedade de situações, não apenas às específicas de que Salomão tratou.

Qual provérbio ou texto bíblico você aplicaria, por exemplo, à seguinte conversa com um jovem perturbado chamado Adam? Depois de me ouvir falar a um grupo de uma igreja sobre "evangelização rabínica", ele se aproximou de mim como um ar sério no rosto. Parecia que não estava contente — comigo ou com qualquer outra pessoa no mundo.

— Em que você baseia a sua realidade? — perguntou, sem se apresentar nem me cumprimentar.

— Perdão. Você pode repetir a pergunta?

Fiquei paralisado. Eu havia acabado de falar ao grupo e estava cansado, tanto física quanto mentalmente, e tentando reunir forças para o que parecia que ia ser uma conversa difícil.

— No que você baseia a sua realidade? — repetiu o rapaz.

Estendi a mão, me apresentei e perguntei o nome dele. Disse-lhe que saber o nome dele seria útil para mim antes de mergulharmos em águas tão profundas.

Depois de nos apresentarmos, eu disse:

— Acho que não sou eu que "baseia" a realidade em coisa alguma. Isso é trabalho de Deus. Você quer dizer no que baseio a minha compreensão da realidade?

Eu orava por sabedoria e compaixão enquanto falava com esse rapaz: sabedoria porque a pergunta dele era complexa e porque percebi questões emocionais atrás da pergunta intelectual; compaixão porque eu não queria falar com ninguém naquele exato momento, muito menos com alguém deprimido e difícil que faz perguntas.

— Ok. Pode expressar a pergunta desse modo.

— Penso que a minha percepção da realidade se baseia na verdade como Deus a revelou. Ao menos esse é o meu objetivo, tentar me aproximar da verdade o máximo possível. Por quê? No que você baseia a *sua* realidade?

O que se seguiu foi uma das conversas mais difíceis que já tive com alguém. O jovem Adam estava sofrendo. O diálogo rigoroso sobre metafísica não era sua verdadeira intenção. Ele me contou que ninguém jamais o amara. A família havia se afastado dele, e nenhuma mulher chegara a criar intimidade com ele a ponto de pensar em casamento. Ele falou comigo francamente sobre essas coisas, ainda que nós tivéssemos acabado de nos conhecer. Quando falei do sofrimento de Jesus pelos nossos pecados, ele me disse que havia sofrido muito mais do que Jesus sofrera.

Embora eu pudesse ter dado respostas, não era de respostas que Adam precisava. Apesar de Adam ter dito muitas tolices, ele não era o tipo de tolo mencionado no livro de Provérbios. Não consegui mostrar nenhum versículo da Bíblia que se referisse à situação de Adam nem que lhe prescrevesse um remédio. Mas a sabedoria que reuni das Escrituras e a compaixão resultante da meditação na graça de Deus me ajudaram a ter um diálogo com aquele rapaz perturbado. Ainda conversamos, e parece que ele está chegando mais perto da luz e se afastando das trevas.

Quatro lições de Salomão

Quando procuramos edificar a sabedoria em nossa alma, Salomão *pode* nos ensinar quatro lições específicas sobre situações específicas.

1. Evite discussão

Eu poderia facilmente ter discutido com Adam. Salomão, no entanto, nos advertiu: "Começar uma discussão é como abrir brecha em um dique; por isso desista do assunto antes que surja a contenda" (Pv 17.14). E "Quem ama a discussão ama o pecado; quem constrói uma porta alta busca a destruição" (17.19). Salomão ainda nos diz por que é prudente evitar a discussão: "Um irmão ofendido é mais inacessível do que uma cidade fortificada, e as discussões são como as portas trancadas de uma cidadela" (18.19).

Muitos cristãos evangelizadores venceram a batalha, mas perderam a guerra ao não evitar uma discussão desagradável. Em Atos 17, Paulo nos dá uma ideia do que é uma discussão saudável, enquanto Provérbios nos ensina sobre o tipo de discussão destrutiva. Temos de identificar a diferença. O crente pode provar a um colega de trabalho que Jesus de fato ressuscitou dos mortos, que existem mesmo evidências arqueológicas que corroboram a Bíblia ou que a igreja cristã realmente tem sido uma força benéfica no mundo. Ao mesmo tempo, porém, o evangelizador pode afastar esse colega a tal ponto que ele talvez nunca mais queira ouvir falar de Deus novamente. Esse cristão acertou no conteúdo, mas não foi capaz de exercer sabedoria.

Lembre-se da antiga expressão: "O homem convencido contra a vontade continua com sua mentalidade".

2. Reconheça um tolo

A segunda lição nos mostra que alguns diálogos devem cessar, e outros jamais deveriam começar. Reconhecer essas situações antes que seja tarde demais é crucial.

Salomão nos disse: "Mantenha distância do tolo, porque você não achará conhecimento em seus lábios" (Pv 14.7). O sábio também aconselha: "Não fale com o tolo, porque ele desprezará a sabedoria das suas palavras" (23.9). Como faz com frequência, Salomão nos diz por que devemos evitar perder nosso tempo: "O tolo não tem prazer no entendimento, mas se deleita em expor os seus pensamentos" (18.2). (Nota: As lições essenciais sobre respostas ao tolo — Provérbios 26.4,5 — são tratadas mais extensamente no capítulo 6.)

Uma jovem chamada Shelly se encontrou com um tolo para almoçar. Não era sua intenção. Na verdade, o "tolo" nesse caso era o pai dela, Bill. A esperança dela era de uma conversa agradável entre pai e filha sobre o novo trabalho, a casa nova na comunidade de aposentados e outras amenidades, como o tempo.

Porém, como era seu costume, Bill usou a oportunidade para atacar a fé cristã de Shelly. Ele estava lendo muito, contou-lhe, e até havia anotado algumas ideias que tivera. Não conseguia acreditar em quanto os pregadores cristãos da TV são "estúpidos" e em quanto os autores de *best-sellers* cristãos são "tendenciosos". Logo sacou uma pasta com anotações de suas diatribes contra os porta-vozes da fé. A pasta era grossa, uma evidência de muitas horas de trabalho e muita energia gasta.

— Pai, parece que isso é mesmo muito importante para você. Você deve passar horas lendo e escrevendo essas coisas — Shelly disse, tentando não parecer exasperada. — Por que você faz isso?

— Aqui, veja este artigo — ele disse abruptamente, ignorando a pergunta dela. — Preste atenção no que esse pregador fala sobre a arca de Noé.

Ele não conseguia parar. Após uma longa citação de um artigo bastante anti-intelectual, Bill perguntou à filha:
— Essa explicação não é a mais estúpida que você já ouviu?
— Pai, isso não é justo. Você só escolhe gente estúpida para refutar. Você devia responder aos melhores representantes da fé cristã, e não aos mais fáceis de nocautear.
— Como esse cara? — ele contra-atacou. Imediatamente puxou outra folha de sua pasta. Citou outro autor cristão menos extremista e começou a atacar o raciocínio dele.
Shelly interrompeu:
— É sobre isso mesmo que você quer conversar no almoço?
De novo, nenhuma resposta à pergunta da filha. Shelly não se surpreendeu. Isso acontecia havia anos. Houve uma época em que ela realmente tentava responder aos argumentos do pai, mas agora percebe que ele nunca esteve interessado no diálogo verdadeiro.
O almoço daquele dia foi parecido com tantos outros. Ele jamais respondia às perguntas da filha. Apenas mostrava mais um artigo, um livro, uma história ou uma carta ao editor que defendia seu agnosticismo.
Shelly perguntou se ele havia chegado a ler o livro que ela lhe enviara de presente de aniversário, *Mere Christianity*,[1] de C. S. Lewis.
Ele não olhou inteiramente para seus olhos.
— Sim. Li.
— O que achou?
— Era bom. Não me lembro de muita coisa.
Shelly suspeitou da honestidade do pai, mas não imaginava como acusá-lo de mentir. Os argumentos de Lewis mereciam mais atenção do que Bill lhes dera. Lewis, um professor de Oxford, representava para ele um adversário mais temível. A falta

---

[1] C. S. Lewis, *Mere Christianity* (New York, Harper Collins, 2001) [edição em português: *Cristianismo puro e simples* (São Paulo: WMF Martins Fontes, 2009)].

de vontade de Bill em relação a Lewis convenceu Shelly de que o pai tinha menos interesse pela verdade do que por "manifestar as próprias opiniões".

— Pai, que tal continuarmos essa conversa quando tivermos o livro do Lewis nas mãos? Assim poderemos discutir os argumentos dele.

— Mas e esse livro que eu encontrei na biblioteca?

Shelly chamou o garçom e pediu a conta.

No zelo (ou desespero?) por conversas evangelísticas, às vezes achamos que qualquer diálogo acerca de Deus é uma boa conversa. Se, porém, nosso interlocutor é um tolo, é melhor simplesmente irmos embora, como fez Shelly.

Pense no que Jesus nos disse sobre alguns interlocutores: "Não deem o que é sagrado aos cães, nem atirem suas pérolas aos porcos" (Mt 7.6). Nossa mensagem é preciosa demais para ser tratada com zombaria e escárnio. Quando simplesmente deixamos os tolos chafurdarem na própria tolice, corremos o risco de que eles "as pisem [as pérolas sagradas, isto é, o evangelho] e depois voltem e nos façam em pedaços".

Shelly fez bem de interromper a arremetida tola do pai.

Diante de uma situação semelhante, devemos procurar trazer à tona a verdadeira natureza dos "argumentos" do nosso interlocutor, fazendo perguntas:

— Por que você está puxando esse assunto?

— Você está fazendo essas perguntas por que quer mesmo uma resposta?

— Se eu respondesse a essa pergunta, você se convenceria de que o cristianismo é verdadeiro?

— Qual é o maior impedimento para você ser cristão?

— Você está disposto a ler um texto que acho que responde à sua pergunta?

Enquanto a pessoa estiver mais interessada em expressar as próprias opiniões do que em saber a verdade, é melhor falar sobre o tempo.

3. LEMBRE-SE DE QUE PESSOAS SÃO PESSOAS

Provérbios apresenta uma descrição multifacetada de pessoas. Não somos somente seres racionais para sermos informados e educados, seres espirituais para ser evangelizados e iluminados, nem apenas seres físicos para ser saciados de água e alimento. Somos seres completos, chamados para amar a Deus de todo o coração, alma, força e mente.

Essa lição ficou clara às duas da tarde de um sábado, quando falei em um retiro de fim de semana. Fiquei surpreso de ver como os estudantes faziam anotações no terceiro encontro de formação evangelística. O primeiro encontro, na sexta-feira à noite, tratou de como apresentar o evangelho com clareza. Sugeri modos de começar uma conversa e demonstrei como apresentar o evangelho sucintamente. Os estudantes bocejaram durante toda a apresentação.

"Diga-nos alguma coisa que já não ouvimos um milhão de vezes", estava expresso nas cara de tédio deles.

Na apresentação de sábado de manhã, a reação foi semelhante. Eu havia falado sobre esclarecer ideias equivocadas sobre o evangelho, oferecendo exemplos que funcionaram muitas vezes para mim. Eles já tinham ouvido todos.

Por isso, fiquei muito apreensivo em relação ao encontro de sábado à tarde. Ainda que essa não fosse a pior hora do dia para falar, eu me perguntava se tinha algo novo para lhes ensinar.

Perguntei quantos haviam lido *How to win friends and influence people*,[2] de Dale Carnegie. Eles riram.

— Não é um livro secular que os vendedores leem para ganhar mais dinheiro? — um participante me perguntou.

---

[2]Dale Carnegie, *How to win friends and influence people* (New York: Simon and Schuster, 1936) [edição em português: *Como fazer amigos e influenciar pessoas*, tradução de Fernando Tude de Souza (São Paulo: Nacional, 2012)].

— Bom, alguns usam para isso —respondi —, mas Carnegie tem muita sabedoria que podemos aplicar a uma obra para a eternidade mais importante do que apenas fechar vendas.

Eles não me pareciam convencidos, então lhes contei de David. Conheci David na primeira semana daquele ano letivo. Ele era calouro e parecia perdido no grande campus urbano. Ele tinha ido a uma de nossas reuniões (porque um amigo o convidou), e eu tive a oportunidade de lhe falar do evangelho, tema que não lhe interessava. Minha mensagem fazia sentido, ele disse, mas parecia irrelevante para a vida dele. Que diferença o martírio de um sujeito há dois mil anos fazia hoje na vida dele?

Fiz o meu melhor para responder à pergunta, mas parecia que nada ajudava a estabelecer um diálogo. Ele esboçou alguma reação quando lhe falei da diferença que o evangelho fez na minha vida. Diferentemente de muitos outros "testemunhos" que dera antes, não me detive no "conteúdo" do evangelho — o que era a minha vida antes de me converter, o que me convenceu a ser cristão ou como posso ter certeza de que vou para o céu. Em vez disso, falei-lhe do que agora chamo de meu "testemunho e-daí". Falei de minha experiência de ser cristão — que agora percebo propósito e sentido na vida, que nunca me sinto sozinho e que, porque me sinto aceito por Deus, tenho mais disposição para aceitar os outros. Disse que ser cristão melhora meu casamento, permite-me ter a consciência tranquila e me enche de otimismo e esperança.

Depois mudei de assunto e perguntei como ele estava se adaptando ao novo ambiente. Eu estava genuinamente interessado. Ouvi. Pela resposta desconexa que me deu, ele mostrou que não havia feito muitas amizades, que gostava de música clássica e detestava a comida do campus.

Contei que também gostava de música clássica e que, na verdade, eu me especializara em música no meu tempo de graduação.

Conversamos sobre Beethoven, Debussy e Dvorak. Eu lhe disse que os alunos tinham direito a ingresso grátis para os concertos no campus. Depois o convidei para jogar vôlei conosco na noite seguinte. Ele poderia conhecer algumas pessoas, comer melancia e se divertir um pouco — e nós não faríamos nenhuma pregação.

Ele veio para a noite de vôlei e, pouco tempo depois, começou a frequentar um estudo bíblico que um dos estudantes dirigia no seu alojamento. David a cada dia se aproximava mais de uma decisão.

Qual a relação da história de David com *How to win friends and influence people*? O que aprendi com Dale Carnegie contribuiu mais para levar Davi para perto da cruz do que qualquer coisa que eu havia aprendido nos seminários de evangelização.

Agora os alunos do seminário do sábado à tarde estavam prontos para ouvir. Eles conheciam David! Sabiam que ele estava frequentando estudos bíblicos, mas não sabiam como ele havia chegado até aí. Então pegaram os cadernos e as canetas.

Enumerei os nove princípios de Dale Carnegie para se relacionar melhor com as pessoas. Essas diretrizes preparam o caminho para falarmos do evangelho com mais proveito. Não dei muitos exemplos, porque os princípios são autoexplicativos:

1. Não critique, não condene nem se queixe.
2. Faça um elogio honesto e sincero.
3. Desperte na outra pessoa um desejo ardente. (É o que um "testemunho e-daí" pode fazer.)
4. Seja genuinamente interessado na outra pessoa.
5. Sorria.
6. Lembre-se de que o nome de uma pessoa é para ela o som mais agradável e mais importante, em qualquer língua.
7. Seja um bom ouvinte. Incentive o outro a falar sobre ele mesmo.

8. Fale sobre coisas do interesse da outra pessoa.
9. Faça a outra pessoa se sentir importante — e faça isso sinceramente.[3]

Os estudantes anotavam tudo à medida que eu falava. Todos já haviam frequentado muitos seminários sobre evangelização, e todos eles observaram que nunca tinham ouvido falar desses conceitos antes. Naquele momento pareciam mais ansiosos do que nunca para falar de sua fé quando voltassem ao campus.

Então eu abri a Bíblia. Disse-lhes que Carnegie não era tão original quanto eles talvez tenham achado. Muito antes de Carnegie escrever *How to win friends and influence people*, Salomão observava: "Quando os caminhos de um homem são agradáveis ao Senhor, ele faz que até os seus inimigos vivam em paz com ele" (Pv 16.7). Salomão foi ainda mais longe. Além do sentido meramente comercial, ele deu instruções para transmitir graça a outros. Em palavras que se repetem no Novo Testamento, ele disse: "Se o seu inimigo tiver fome, dê-lhe de comer; se tiver sede, dê-lhe de beber. Fazendo isso, você amontoará brasas vivas sobre a cabeça dele, e o Senhor recompensará você" (25.21,22).

Salomão entendia a natureza complexa das pessoas. Ele sabia que transmitir conteúdo é apenas uma pequena parte do processo de comunicação. Ser sensível ao coração de uma pessoa é uma parte muito maior. Por isso, Salomão diz: "Os propósitos do coração do homem são águas profundas, mas quem tem discernimento os traz à tona" (20.5). E mais: "Cada coração conhece sua própria amargura, e ninguém mais pode compartilhar sua alegria" (14.10). Salomão reconhecia as realidades mundanas da vida: "Se alguém abençoa seu próximo cedo de manhã aos gritos, sua bênção será tida como maldição" (27.14). E bem antes da popularização da

---

[3] Ibidem, p. 80, 142.

medicina holística, as Escrituras associaram nossa natureza espiritual com nosso corpo físico: "O coração em paz dá vida ao corpo, mas a inveja apodrece os ossos" (14.30).

4. NÃO SE ESQUEÇA DO PODER DA LÍNGUA

A quarta lição salomônica para a conquista de almas nos adverte sobre o poder das palavras. Pelo lado positivo, a "boca do justo" e a "fala dos retos" podem produzir sabedoria (Pv 10.31), resgatar os ímpios (12.6), trazer cura (12.18; 16.24; 15.4), tornar o conhecimento atraente (15.2), promover a instrução (16.21,23) e ter o poder de vida e morte (18.21). Não é de admirar que "quem ama a sinceridade do coração e se expressa com generosidade será amigo do rei" (22.11). Pelo lado negativo, "a língua mentirosa odeia aqueles a quem fere" (26.28), é como um fogo devorador (16.27), derrama insensatez (15.2), fere como espada (12.18) e é emboscada para derramar sangue (12.6).

Observar essas advertências nos faz ser "comedidos no falar" (17.27), guardar nossa boca e nos proteger da calamidade (21.23). Impede que falemos apressadamente, porque "há mais esperança para o insensato" do que para aquele que fala sem pensar (29.20). Ensina-nos a escolher palavras respeitosas e a evitar palavras que magoam.

Isso não significa que o silêncio é sempre ouro. Um ministro de campus acadêmico criou "O poste ouvinte" no seu campus, e os alunos podiam ir até o poste e falar. Ele colocou um poste de madeira de verdade em uma mesa no meio de uma parte bastante movimentada do campus. Sentou-se em uma cadeira de um lado da mesa, de frente para outra cadeira, vazia, do outro lado da mesa. Um aviso grande instava aos alunos que se sentassem e conversassem, e garantia: "Vou apenas ouvir em silêncio". Ele fez exatamente isso. Observei. Também notei que muitos alunos foram embora, de cara amarrada pela decepção.

Um aluno deixou escapar, enojado: "Mas que @#&*¡!! é essa. Qual a intenção dessa *#&@ aí?". Instintivamente, os alunos sabiam mais que o ministro. Eles ansiavam pela "resposta sincera [que] é como um beijo nos lábios" (24.26). Sabiam que "o homem se alegra em dar uma resposta apropriada — e como é bom uma palavra na hora certa!" (15.23). Depois de anos aconselhando alguns desses alunos, percebi a sabedoria das palavras: "Quem repreende o próximo obterá por fim mais favor do que aquele que só sabe bajular" (28.23). Apenas permanecer sentado em silêncio e fazer que sim com a cabeça pode transmitir uma afirmação tácita que funcione do mesmo jeito que a adulação. Contudo, em algum ponto entre o silêncio total e o falatório incessante está a sabedoria.

AQUELE QUE GANHA ALMAS É SÁBIO

Combinando dois aspectos aparentemente não relacionados de uma vida piedosa — retidão interior e compromisso para com os outros —, a passagem de Provérbios 11.30 diz algo muito importante. O versículo começa assim: "O fruto do justo é árvore de vida". Se refletirmos sobre essa metáfora — a de não somente dar fruto, mas também ser uma árvore que produz o fruto —, cada um de nós crescerá no desejo de ser uma pessoa justa, de ser uma árvore de vida. O fruto dessa árvore pode ser nossa atitude positiva, ou a resistência à tentação de pecar porque a santidade tem controle sobre nossa vida interior, ou nossa atração pela honestidade e pela justiça porque nossa alma foi tocada por essas virtudes. Como uma árvore de vida, damos frutos como a pereira dá os seus frutos.

A segunda metade do provérbio, porém, vai para uma direção inesperada: "… e aquele que conquista almas é sábio". O texto faz associação entre nossa retidão interior e nossa influência sobre os outros. No Antigo Testamento, "conquistar almas" não significa o mesmo que pregar um sermão em um estádio lotado, ao estilo

Billy Graham, nem uma apresentação bíblica franca do evangelho em uma cela de prisão. Antes, diz respeito a influenciar o coração e a mente de alguém. O fato de Absalão "[furtar] o coração dos homens de Israel" (2Sm 15.6) é um exemplo negativo, é conquistar almas para uma causa pecaminosa. Salomão deseja que se ganhem corações para um fim justo. Seremos sábios se influenciarmos a "alma" de alguém e tornar essa pessoa justa — andando em retidão perante Deus e no seu trato quotidiano com os outros.

Tentei fazer isso com os rapazes da Lambda Chi Alpha. Como jovem ministro do campus, fui convidado para falar à recém-criada seção deles na Towson State University de Maryland. O tema, "O verdadeiro sentido do Natal", foi escolhido pelo comitê de educação da irmandade, constituído de alguns rapazes cristãos que eu conhecia.

Esses jovens zelosos queriam que eu fosse pregar o evangelho a seus irmãos pagãos da fraternidade. Assim, fiz o que pediram e quase fui expulso da cidade. Eu podia dizer que a apresentação não estava sendo recebida como boa notícia. Eles foram educados, mas a expressão corporal deles falava alto e com clareza. Como você poderia adivinhar, ninguém "foi à frente" naquela noite.

Foi quase um milagre os cristãos do comitê de educação terem convencido os administradores deles a me convidarem de novo. Eles me pediram que fizesse outra apresentação — "O verdadeiro sentido da Páscoa". Época diferente do ano, o mesmo clima de pessimismo — o mesmo número de convertidos.

Perguntei-me se haveria outro modo de apresentar o evangelho a uma fraternidade de estudantes. Orei para que a Lambda Chi Alpha fosse acometida de amnésia coletiva e, caso algum dia me convidassem de novo, eu tentaria uma abordagem diferente.

O comitê de educação me convidou mais uma vez, mas aconselhou: "Tente fazer algo menos religioso". Sugeri o tema "União entre os membros da Fraternidade", uma conversa que poderia ajudá-los a fortalecer os laços de amizade entre os seus mais de cinquenta associados. Eles estavam dispostos a dar uma chance e me pediram que não falasse mais de vinte minutos.

Quando me levantei para falar, eu me senti como se estivesse cavando para sair de um buraco. Comecei agradecendo o convite e elogiando-os pela abertura a diferentes perspectivas. Para aliviar um pouco a tensão, fiz algumas piadas sobre alguns fatos ocorridos no campus naquela semana.

Eu lhes disse que meu tema naquela noite era "União entre os membros da Fraternidade" e falei sobre a necessidade de união e harmonia na sociedade em geral. Compartilhei a experiência da comissão de vigilância do meu bairro e a unidade no nosso desejo comum pela segurança de nossas famílias. Acho que eles tiveram uma surpresa agradável de saber que eu estava comprometido com algo fora do âmbito religioso e me pareceram mais abertos a ouvir.

A primeira sugestão para promover a unidade foi a de um objetivo comum. Não lhes propus qual eu achava que devia ser, mas perguntei: "Qual é o objetivo de vocês de terem uma fraternidade?". Todos deviam concordar em qual era o objetivo deles e deviam ser capazes de declará-lo com clareza e concisão. Eles concordaram comigo.

O segundo recurso era a comunicação clara. Eles deviam ter certas habilidades para garantir o entendimento mútuo. Mencionei algumas citações engraçadas de formulários de pedido de reembolso de seguro que eram exemplos de má comunicação, e as risadas me favoreceram.

O terceiro ingrediente era o perdão. Eles não precisariam dele se todos da fraternidade fossem perfeitos, mas...

Eles entenderem o que eu queria dizer sem eu precisar terminar a frase. Contei-lhes que o perdão fazia o meu casamento dar certo e quanto o perdão é importante para duas pessoas que querem um relacionamento íntimo. Sem o perdão, não há intimidade. Pude perceber que eles estavam interessados.

— Eu poderia falar muito mais sobre o perdão — comentei —, mas não quero ultrapassar o limite do meu tempo. Quero apenas dizer que, como cristão, creio que há uma correlação entre uma pessoa ser perdoada por Deus e a capacidade dessa pessoa de manifestar perdão às outras.

Minha última sugestão para a unidade daquele grupo de estudantes era a necessidade de incentivo. Palavras positivas, inspiradoras e alentadoras curam e unem, ao passo que o sarcasmo e o insulto dividem e magoam. Percebi que eu havia tocado em um ponto fraco. Não fiquei surpreso. Que rapazes universitários não humilham uns aos outros com sarcasmo e insulto?

Concluí minha palestra, dizendo que ficaria grato pelo *feed-back* deles sobre minha apresentação, uma vez que tinha sido um pouco diferente das outras palestras que eu tinha dado. Eles sorriram, lembrando-se de que o "verdadeiro sentido do Natal" e o "verdadeiro sentido da Páscoa" não tiveram muito sucesso com eles. Aplaudiram e alguns deles quiseram fazer perguntas. Quando eu lhes disse que estava disponível para discutir, alguns anotaram meu número de telefone.

Tive muitas boas conversas com vários estudantes por causa dessa apresentação. Mais importante, alguns novos rapazes começaram a aparecer no estudo bíblico organizado pelos cristãos do comitê de educação daquele capítulo da irmandade. Alguns passaram a ter fé em Cristo, e vários outros que se haviam desviado de Cristo reconsagraram a vida ao Senhor.

Posso dar um pouco do crédito a Salomão por minha terceira palestra à Lambda Chi Alpha ter sido recebida melhor. "Unidade entre os membros da Fraternidade" demonstrou mais sabedoria e compaixão, mostrou mais consciência de que as pessoas são pessoas e conquistou mais almas do que outras abordagens que eu havia tentado. As duas palestras anteriores reforçaram a suspeita do grupo de que a religião não tinha nada de novo para eles.

A cultura popular, porém, sempre desconfiou do cristianismo. E, nos dias por vir, isso será ainda mais acentuado. Portanto, vamos precisar nos lembrar: "Quem quer colher o mel, não chuta a colmeia".[4] Por isso, vamos fazer "que até os [nossos] inimigos vivam em paz [conosco]" (Pv 16.7).

GUIA DE ESTUDO

As perguntas a seguir se destinam a discussão e aplicação em pequenos grupos.

1. Quais são seus pontos sensíveis? Em outras palavras, sobre quais assuntos você é mais propenso a discordar? Com quem?
2. Quando você percebe uma discordância chegando, o que pode dizer para si mesmo que o ajude a evitar "atirar suas pérolas aos porcos"?
3. Você consegue se lembrar de alguma conversa que teve sobre o Senhor e que na verdade devia ter sido evitada? Por quê? Como você podia ter lidado com essa situação de outro modo?
4. Quais das diretrizes de Dale Carnegie são mais pertinentes para você? Quais você é mais propenso a esquecer?
5. Quais dos provérbios mencionados neste capítulo são mais aplicáveis à sua vida? Por quê? Onde é mais provável que você use essa sabedoria — em casa, no trabalho, com os filhos, com os vizinhos, em eventos esportivos ou em outro lugar?

---

[4] Ibidem, p. 31.

CAPÍTULO 3

COMO AS PERGUNTAS PREPARAM O CAMINHO PARA AS RESPOSTAS?

Pouca gente ouviu falar da "teoria do plugue". Ainda menos gente acredita nela. No entanto, meu filho Dan a proclama com ousadia. Parece que ele está convencido de que essa teoria detém as chaves para entender política internacional, história universal e estratégia militar.

A teoria do plugue afirma que todo país tem um plugue, localizado em algum lugar perto de seu centro geográfico, que o impede de afundar. Obviamente, é essencial para uma nação impedir que alguém puxe esse plugue. Por isso, manter segredo sobre a localização do seu plugue é a prioridade máxima das forças armadas, da defesa, da inteligência e das forças políticas de uma nação. Puxar o plugue faz todas as outras preocupações perderem o sentido.

Dan acha que o plugue dos Estados Unidos está em algum lugar do Kansas. A teoria dele tem algumas implicações intrigantes: a Atlântida não protegeu o seu plugue muito bem; a Holanda teve seu plugue desconectado, mas salvou seu território do afundamento inserindo de novo o plugue e construindo uma série de diques; a cidade do Vaticano é ela mesma um plugue; o Lesoto é o plugue da África do Sul.

Dan fala entusiasmado sobre a teoria do plugue nas reuniões de família. A reação é sempre a mesma — risos e diversão. Ninguém jamais acredita nele, ninguém lhe diz que está certo nem agradece por esclarecê-los. Os ouvintes de Dan nunca escrevem aos parlamentares para insistir na proteção de nosso plugue e manter o mundo seguro para a democracia.

A teoria de Dan diverte a todos, mas nunca convence ninguém. Para alguém acreditar em sua teoria, ele teria de demonstrar o que afirma com a sustentação de outras ideias que as pessoas já aceitam e a correlação dessa sua teoria com as ideias já aceitas. Se alguém já tivesse visto algum desses plugues, por exemplo, ajudaria; ou, se alguém do governo alguma vez tivesse dado crédito à ideia, isso faria com que as pessoas ouvissem com mais seriedade.

Fatos e ideias corroborantes constroem "estruturas de plausibilidade", que transformam a crença em algo mais provável. Sem estruturas de plausibilidade, é improvável que sequer se dê ouvidos a uma ideia; ter adeptos, então, nem se fale.

Para muitos, crer em Jesus é tão provável quanto crer na teoria do plugue. Na mente dessas pessoas, nenhuma das duas ideias tem muita plausibilidade. As proposições de que há um Deus, de que ele é pessoal e cognoscível, de que ele odeia o pecado e enviou o seu Filho à terra, de que a morte de seu Filho nos livra da culpa e nos leva para o céu depois da morte — parecem todas fazer tanto sentido quanto a ideia de que um grande plugue no meio do Kansas impede que nosso país inteiro afunde.

Essa dúvida surge, em parte, porque o evangelho tinha o apoio de mais estruturas de plausibilidade do que tem hoje. As pessoas acreditavam que a verdade existe e que podemos descobrir qual é a verdade. As pessoas acreditavam nas palavras, que elas têm significado e que a intenção de uma mensagem é determinada por seu autor, e não por nenhum leitor. Reconhecia-se a lei da não contradição, e causava incômodo alguém abraçar duas ideias contraditórias entre si. As pessoas acreditavam na correlação entre a vida de alguém e suas convicções e identificavam prontamente a hipocrisia quando deparavam com ela. As pessoas criam no evangelho porque, considerando as muitas outras coisas em que acreditavam, o evangelho lhes era crível.

Hoje muitas dessas estruturas de plausibilidade foram desmanteladas.

Há quase cem anos, J. Gresham Machen disse profeticamente:

As ideias falsas são o maior obstáculo à recepção do evangelho. Podemos pregar com o mesmo fervor de um reformador e ainda assim ganhar apenas um perdido aqui e ali, se permitirmos que o pensamento coletivo do país ou do mundo seja controlado por ideias que, pela força irresistível da lógica, impedem que o cristianismo seja considerado algo além de uma ilusão inofensiva.[1]

O chamado da igreja, portanto — além de proclamar o evangelho, alimentar os pobres, edificar famílias e alentar os oprimidos —, também deve incluir o empenho deliberado de construir estruturas de plausibilidade.

Observe o esboço que o apóstolo Paulo faz da pauta de seu ministério em 2Coríntios 10.3-5. Depois de se defender de seus críticos, que indagavam por que ele fazia as coisas do jeito que fazia, ele afirma: "Porque, embora vivamos no mundo, não combatemos como o mundo. As armas com que lutamos não são as armas do mundo. Ao contrário, elas têm poder divino para demolir fortalezas. Destruímos argumentos e toda pretensão que se levanta contra o conhecimento de Deus e levamos cativo todo pensamento para torná-lo obediente a Cristo".

---

[1]Discurso proferido em 20 de setembro de 1912 na abertura da 101.ª sessão do Princeton Theological Seminary. Reimpr., em J. Gresham Machen, *What is Christianity?* (Grand Rapids: Eerdmans, 1951), p. 162.

Podemos imaginar algumas das "armas deste mundo" que Paulo tinha em mente — jargões, retórica, imagens atraentes, manipulação emocional e técnicas de venda —, coisas que têm tanto apelo quanto aqueles pop-ups irritantes de muitos sites da internet. Entre as armas que *apoiamos* estão orar pelas pessoas, citar versículos bíblicos e mostrar as Escrituras, distribuir literatura e proclamar o evangelho intrepidamente.

Algumas armas, porém — as capazes de "demolir fortalezas", "destruir argumentos" e "levar cativo todo pensamento" —, são diferentes daquelas do arsenal mais comum. Entre essas armas estão o diálogo, o debate, perguntas questionadoras, explicações bem elaboradas sobre as dificuldades da vida e artigos que provocam a reflexão sobre vários temas tratados do ponto de vista cristão. Essas armas derrubam as plataformas frágeis sobre as quais as pessoas se apoiam para fazê-las entender a necessidade de algo mais sólido. Elas levam pensamentos cativos e os tornam submissos a um novo mestre — a lógica da verdade bíblica. Destroem as ideias em que as pessoas confiavam (isto é, as suas "fortalezas") para que elas percebam a fragilidade de sua situação.

Para empregar essas armas, precisamos entender cinco princípios e empregar cinco perguntas operacionais. Contudo, não é fácil demolir fortalezas. Preparamos o caminho para a fé com perguntas que constroem estruturas de plausibilidade, mas temos de estar alerta e preparados para uma luta. O tom das palavras de Paulo — *combater, armas, lutar, demolir, pretensão, tornar obediente, levar cativo* — indica que a luta não vai ser nem um pouco fácil.

Primeiro princípio:
O toque de alvorada precede a revelação

Em palavras mais simples, precisamos despertar as pessoas. Em muitos casos, as pessoas foram induzidas ao sono para acreditar em ideias sem lógica, e precisamos acordá-las desse sono antes de apresentar qualquer conteúdo do evangelho.

Quando as pessoas dizem coisas que, depois de alguma reflexão, verifica-se serem apenas disparates, precisamos ajudá-las a perceber a falácia das suas declarações.

- "Acho que todas as religiões são a mesma coisa."
- "Acho que todas as pessoas são essencialmente boas."
- "Eu nunca diria a alguém que a religião dele é errada."

As pessoas que fazem esse tipo de declaração necessitam urgentemente de um despertador.

O título do livro de Neil Postman de 1985, *Amusing ourselves to death* [Divertindo-nos até morrer], é verdadeiro.[2]

C. S. Lewis falou do papel da distração, ou diversão, em *The Screwtape letters*. Já na primeira carta imaginária de um demônio mais velho ao seu novo aprendiz, o velho Fitafuso instruiu Vermebile a confundir e fazer tropeçar o seu "paciente" e, por fim, lhe arruinar a fé:

> É como se você imaginasse que esse argumento é o melhor método para mantê-lo afastado das garras do Inimigo [isto é, de Deus]. Talvez fosse assim se ele tivesse vivido alguns séculos atrás. Naquela época, os seres humanos ainda sabiam muito bem quando algo era provado pela lógica e quando não era. Se determinada ideia se provasse plausível, eles acreditavam. Ainda associavam as ideias com as ações e estavam dispostos a mudar seu modo de vida por causa das conclusões inferidas de uma cadeia de raciocínio. Mas, com os jornais e revistas semanais e outras armas semelhantes, conseguimos alterar isso consideravelmente.

---

[2]Neil Postman, *Amusing ourselves to death: public discourse in the age of show business* (New York: Viking Press, 1986).

O seu paciente foi acostumado, desde menino, a ter uma dezena de filosofias incompatíveis dançando juntas dentro da cabeça. Ele não classifica as doutrinas em essencialmente "verdadeiras" ou "falsas", e sim em "acadêmicas" ou "práticas", "obsoletas" ou "contemporâneas", "convencionais" ou "impiedosas". *O jargão, e não o debate, é seu melhor aliado para mantê-lo longe da igreja.* [...] O problema da argumentação é que ela transfere a batalha para o campo do Inimigo.[3]

Um bom meio de "transferir a batalha para o campo do Inimigo" é começar com uma pergunta de uma palavra só: "Será?". Isso pode ajudar a tocar a alvorada antes da revelação começar.

Quando as pessoas dizem, por exemplo: "Acho que todas as religiões são a mesma coisa", podemos responder com "Será?". Em seguida, depois que elas começam a despertar, podemos reformular a pergunta: "Você acha mesmo que a sua religião é igual a todas as outras? O que você acha daquela religião que levou muitas pessoas a se matarem quando viram o cometa Hale-Bopp? Elas acreditavam que o cometa ia levá-las para o céu. Você acredita *mesmo* que a religião *delas* é a igual à sua?". A discussão resultante pode gerar um diálogo sobre quais religiões são ridículas e quais são críveis.

Quando as pessoas dizem: "Acho que todas as pessoas são essencialmente boas", podemos responder com: "Será? O Osama Bin Laden também? E os garotos que mataram os colegas na escola Columbine?". Se o interlocutor se dispuser a reconhecer que não quis dizer *todos*, vale a pena a pena um diálogo sobre as linhas divisórias entre bom, não tão bom, muito mau e absolutamente malvado.

---

[3]C. S. Lewis, *The Screwtape letters* (New York: HarperCollins, 1942, 2001), p. 1-2 (grifo do autor) [edição em português: *Cartas de um diabo a seu aprendiz*, tradução de Juliana Lemos (São Paulo: Martins Fontes, 2005)].

Isso talvez magoe. Despertar, física ou intelectualmente, poucas vezes é agradável. É bom pronunciar a palavra *será* ou *mesmo* com o mínimo sarcasmo possível na voz.

Segundo princípio:
Algumas coisas não podem ser verdadeiras

Se eu escrevesse a frase "Não sei escrever nem uma palavra sequer em português", você saberia que há algo de errado. Essa declaração, escrita em português, não pode ser verdadeira; ela se autocontradiz. Um dia, meu filho me deu um papel com a seguinte frase escrita: "A afirmação do verso desta folha é verdadeira". Eu, obviamente, virei o papel, e encontrei, claro: "A afirmação da frente desta folha é falsa". Virei a folha várias vezes, para a alegria do meu filho, só para perceber que esse enigma é insolúvel. A combinação daquelas afirmações não poderia dar certo.

Muito do que as pessoas dizem sobre a religião é autocontraditório. "Todas as religiões são verdadeiras" é um exemplo comum. Apesar da frequência dessa declaração — ou de suas muitas variantes —, todas as religiões *não podem* ser verdadeiras. Se uma religião afirma ser o único caminho verdadeiro a Deus (como o cristianismo, o judaísmo, o islamismo e a maioria das outras religiões afirmam), então uma religião que a contradiz não pode ser verdadeira.

As pessoas resistem a essa lógica, mas, sem ela, qualquer diálogo é absurdo. Por causa dessa resistência, as pessoas pegaram pedras para lançar em Jesus em vez de convidá-lo para o próximo diálogo inter-religioso entre eles. As declarações de exclusividade que ele fez sempre negaram outras perspectivas, e isso nunca agradou as pessoas.

Para vencer a resistência, precisamos amolecer os corações para que qualquer pessoa se disponha a ouvir: "Ninguém vai ao Pai a não ser por Jesus". Podemos amolecer corações com a pergunta: "Você pode me explicar isso [que você falou]?".

Fazer essa pergunta demonstra que não se tem intenção de ficar na defensiva. Na verdade, há um pouco de agressividade. Com muita frequência, os cristãos adotam uma defensiva e permitem que os outros os coloquem contra a parede. Mas nossa mensagem é coerente, plausível e benéfica. São as outras pessoas que devem defender suas mensagens. Fazendo isso, a insensatez ou as impossibilidades da religião delas ficarão patentes. Podemos assumir uma ofensiva sem ser rudes nem mesquinhos e insultuosos. (Veja o cap. 11 para saber mais sobre esse tema.)

Uma conversa nesses moldes pode ser mais ou menos assim:

Não cristão: Acho que ninguém tem o direito de dizer que sua religião está certa e a de outra pessoa está errada. Acho que todas as religiões estão certas.

Cristão: Acho que não entendi. Pode me explicar isso?

Não cristão: O que você quer dizer?

Cristão: Bom, eu mesmo acreditava nisso — que todas as religiões estão certas e que a crença de ninguém é melhor que a de outro.

Não cristão: E o que aconteceu com você?

Cristão: Alguém me questionou e me desafiou a pensar um pouco sobre isso. Comecei a descobrir no que diferentes religiões creem. Descobri que religiões que discordam em assuntos tão fundamentais não podem estar todas certas.

Não cristão: Elas não discordam em questões *essenciais*. Discordam apenas em detalhes sem importância como que tipo de roupa se deve usar ou se os cultos devem ser no domingo ou no sábado, ou em algum outro dia.

Cristão: Discordo! Religiões diferentes divergem em questões *fundamentais*.

Não cristão: Como o quê, por exemplo?

Cristão: Como qual a natureza de Deus ou se existe mesmo um deus. Ou como nós, seres humanos, somos, qual é o sentido da vida, se devemos procurar nos relacionar com Deus (ou o que seja) mediante ação ou nos isolando. Além disso, também a questão da vida após a morte. Vamos para o céu ou simplesmente morremos e acabou? E que diferença qualquer uma dessas coisas faz? Você ficaria perplexo de ver quanto as respostas a essas perguntas são diferentes.

Não cristão: Ei. Calma. Tudo isso é muito teórico. No que diz respeito às coisas práticas, como amar o próximo, será que todas as religiões não concordam?

Cristão: Na verdade, não. Por exemplo, devemos cuidar das pessoas morrendo nas ruas, como fazia madre Teresa, ou devemos deixá-las morrer para não atrapalhar o carma delas, como faziam os críticos hindus da madre de Calcutá? E que tal isto: o judaísmo afirma que Deus escolheu o povo judeu, os descendentes de Isaque, para ter a terra de Israel. Os muçulmanos acreditam que Alá os escolheu porque são os descendentes de Ismael, e *eles* é que devem ter a terra (que chamam de Palestina!). Há muita agressão mútua entre os dois lados por causa dessa divergência, e *ambos* não podem estar certos.

Não cristão: Bom, eles deviam simplesmente dividir a terra.

Cristão: É uma ótima ideia! Mas isso não é o que ambos os lados diz. Se dividissem a terra, os dois teriam de mudar suas convicções.

Não cristão: E que há de tão ruim nisso? Fazer concessões não é uma coisa boa?

Cristão: É claro que é. Mas isso significaria que as duas partes teriam de dizer "Ei, nós estamos errados" e teriam de afirmar que você, alguém que não é judeu nem muçulmano, está certo.

Não cristão: Agora você está misturando política e religião. Não se pode fazer isso.

Cristão: Você está dizendo que é *errado* misturar religião e política?

Não cristão: Sim!

Cristão: Então você diria a uma pessoa que mistura política com religião que ela está errada?

Não cristão: É claro que sim.

Cristão: Logo, você, com seu ponto de vista religioso — de que religião não se deve misturar com política —, diria a alguém que a concepção religiosa dela — que mistura religião com política — está errada?

Não cristão: Humm. Bom, acho que ninguém deve *jamais* discutir religião ou política. Vamos mudar de assunto?

A pergunta "você pode me explicar isso?" ajuda a construir a estrutura de plausibilidade de que algumas coisas não podem ser verdadeiras. As pessoas então podem buscar critérios para determinar quais coisas podem ser verdadeiras.

Terceiro princípio: Algumas coisas podem ser verdadeiras em parte

Com muita frequência, não cristãos nos dizem que as outras religiões contêm verdades assim como o cristianismo e que os cristãos não devem reivindicar nenhum tipo de superioridade. Jesus era tão somente mais um guru como Maomé, Buda ou Deepak Chopra. Como devemos responder? Na maioria das vezes, procuramos mostrar todos os defeitos das outras religiões.

Não precisamos fazer isso. Não há nada errado em reconhecer que as outras religiões têm algumas verdades. Mais uma vez, C. S. Lewis tem um insight precioso. Em *Mere Christianity*, ele escreve:

Se você é cristão, não precisa acreditar que todas as outras religiões estão simplesmente erradas de cabo a rabo. Se você é ateu, é obrigado a acreditar que o principal fundamento de todas as religiões do mundo não passa de um enorme erro. Se você é cristão, é livre para pensar que todas essas religiões, mesmo as mais estranhas, têm pelo menos um traço de verdade. Quando eu era ateu, tinha procurado me convencer de que a maior parte da raça humana sempre esteve enganada acerca da questão que era mais importante para ela; quando me tornei cristão, consegui adotar uma opinião mais liberal sobre o assunto. Contudo, é claro que ser cristão significa necessariamente entender que, quando o cristianismo difere de outras religiões, o cristianismo está certo, e as outras religiões estão erradas. É como na aritmética, só existe uma e somente uma resposta certa para uma operação de adição, e qualquer outro resultado diferente está errado — mas algumas respostas erradas estão mais próximas da certa do que as outras.[4]

Ao reconhecer que outra religião contém verdade, podemos acrescentar uma pergunta breve, do tipo: "E aí?", ou apenas: "E...?".

Alguém talvez nos diga, por exemplo, que os budistas estão certos sobre a realidade de um domínio espiritual e que devemos estar mais atentos ao mundo invisível. Podemos dizer: "Concordo" e, em seguida, acrescentar com amor, sem sarcasmo: "Mas e aí?".

Surpreso de você não ter atacado o budismo para se defender, o seu interlocutor talvez entenda, talvez não, o que você está dizendo. Você pode esclarecer explicando: "Sim, mas e daí? O budismo está certo quando diz que há um domínio espiritual. Mas ainda é necessário muito mais para encontrar uma fé. Precisamos uma fé que satisfaz todas as nossas necessidades — tanto desta

---

[4] C. S. Lewis, C. S. Lewis, *Mere Christianity* (New York: HarperCollins, 2001, p. 35 [edição em português: *Cristianismo puro e simples* (São Paulo: WMF Martins Fontes, 2009)].

vida quanto da vida após a morte. Acho que o budismo tem alguns acertos em relação a isso. Na verdade, é normal que todas as religiões tenham alguns acertos. A questão é encontrar uma que acerta em *tudo*. Tenho muitas perguntas sem resposta quanto ao budismo. Você o estudou bastante?".

A partir daí a conversa pode avançar além do nível do clichê e explorar conteúdo mais satisfatório.

Perguntar "E aí?" ou "E então?" ajuda a construir a estrutura de plausibilidade de que algumas concepções podem ser verdadeiras em parte sem ser plenamente verdadeiras. Como em um tribunal, quando se trata de encontrar uma fé que satisfaça todas as nossas necessidades, temos de encontrar "a verdade, *toda* a verdade, nada mais que a verdade".

Quarto princípio: Algumas concepções podem ser verdadeiras

Aprendi esse princípio com um sujeito chamado Bobby. Quando almoçamos juntos no restaurante do alojamento de estudantes, tive a impressão de que a pergunta dele era sincera.

— Por que deveríamos acreditar no que a Bíblia diz sobre Jesus, ou Moisés, ou qualquer outro? É bem provável que ela tenha sido alterada inúmeras vezes ao longo dos anos. É como a brincadeira do telefone sem fio.

Eu já estava bem acostumado com a analogia do telefone sem fio. Alguém decide qual mensagem quer enviar por meio de algumas pessoas sentadas uma ao lado da outra. A primeira pessoa sussurra a mensagem no ouvido da pessoa da cadeira ao seu lado. Sem repetir nem responder a perguntas para esclarecer a colega, a segunda pessoa passa a mensagem à terceira, e isso continua até o fim da fila. A mensagem é inevitavelmente distorcida nesse caminho.

— É exatamente isso o que deve acontecer com a Bíblia, não é?
— O volume da voz de Bobby estava atraindo a atenção. — Quem sabe como a história dos cinco mil que foram alimentados realmente aconteceu?
— Bem, esse poderia ser apenas um dos modos de explicar como obtivemos a Bíblia — propus.

Ele ficou esperando que eu pregasse mais, talvez um breve sermão sobre a palavra sagrada e infalível de Deus, uma diatribe que ele tivesse ouvido antes. Mas eu apenas esperei que ele refletisse sobre algumas alternativas.

— De que outra forma isso poderia ter acontecido? — ele indagou.

Percebi a força da dúvida dele. Quem sabe tivesse havido um tempo em que Bobby esperou verdadeiramente respostas às suas perguntas. Quando ele começou a fazer a analogia do telefone sem fio em relação à Bíblia, talvez tivesse a esperança de que alguém desse uma resposta satisfatória ao seu questionamento. Porém, quanto mais as pessoas continuassem dando respostas insatisfatórias, mais endurecido ele se tornava na sua incredulidade. A voz dele tinha um tom quase de "duvido que você demonstre que a minha teoria do telefone sem fio está errada".

Assim, optei por uma vitória parcial, e não a vitória total.

— Não é possível que o Deus que inspirou originalmente a Bíblia também a tenha preservado?

Silêncio.

— Percebe o que estou perguntando?

— Não muito.

— Vamos apenas supor que existe um deus e que ele quer se comunicar conosco. Isso é possível, em tese, não?

— Teoricamente.

— E vamos apenas imaginar que ele decidiu fazer isso inspirando pessoas a registrarem essa comunicação. A palavra escrita tem algumas vantagens sobre a tradição oral, não é?

— Acho que sim.

— Portanto, Deus inspira as pessoas a registrarem certos acontecimentos que ocorreram na vida de Jesus ou certas mensagens que Moisés pregou, ou fatos assim.

— Prossiga.

— Então, esse mesmo Deus, que inspira o texto escrito e garante que ele seja registrado do jeito que ele quer que seja, *também* garante que o registro escrito permaneça assim. Isso não é possível?

— Sim. É possível.

— Pois é isso que eu acredito que aconteceu. A analogia do telefone é possível, mas, conforme observei em descobertas arqueológicas e outros aspectos, acho que a analogia do telefone sem fio é uma explicação menos provável de como a Bíblia chegou até nós do que o método que esbocei.

Bobby tinha mais perguntas. Mas pelo menos essa finalmente fora respondida de um modo que o abrandou um pouco.

"Não é possível?" talvez seja um dos meios mais importantes de iniciar uma pergunta. Ajuda as pessoas a refletirem que um conceito *pode* ser verdadeiro de tal modo que elas por fim aceitem que ele *é* verdadeiro. Algumas aplicações dessa frase talvez pareçam mais ou menos como estas:

- "Não é possível Jesus ter ressuscitado da morte?"
- "Não é possível Deus ter separado as águas do mar Vermelho?"
- "Não é possível o tipo de Deus que separou as águas do mar Vermelho também ter feito uma virgem conceber e dar à luz um menino?"
- "Se Deus pode suspender as leis da natureza em um lugar, não seria possível ele fazer isso em qualquer lugar?"
- "Não é possível haver de fato um só caminho certo para chegar a Deus e que todos os outros caminhos se aproximem, mas não cheguem lá por um triz?"

- "Não é possível Jesus ser de fato aquele que cumpre todas as profecias do Antigo Testamento? Que ele de fato seja o Messias?"
- "Não é possível haver um deus que existe em algum lugar, mas está além do nosso nível de conhecimento neste ponto? Você não diria que sabe tudo, não é? Não é possível que amanhã você descubra algo que torne a fé em Deus pelo menos digna de ser considerada?"

É preciso ter cautela, entretanto, ao se conversar usando o princípio do "Algumas coisas talvez sejam verdadeiras". Em vez de levar as pessoas à aceitação parcial, esse diálogo às vezes expõe o nível de incredulidade irracional delas. Esses indivíduos podem estar tão comprometidos com sua convicção que nenhuma evidência ou explicação lógica é capaz de influenciá-los.

Pessoas assim talvez estejam comprometidas com a *in*credulidade preconcebida ou ceticismo cego. Elas insistem em que um conceito *não é* verdadeiro só porque elas decidiram que *não pode* ser verdadeiro.

Pense no homem que achava que estava morto. Ele estava convencido de que já tinha morrido. Recusava convites para jantares, para jogar golfe ou para qualquer outra atividade porque, dizia: "Estou morto". Os amigos dele tentavam mostrar o erro de suas atitudes. Eles lhe levaram meses de páginas de obituário, nenhuma delas contendo o nome dele. O homem insistia em que os editores se esqueceram de registrar o falecimento dele. Os amigos faziam tudo o que podiam para lhe demonstrar que estava vivo, mas nenhuma prova conseguia contrariar sua pressuposição fundamental.

Um amigo finalmente pensou em uma possibilidade.

— Cadáver sangra? — perguntou.

— Não — respondeu o "morto".

Então o amigo pegou um alfinete e furou o dedo do "morto". Saiu sangue, claro, e os amigos pensaram que agora haviam mostrado a ele a prova irrefutável de que estava vivo.

A resposta expôs sua obstinação.

— Não acredito — gritou. — Morto sangra, sim!

Dallas Willard dá o seguinte conselho para quando interagirmos com alguém desse tipo: "Muitas vezes um bom ponto de partida quando se procura ajudar aqueles que não acreditam em Deus ou não aceitam Cristo como Senhor é fazê-los lidar sinceramente com a pergunta: Será que eu *gostaria* que existisse um Deus? Ou: Será que eu *gostaria* que Jesus se tornasse Senhor? Isso talvez os ajude a perceber até que ponto o que elas *querem* que seja verdade lhes controla a capacidade de entender o que de fato é verdade".[5]

Nem toda incredulidade, portanto, é essencialmente intelectual. Por isso, a razão sozinha não conseguirá abalar seus alicerces. É bom lembrar a avaliação de Jesus: "O veredicto é este: a luz veio ao mundo, mas os homens amaram as trevas, e não a luz, porque as suas obras eram más" (Jo 3.19). Em seu livro *Ends and means*, Aldous Huxley esclarece o próprio motivo falho para suas convicções:

> Eu tinha motivos para não querer que o mundo tivesse sentido; por conseguinte, meu pressuposto era que ele não tinha sentido nenhum, e fui capaz de, sem dificuldade alguma, encontrar razões satisfatórias para esse pressuposto. O filósofo que não encontra nenhum sentido no mundo não está preocupado exclusivamente com um problema de pura metafísica, mas também está preocupado em provar que não há nenhum motivo aceitável pelo qual ele próprio não deva fazer o que queira ou pelo qual seus amigos não devam tomar posse do poder político e governar do jeito que acham mais vantajoso para eles mesmos [...] Para mim, a filosofia

---

[5] Dallas Willard, *Renovation of the heart: putting on the character of Christ* (Colorado Springs: NavPress, 2002), p. 111.

da falta de sentido era essencialmente um instrumento de libertação, tanto sexual como política.[6]

Fazer uma pergunta que começa com "você gostaria que [...]?" ajuda a expor uma estrutura de plausibilidade defeituosa — uma estrutura que diz: às vezes acreditamos em coisas porque queremos, não porque elas são verdadeiras.

QUINTO PRINCÍPIO:
ALGUÉM ENXERGA O ELEFANTE INTEIRO OU NÓS *PODEMOS* CONHECER A VERDADE

Alguns argumentos adquirem autoridade simplesmente por serem repetidos reiteradas vezes. Quanto mais frequentemente são apresentados para defender uma ideia, mais aceitos se tornam esses argumentos — por mais arrazoados ou desarrazoados que sejam. A história dos cegos e o elefante é um exemplo disso. É a favorita em salas de aula e em salas de reunião de conselhos. Dependendo do site que você consultar, essa analogia tem origem no hinduísmo ou no budismo e começou na Índia, no Paquistão ou em alguma parte da África. A famosa analogia diz mais ou menos o que se segue.

Um grupo de cegos queria saber como era um elefante. Eles encontraram um elefante, e cada homem se concentrou em uma parte diferente do corpo do animal. O que encontrou a parte lateral concluiu que o elefante parece um muro. O que tocou a presa afirmou que o elefante é parecido com uma lança. Cada um por sua vez deu uma descrição diferente. Segurar a cauda produziu a comparação com uma cobra; o joelho, com uma árvore; a orelha, com um ventilador e assim por diante. Nenhum deles, porém, teve

---

[6] Aldous Huxley, *Ends and means: an inquiry into the nature of ideals and into the methods employed for their realization* (Westport: Greenwood, 1970), p. 270 [edição em português: *O despertar do mundo novo* (São Paulo: Hemus, 1977)].

acesso ao animal inteiro, de modo que nenhum podia dizer com legitimidade como era o elefante inteiro.

Na prática, os cegos são comparados com os seguidores de diferentes religiões. A moral da história é que nenhuma religião pode alegar que tem a verdade inteira. Esse convite à humildade tem algo de muito atraente. Em um colóquio universitário sobre resolução de conflito, um professor implorou emocionado que "as pessoas de todas os credos" parassem de afirmar que todas têm as respostas e apenas ouvissem umas às outras. "Se combinarmos todas as nossas percepções, juntos chegaremos à verdade", ele nos garantiu.

A opinião do professor dá a entender que nenhuma religião é dona da Verdade, e essa ideia é bem manifesta nas duas últimas estrofes do poema de John Godfrey Saxe chamado *The blind men and the elephant* [Os cegos e o elefante].

> E assim esses homens do Hindustão
>   discutiram ruidosa e longamente,
> cada qual com sua opinião
>   muito rígida e forte
> conquanto cada um tivesse um pouco de razão,
>   e todos estivessem errados!
>
> Tantas vezes nas guerras teológicas,
>   os contendores, suponho,
> discutem em completa ignorância
>   do que cada um quer dizer
> e tagarelam sobre um elefante
>   que nenhum deles jamais viu![7]

---

[7]John Godfrey Saxe, "The blind men and the elephant", in: *The best loved poems of the American people*, seleção de Hazel Felleman (New York: Doubleday, 1936), p. 521-2.

Embora as pessoas gostem muito dessa parábola e de sua mensagem de humildade, o problema dela é a sua própria arrogância! Os cegos são condenados por afirmar que percebem o elefante inteiro. Mas o único meio de o narrador da parábola poder afirmar que os cegos estão errados é se ele, o *narrador,* enxergar o elefante inteiro — exatamente aquilo que ele afirma que ninguém pode fazer.

Ao acusar os religiosos de serem arrogantes, os não religiosos acabam se revelando as pessoas mais arrogantes de todas. Quer seja proferida por um professor emocionado, quer por um poeta perspicaz, a autocontradição fica bem evidente. Percebe o tom das palavras fortes de Saxe (*completa ignorância*) e da sua conclusão de que *todos* estavam errados? Mesmo escolher "cegos" como representantes da religião tem certo ar de superioridade, não tem?

Por isso, quando um amigo bem-intencionado nos contar a parábola dos cegos e o elefante ou disser que nenhuma religião percebe a verdade por inteiro, podemos lhe fazer a quinta pergunta: "Como você sabe disso?".

Essa talvez seja a pergunta mais importante que podemos fazer, porque ela vai mais fundo, chega embaixo da superfície. Ela explora o problema subjacente de como sabemos o que sabemos. Os filósofos chamam esse aspecto da verdade de "epistemologia". Eles diriam que as perguntas de epistemologia devem preceder as perguntas de conteúdo. Em outras palavras, determinar *como* sabemos o que sabemos precisa vir antes de decidir *o que* sabemos.

Apesar da importância dos diálogos epistemológicos, muitas vezes eles são frustrantes. Perguntar a alguém "como você sabe isso?" poderia gerar um olhar perplexo ou uma cara feia como resposta. Poucas pessoas pensaram alguma vez nesse nível. Depois que um indagador contar a história dos cegos e o elefante, a conversa pode ser mais ou menos assim:

Não cristão: Veja, as diferentes religiões são exatamente como aqueles cegos. Nenhum deles sabe a verdade toda.
Cristão: Como você sabe disso?
Não cristão: Hein?
Cristão: Como você sabe que nenhum dos cegos conhece a verdade toda?
Não cristão: Bom, é só uma analogia.
Cristão: Eu sei. E não é uma analogia ruim — só não sei como a pessoa que a contou pela primeira vez podia afirmar com tanta certeza que nenhum dos cegos tenha acertado.
Não cristão: Acho que é porque ela não era cega. Aonde você quer chegar?
Cristão: Quero dizer que alguém enxerga o elefante inteiro! Nesse caso, é você.
Não cristão: O que há de ruim nisso?
Cristão: Foi você que disse que *ninguém* enxerga o elefante inteiro! Esse é o grande problema. Você infringiu a sua própria regra. Está afirmando que tem mais conhecimento do que qualquer um daqueles cegos. Você tem certeza de que quer dizer isso?

É possível perguntar "Como você sabe disso?" de vários modos. Cada um deles pode ajudar na construção da plausibilidade. Observe a seguir algumas variantes:

- "O que faz você acreditar nisso?"
- "O que convence você disso?"
- "Onde você ouviu isso?"
- "Qual é a defesa mais forte disso?"
- "Alguém convenceu você dessa ideia?"
- "Você leu algumas coisas que lhe venderam essa ideia?"

A estrutura de plausibilidade construída por essas perguntas compõe um alicerce mais sólido para as convicções das pessoas do que apenas uma ilustração ou uma história desgastada.

A excelente notícia que proclamamos é: Deus vê o elefante inteiro. Ele nos disse como é esse animal, e é por isso que podemos conhecer a verdade! Essa afirmação não significa que nós sabemos tudo. A Bíblia em si delineia os parâmetros do nosso conhecimento: "As coisas encobertas pertencem ao Senhor, nosso Deus, mas as reveladas pertencem a nós e aos nossos filhos para sempre, para que sigamos todas as palavras desta lei" (Dt 29.29).

Não somos arrogantes, portanto, ao alegar esse grau de conhecimento. É somente por sua graça que Deus revela a verdade a nós. Ele quer que a conheçamos, sejamos iluminados por ela, encontremos a salvação nela e edifiquemos nossa vida sobre ela.

Essas são as boas-novas, mas, no nosso zelo de falar sobre elas, às vezes deixamos de preparar o caminho para a fé. Se queremos ver as pessoas transformadas pela verdade de Deus, em vez de nos distrairmos com ela, temos de encontrar meios para que elas a ouçam como algo mais plausível do que a teoria do plugue.

Guia de estudo

As perguntas a seguir se destinam a discussão e aplicação em pequenos grupos.

1. Leia Atos 17.1-4. O que você imagina quando lê: "Paulo [...] discutiu com eles com base nas Escrituras"? Que questões você acha que instigaram as discussões mais acaloradas? Que assuntos hoje em dia precisam de mais debate?
2. Façam uma sessão de tempestade de ideias para criar uma lista de perguntas comuns que as pessoas fazem hoje em dia. Qual dos cinco princípios se aplicaria melhor a cada

uma delas? Qual resposta de uma só palavra ("Verdade?", "E...?") seria mais eficaz para cada pergunta?
3. Encenem um diálogo sobre uma das perguntas. Uma pessoa deve fazer o papel de um não cristão. (Não seja duro demais com o cristão.) A outra pessoa deve tentar usar as perguntas sugeridas no diálogo deste capítulo. (Resistam à tentação de serem sarcásticos ou enérgicos demais.)
4. Conte qualquer conversa que você teve em que a outra pessoa parecia achar que o evangelho é tão provável quanto a teoria do plugue. Como você teria respondido de outro jeito?
5. Você já ouviu o poema "Os cegos e o elefante"? O que você achou da crítica deste capítulo ao poema? O que mais se pode dizer a favor dele ou contra ele?

PARTE 2

QUE PERGUNTAS AS PESSOAS ESTÃO FAZENDO?

Capítulo 4

POR QUE OS CRISTÃOS SÃO TÃO INTOLERANTES?

Eu estava procurando uma saída de emergência. Sentia meu peito cada vez mais apertado e me perguntava o quanto o meu rosto devia estar vermelho. Enquanto os participantes falavam quem eram e por que estavam ali, eu me perguntava: "Quem sou eu e o que será que estou fazendo aqui?"

Eu havia sido convidado para participar do Institute for Conflict Analysis and Resolution [Instituto de Conflito e Resolução de Conflitos] (ICAR) da universidade. O ICAR patrocinara um seminário de dois dias intitulado "Resolução de conflitos e proselitismo religioso". Quando um amigo do programa me convidou, disse que o instituto estava tendo dificuldade em atrair cristãos evangélicos.

— Isso surpreende você? — perguntei. — O título do seminário tem tanto apelo quanto um seminário sobre "Como parar de bater em sua esposa".

Concordei em participar, mas pedi que meu amigo continuasse se empenhando para que outros "proselitistas" também aceitassem participar da brincadeira. Não tive essa sorte. Quando cheguei ao seminário, encontrei o moderador, que manifestou um sorriso aliviado.

— Para nós é um grande prazer você ter vindo — ele disse.

— Parece que você é o único evangélico que pôde vir. Você vai proporcionar um equilíbrio importante.

Apertei a mão dele cordialmente e menti:

— O prazer é meu.

Depois que os 33 participantes se sentaram à grande mesa de conferência, cada um de nós se apresentou, explicando por que estava ali. O primeiro participante, de nome indiano, disse:

— Sou do Conselho Hindu de Relações Inter-religiosas. Meu propósito de estar aqui é aprender a impedir que missionários cristãos convertam indianos. O cristianismo é uma religião estrangeira, que desestrutura nossa sociedade.

"Ótimo começo", pensei.

O segundo participante era um ministro ordenado e líder do "movimento pela paz" nacional. Ele estava ali para ajudar a promover a compreensão e eliminar a intolerância que "se esconde por trás" de converter as pessoas de uma religião a outra.

"Será que só eu estou sentindo calor?", pensei.

As apresentações prosseguiram (eu tive de ouvir mais da metade antes de chegar a minha vez) e refletiam uma ampla gama de credos religiosos. As duas pessoas antes de mim prepararam o terreno para minha apresentação. O rabino local estava ali para aprender a ajudar os jovens de sua congregação a resistir ao proselitismo em suas escolas. O membro da diocese católica estava ali para falar sobre o documento em sua entidade que declarava que os católicos não precisam mais evangelizar judeus.

"Será que me identifico como um judeu crente em Jesus", pensei comigo, "ou evito riscos e simplesmente digo que estou representando uma cruzada?". Quer opções piores do que essas?

— Meu nome é Randy Newman e faço parte da equipe da Cruzada Estudantil e Profissional para Cristo aqui nesta universidade — comecei. — Vocês podem adivinhar pelo nome que somos uma organização evangelística e que o tema deste seminário, proselitismo, é importante para nós. Não morro de amores por esse termo, mas acho que é possível afirmar que estou aqui para representar esse lado do debate.

Ninguém gostou disso, parece. Eu me virei deliberadamente para que o rabino ficasse fora da minha visão periférica na próxima parte. Decidi que era o momento de fazer uma piada.

— Preciso dizer a vocês que também não morro de amores pelo termo *cruzada*. Um amigo meu certa vez sugeriu que mudássemos nosso nome para algo igualmente amigável — tipo "Jihad Estudantil para Jesus".

Esse tipo de brincadeira sempre arrancava risadas. Hoje, ninguém sequer chegou a esboçar um sorriso. Foi então que fiquei querendo saber da saída de emergência.

— O motivo que me trouxe aqui — prossegui de modo simples e profissional — é aprender caminhos para que ocorra o diálogo religioso em que todos os lados possam dizer no que realmente creem. Eu lhes digo que esse tema é muito importante para mim porque cheguei à fé em Jesus vindo de um ambiente judaico.

Longa pausa.

O moderador (um sociólogo judeu e autor de um livro que alega que Jesus *não* era o Messias!) quebrou o silêncio. Ele anunciou que eu era o único que estava representando um grupo que busca "ganhar convertidos" e por isso constituía uma parte importante do seminário. Fiquei grato quando as atenções se voltaram para a apresentação do participante seguinte, o capelão budista do *campus*. Ele fora criado em um lar católico, tentara o protestantismo durante um tempo e agora se chamava de "discípulo do Dalai Lama".

Nos dois dias seguintes, discutimos, debatemos e tentamos dialogar. A perspectiva predominante considerava o proselitismo desnecessário porque todos os caminhos levam ao mesmo Deus. Eles alegavam não só que o proselitismo é desnecessário, mas também que a evangelização reflete um modo arcaico e ignorante de pensar que causa lamentavelmente muito conflito e dor. Durante dois dias, estraguei qualquer chance de unanimidade.

A DIFICULDADE DESTA PERGUNTA

Tal situação é incomum, mas defender a opinião minoritária acerca da exclusividade do cristianismo não é. Como cristãos, nós seguimos aquele que fez a declaração mais politicamente incorreta de todas: "Eu sou o caminho, a verdade e a vida. Ninguém vem ao Pai, a não ser por mim" (Jo 14.6). Como é possível manter uma ideia tão estreita em uma época que exalta a "abertura", a "diversidade" e a "tolerância"?

Como o maior desafio da nossa época, a pergunta não vem apenas de tipos filosóficos teóricos. Em vez da pergunta estéril "Jesus é o único caminho para Deus?", somos atacados por quase todo mundo com uma indagação mais forte: "Como você pode acreditar que vocês são os únicos que vão para o céu?". A acusação subjacente é: "Por que os cristãos são tão intolerantes?".

Essa acusação é uma bomba por pelo menos três motivos. No aspecto demográfico, mais pessoas apresentam essa objeção do que qualquer outra contestação. No aspecto emocional, essa questão é mais acalorada do que as outras. (Assim como ninguém *gostaria* de fazer parte da Ku Klux Klan — uma organização que acredita que uma raça é superior a todas as outras —, ninguém *gostaria* de acreditar que uma religião é superior a todas as outras.) No aspecto racional, a maioria das pessoas nem sequer consegue começar a compreender tal posição. Parece óbvio que juntamente com a diversidade de cor da pele, a nacionalidade, os costumes culturais, o estilo de vestuário e os sabores de sorvete vem a diversidade religiosa.

"Deus é grande demais para ser confinado a uma só religião", as pessoas dizem.

Para dificultar ainda mais as coisas, os cristãos se encontram em uma posição igualmente irremovível. Crer no Novo Testamento é prometer lealdade a declarações ousadas como: "Não há salvação em nenhum outro, pois debaixo do céu não há nenhum outro nome dado aos homens pelo qual devamos ser salvos" (At 4.12). Quando refletimos profundamente sobre isso, ficamos mais convencidos da coerência lógica da nossa posição e das contradições e impossibilidades de nossos detratores.

O hiato entre nós e os não cristãos parece maior na questão da exclusividade do que em outros pontos de discórdia. Contudo, antes de apelar para o "que podemos dizer?", vale a pena refletir sobre a força de nossos argumentos, os motivos por detrás desses argumentos e a necessidade de *elaborar* nossa defesa em vez de simplesmente *proclamá-la*.

A FORÇA DOS NOSSOS ARGUMENTOS

Quando estava no segundo ano da faculdade, li o Novo Testamento pela primeira vez. O Jesus que descobri era diferente daquele que eu esperava encontrar. Suas declarações eram radicais. Por que ninguém me disse que ele era tão fanático?

Não foi somente sua declaração de ser "o caminho, a verdade e a vida" (Jo 14.6) que me impressionou. Ele teve a ousadia de perdoar os pecados de alguém (Mc 2.1-12). Ele se gloriava em dizer que quem não crê nele morrerá no pecado (Jo 8.24) porque já está condenado (Jo 3.18). Ele afirmou que existia antes de Abraão porque era o grande Eu sou (Jo 8.58). Ele cria sinceramente que viveria para sempre (Mt 28.20) e que estaria com as pessoas que viriam a crer nele séculos depois (Mt 18.20). Ele disse de si mesmo que é a Ressurreição e a Vida, o Pão da Vida, o Bom Pastor e a Água Viva, e declarou sem nenhum constrangimento: "Eu e o Pai somos um" (Jo 10.30).

Quanto mais eu lia o que Jesus declarava a respeito de si mesmo, menos ele me parecia apenas um rabi ou um profeta. As duas únicas opções apropriadas que surgiram para qualificá-lo foram megalomaníaco ou messias.

Depois, quando li a seguinte mensagem de C. S. Lewis, eu me senti bem e mal ao mesmo tempo:

> Estou procurando aqui evitar que alguém repita a rematada tolice dita muitas vezes pelas pessoas a respeito dele: "Estou disposto a reconhecer Jesus como um grande mestre da moral, mas não aceito sua declaração de ser Deus". Essa é a única coisa que não se deve dizer. Um homem que fosse simplesmente homem e fizesse o tipo de declarações que Jesus fazia não seria um grande mestre da moral. Seria um lunático — no mesmo grau de alguém que dissesse que é um ovo cozido — ou então o Diabo em pessoa. Você decide: esse homem era, e é, o Filho de Deus, ou não passa de um louco ou coisa pior. Você pode querer calá-lo porque o considera um louco, pode cuspir nele e matá-lo como a um demônio; ou pode prostrar-se a seus pés e chamá-lo de Senhor e Deus. Mas, por favor, não venha com o pretensioso absurdo de que ele é um grande mestre humano. Ele não nos deixou essa alternativa. Ele não tinha tal intenção.[1]

Eu me senti bem porque, diante de tudo o que havia lido nos Evangelhos, essas palavras faziam muito sentido. Eu me senti mal porque sabia que não podia permanecer em cima do muro. Esse parágrafo de Lewis me intrigava e assombrava ao mesmo tempo.

Meu rabino me dissera que Jesus era um profeta. Meu professor de história, que ele era um rabino. Depois de ler os Evangelhos,

---

[1] C. S. Lewis, *Mere Christianity* (New York: HarperCollins, 2001), p. 52 [edição em português: *Cristianismo puro e simples* (São Paulo: WMF Martins Fontes, 2009)].

porém, passei a achar que considerar Jesus só um profeta ou só um rabino passava muito longe do que ele de fato é. Seria como chamar Babe Ruth de um grande defensor, sem jamais mencionar seus feitos no ataque (seus 714 *home runs*, por exemplo!).

As coisas não ficaram nem um pouco mais fáceis para mim quando li o restante do Novo Testamento. Além da proclamação de Pedro de que "debaixo do céu não há nenhum outro nome" (At 4.12), há os muitos grandiosos louvores que Paulo faz de Jesus, sendo o mais extenso:

> Ele é a imagem do Deus invisível, o primogênito de toda a criação, pois nele foram criadas todas as coisas, nos céus e na terra, as visíveis e as invisíveis, sejam tronos, sejam soberanias, quer poderes, quer autoridades. Tudo foi criado por ele e para ele. Ele é antes de todas as coisas, e nele tudo subsiste. Ele é a cabeça do corpo, que é a igreja; é o princípio e o primogênito dentre os mortos, para que em tudo tenha a supremacia. Porque foi do agrado de Deus que nele habitasse toda a plenitude e por ele reconciliasse consigo todas as coisas, tanto as que estão na terra quanto as que estão nos céus, estabelecendo a paz mediante o seu sangue derramado na cruz (Cl 1.15-20).

"Todas as coisas foram criadas por ele *e para ele*". Essas coisas não têm espaço no currículo de um simples mortal.

A força de nossos argumentos, portanto, procede do peso das declarações de Jesus e dos autores do Novo Testamento. Se parecemos intolerantes para os relativistas, muito mais estreito e intolerante deve parecer-lhes o Novo Testamento!

Muitos outros expuseram argumentos convincentes a favor de uma salvação exclusiva.[2] O principal ponto desses argumentos para

---

[2] Apenas um de muitos exemplos é Paul Little, *Know why you believe* (Madison: InterVarsity, 1978), p. 90-7 [edição em português, *Saiba o que você crê*, 4. ed. (São Paulo: Mundo Cristão, 1997)].

distinguir o cristianismo de todas as outras religiões é a importância da ressurreição.³

Por mais fortes que sejam, no entanto, esses argumentos entram por um ouvido e saem pelo outro se também não explicarmos os motivos por trás deles.

A VERDADE POR TRÁS DOS ARGUMENTOS

Tente perguntar a um não cristão: "Se Jesus não é o único caminho para a salvação, então por que ele teve de morrer?". É bem provável que essa pessoa o olhe com olhar perdido e sem saber o que dizer. Mas, enquanto ela não entender a resposta a essa pergunta, não perceberá a razoabilidade da declaração de Jesus a respeito de si mesmo: "Eu sou o caminho".

A resposta deve ter necessariamente estas duas verdades inegociáveis do evangelho:

1. Deus é mais santo do que achamos.
2. Somos mais pecadores do que achamos.

A santidade de Deus é um conceito estranho para muitos não cristãos. "E que importância tem isso?", eles se perguntam. "Ninguém é perfeito." As pessoas têm dificuldade em compreender por que Deus ficou tão irado que exigiu a morte de seu único Filho.

Felizmente, poucos têm o descaramento de simplesmente rejeitar Deus. Por isso, quando não conseguem responder à nossa pergunta, é mais provável que ouçam uma breve explicação tal como esta:

"Algo em nós clama por bondade e pureza moral, não é mesmo? Podemos viver em um mundo que faz concessões e trapaceia, mas

---

³Veja, por exemplo, J. P. Moreland, *Scaling the secular city* (Grand Rapids: Baker, 1987), p. 159-83.

algo dentro de nós nos diz que não é assim que deve ser. Queremos justiça, equidade e bondade. O Deus da Bíblia é esse tipo de Deus. O principal atributo dele é a santidade — ser absolutamente bom e certo em tudo o que faz. Isso não é encantador?".

O segundo aspecto da resposta, a profundidade do nosso pecado, também precisa de esclarecimento. Apesar de serem prontas a reconhecer que "todos cometem erros", a maioria das pessoas não consegue perceber que diferença isso faz. Temos de mostrar que errar algarismos em um cheque não é a essência do pecado; adulterar a contabilidade e fraudar alguém é!

A tentativa de alguns cristãos de ilustrar o pecado com um exemplo de tiro de arco e flecha não ajuda.

"*Pecar* nada mais é que errar o alvo", dizem eles. "A mesma palavra grega para *pecado* é usada como um termo de arco e flecha, logo, todos nós não passamos de gente que erra o alvo."

Bem, talvez seja empregada a mesma palavra, mas os dois conceitos estão muito longe de ser semelhantes. Quando a Bíblia fala da natureza de nossa rebeldia contra Deus, retrata um quadro mais horrível do que simplesmente errar o alvo (veja Rm 3.10-18). Em vez de mirar atentamente o alvo de Deus, nós lhe damos as costas e atiramos flechas em todas as outras direções. Querendo agradar a nós mesmos, ignoramos o verdadeiro alvo e fixamos nossas afeições em alvos sedutores que não nos podem satisfazer, santificar nem salvar. Nossa essência não é de pessoas que erram o alvo; somos adoradores de alvos falsos e centrados em nós mesmos.

Eu não aconselharia dizer nada disso a um não cristão, mas evitaria a ilustração do arco e flecha. Seguindo esse raciocínio tão deficiente, um interessado atento pode se perguntar por que Deus teria todo o trabalho da cruz só porque nenhum de nós é um Robin Hood espiritual.

Somente a cruz leva a sério a santidade de Deus e nossa pecaminosidade. Se pudéssemos chegar a Deus compensando as nossas más ações (imensuráveis) com as nossas boas obras, o Todo-Poderoso teria de ser uma divindade barata. Ele rebaixaria seus padrões para corresponder à nossa oferta final.

Em contrapartida, se alguns forem capazes de chegar a Deus sem a obra de Cristo na cruz, esses devem ter menos problema de pecado do que aqueles que podem se beneficiar apenas de medidas mais drásticas. Dizendo como Paulo disse: "Se a justiça vem pela lei, Cristo morreu em vão!" (Gl 2.21). Parece que não é forte demais concluir que ou Cristo é o *único* caminho para Deus ou não é caminho *nenhum*.

O QUE NÃO DEVEMOS DIZER SOBRE O ÚNICO CAMINHO

O que eu disse até aqui talvez não convença todo mundo. Mas mencionar esses três motivos talvez ajude a construir plausibilidade para a exclusividade, que de outra forma poderia parecer ridícula. Pense nas alternativas a esses motivos.

Quando lhes perguntam se Cristo é o único caminho, alguns cristãos apenas respondem um sonoro: "Com certeza! Ele é o caminho, a verdade e a vida. Ele mesmo disse isso, eu creio e isso resolve a questão".

Outros apenas se mostram sarcásticos: "Bem, Jesus não é só mais uma opção do cardápio! Confira o túmulo de Buda, ou o de Maomé, ou o de qualquer outro líder religioso. Esse túmulo está vazio? Não. E os restos mortais de Jesus ainda estão na sepultura? Nãaaaaaaaaao".

Outros crentes já contemporizaram. Frustrados pelas dificuldades da posição minoritária, criaram uma mensagem mais palatável. Um amigo me disse recentemente: "Tenho sido muito 'bem-sucedido' na evangelização com esta mensagem: 'Nenhuma religião é perfeita, e ninguém tem a verdade completa. Toda religião tem um pouco de verdade e um pouco de invenção. Por isso, o que precisamos procurar é um credo que reconheça com humildade que ela não sabe tudo'".

Posso entender por que alguns acham essa abordagem menos sujeita a objeções. Eu, porém, acredito que Jesus faria objeção! Isso se parece mais com a analogia dos "cegos e o elefante" do que com qualquer informação do Novo Testamento. Esse tipo de credo não tem nenhuma pedra de tropeço. Também não tem nenhum motivo que nos convença a crer nele. E a tragédia é que, como qualquer outro falso evangelho, ele não pode salvar. Só porque é menos ofensivo, não significa que seja a resposta à pergunta sobre a intolerância.

COMO DIZER "ÚNICO CAMINHO" QUANDO AS PESSOAS DIZEM "NENHUM CAMINHO"?

Quando as pessoas se detêm na alegação "não é possível haver um só caminho para Deus", temos de usar o diálogo como pé de cabra. Esse diálogo precisa ter três elementos: surpresa, falta de esperança e processo gradual.

Bastante convencidos de que os cristãos são fanáticos intolerantes, os céticos esperam que vendamos o cristianismo como o melhor produto do mercado. Eles imaginam que fazemos isso ao mesmo tempo que falamos da intensidade das chamas do inferno. Meneiam a cabeça chocados e nos chamam de "neandertais espirituais" (é disso que um rabino, falando em um programa popular da TV, chamou um pastor da Convenção Batista do Sul por este acreditar que os judeus precisam crer em Jesus). Temos de dizer algo que os faça rever seus conceitos.

Dependendo do seu grau de ousadia ou da intimidade de sua amizade com o interlocutor, você pode fazer algo mais ou menos assim:

Não cristão: Não consigo acreditar que você é tão intolerante a ponto de acreditar que o cristianismo é o único caminho.

Cristão: O que há de errado com a intolerância?

Não cristão: O que há de errado com a intolerância? Você está louco? Ela gera ódio e racismo e... como você pode ser tão ridículo?

Cristão: Acho que você ficou irritado.

Não cristão: É claro que estou irritado.

Cristão: Na verdade, você parece intolerante.

Não cristão: O quê?!

Cristão: Parece que você está sendo intolerante com a minha intolerância.

Não cristão: Não sou intolerante.

Cristão: Todos são intolerantes em relação a alguma coisa. Temos de ser. Você não acha que é intolerante com algumas coisas? Espero que sim.

Ou

Não cristão: Não consigo acreditar que você acha que o cristianismo é o único caminho.

Cristão: Então por que você acha que Jesus disse algo tão ignorante e fanático?

Não cristão: Não acho que Jesus era ignorante nem fanático.

Cristão: Eu também não. Por que você acha que ele disse o que disse sobre si mesmo? Ele foi o único que disse que ele é o único caminho para Deus.

Não cristão: Você tem certeza de que ele disse isso mesmo ou isso não passa de uma invenção dos seguidores dele?

Cristão: Não é invenção. Tenho certeza que ele disse essas coisas. Também não se trata de algumas declarações isoladas. Ele disse: "Eu sou o caminho, a verdade e a vida", e deixou implícitas ideias semelhantes muitas outras vezes.

(Aqui pode ajudar a administração lenta de passagens bíblicas e um pouco de apologética.)

Não cristão: Bom, eu não entendo a Bíblia tão bem assim. Não sei por que Jesus diria isso.

Cristão: Você gostaria de ouvir o que eu acho que ele quis dizer?

Ou

Não cristão: O que há de tão extraordinário no cristianismo que faz dele o único caminho para Deus?

Cristão: Bem, acho que é uma voz de humildade em uma era de arrogância.[4]

Não cristão: Humildade? O que há de humildade em se considerar o único caminho certo?

Cristão: Deixe-me fazer uma pergunta. Você acha que vai para o céu?

Não cristão: Acho que sim. Não tenho certeza plena.

Cristão: Você acha que todos vão para o céu?

Não cristão: Também não tenho certeza disso.

Cristão: Você acha que todo mundo *merece* ir para o céu? Você acha que Osama bin Laden está no céu?

Não cristão: Não. Acho que não. E acho que algumas outras pessoas vão para o inferno.

Cristão: Por que *você* acha que provavelmente vai para o céu?

---

[4]Devo este argumento a Tim Downs. Ele o apresentou em uma preleção no Communication Center, um ministério da Campus Crusade for Christ [Cruzada Estudantil e Profissional para Cristo], no início de 1997. Algumas outras opiniões dele sobre evangelização foram relevantes para formar meu pensamento. Tim Downs, *Finding common ground* (Chicago: Moody, 1999).

Não cristão: Bem, eu sou uma pessoa boa. Nunca matei ninguém.

Cristão: Então você vai para o céu porque é bom, e algumas pessoas vão para o inferno porque são muito más?

Não cristão: Sim. Acho que sim.

Cristão: Então você acha que é melhor do que as pessoas que vão para o inferno?

Não cristão: Humm. Acho que sim.

Cristão: Percebe? É por isso que o cristianismo é uma voz de humildade em uma era de arrogância. Acho que a sua convicção é basicamente o que a maioria das pessoas acha. Mas o cristianismo diz que *ninguém* é bom o suficiente para ir para o céu.

Não cristão: Ninguém?

Cristão: Ninguém. O único meio de ir para o céu é receber um presente — e não receber uma recompensa. Isso é humildade. Alguém achar que merece ir para o céu é arrogância.

Dialogar até gerar falta de esperança

Depois de pegar nosso interlocutor de surpresa, devemos continuar conversando com ele até gerar nele a falta de esperança. As pessoas precisam chegar à triste descoberta de que a noção delas de como se vai para o céu (isto é, ser bom o suficiente, nunca matar ninguém, tratar bem as outras pessoas etc.) não funciona. Ninguém jamais é suficientemente bom. Deus jamais vai contemporizar. O alicerce das pessoas precisa ruir para elas pensarem em reconstruir-se.

Veja o exemplo de Jesus. Depois do diálogo com o rico, em Marcos 10, ele disse aos seus discípulos: "Como é difícil para os ricos entrar no reino de Deus!" (v. 23). A fim de dar mais impacto à sua lição, ele acrescentou: "É mais fácil um camelo passar pelo fundo de uma agulha do que um rico entrar no reino de Deus" (v. 25). Jesus levou seus discípulos direto ao ponto da falta de esperança, o que ficou bem claro quando eles se perguntaram uns aos outros: "Quem pode, pois, ser salvo?" (v. 26). Eles tinham de entender que nenhuma riqueza, pouca ou muita, material ou religiosa, pode salvar ninguém. Só depois disso eles seriam capazes de ouvir a mensagem da graça:[5] "Para o homem é impossível, mas para Deus não; todas as coisas são possíveis para Deus" (v. 27).

Um diálogo que leve pouco a pouco à falta de esperança pode ser mais ou menos assim:

Não cristão: Simplesmente não consigo acreditar que você acha que o cristianismo é o único caminho.
Cristão: Não consigo acreditar que haja qualquer outro caminho que funcione!
Não cristão: Por que não?
Cristão: Não consigo entender como *alguém* pode ir para o céu!
Não cristão: Você acha que *ninguém* é suficientemente bom para ir para o céu?
Cristão: Acho. Você conhece alguém que tenha obedecido a todos os mandamentos de Deus?
Não cristão: Bem, não [...], mas ninguém é perfeito.

---

[5] Recorrendo a um "fato" pouco conhecido de um portão baixo no muro da cidade, conhecido como "fundo de agulha", alguns alegaram que o camelo precisaria ajoelhar-se para passar por ele. Por isso, por analogia, somente se ajoelhando (isto é, arrependendo-se humildemente, removendo todo excesso de bagagem, doando tudo, menos o estritamente necessário etc.), um rico poderia entrar no reino do céu. Fee e Stuart acertadamente rejeitam essa interpretação. E não temos nenhum registro escrito dessa leitura antes do século 11 d.C. Ainda mais importante, essa interpretação foge completamente ao que Jesus quer dizer. Se fosse isso que Jesus queria dizer, por que seus ouvintes ficaram "admirados com essas palavras" e se perguntaram entre eles: "Quem, pois, pode ser salvo?"? Veja Gordon D. Fee e Douglas Stuart, *How to read the Bible for all its worth* (Grand Rapids: Zondervan, 1993), p. 21 [edição em português: *Entendes o que lês?*, 3 ed. rev. e ampl. (São Paulo: Vida Nova, 2011)].

Cristão: Exatamente! Por que cargas d'água Deus deixaria *alguém* entrar no céu? Ou, ainda melhor, se Deus deixasse pecadores entrarem no céu, que tipo de deus ele seria?

Não cristão: Você não acha que alguém como madre Teresa de Calcutá está no céu?

Cristão: Não tenho tanta certeza de que ela se achasse suficientemente boa.

Não cristão: Será?

Cristão: Não. Ela falava com muita franqueza que era pecadora.[6]

Não cristão: Puxa. Então, se a madre Teresa não é boa o suficiente...

Cristão: Isso não é bom sinal para mim nem para você.

Não cristão: Parece terrível. Você acha mesmo que a madre Teresa não está no céu?

Cristão: Não foi isso que eu disse.

Não cristão: Sim, você disse.

Cristão: Eu disse que a madre Teresa não era *suficientemente boa* para ir para o céu.

Não cristão: Isso está me dando dor de cabeça.

Cristão: Existe diferença entre ser suficientemente bom para ir para o céu e ir para o céu por alguma outra razão.

Não cristão: Como?

Cristão: Pela graça de Deus. Ela é o único meio de alguém ir para o céu. Se a pessoa precisasse ser suficientemente boa, coisa que nem a madre Teresa era, então ninguém pode entrar no céu.

---

[6]Uma biografia curta e equilibrada de Madre Teresa de Calcutá ilustra essa questão em David Aikman, *Great souls: six who changed the century* (Nashville: Word, 1998), p. 191-249.

Reconheço que esse processo é difícil. Porém, para aqueles que não se convencem por nenhuma outra apresentação do evangelho, esse talvez seja o único meio de enxergarem "o caminho".

A seguir estão mais algumas possíveis reações ao mesmo tipo de acusação:

> Não cristão: Como você pode acreditar que o seu caminho é o único caminho?
>
> Cristão: Bem, você acredita que o *seu* caminho é o único caminho — isto é, o caminho que diz que um caminho exclusivo é errado, não é?

Ou

> Não cristão: Como você pode ser tão intolerante a ponto de crer que o cristianismo é o único caminho?
>
> Cristão: A sua intolerância é melhor do que a minha?

Ou

> Não cristão: Você não acha que *todas* as religiões são verdadeiras?
>
> Cristão: Você certamente não acredita nisso, acredita? *Todas* as religiões? Você deve pensar que algumas são bem estranhas, não?

Ou

> Não cristão: Você não acha que todas as religiões são apenas vias diferentes que levam ao topo da mesma montanha?
>
> Cristão: Talvez. Elas podem *levar* nessa direção. A pergunta é: "Todas elas chegam ao topo?".

NENHUM CAMINHO PARA EVITAR "UM SÓ CAMINHO"

Fiquei sabendo de certo líder eclesiástico poderoso que, quando lhe perguntaram sobre suas frustrações profissionais, respondeu: "Em todos os lugares aonde o apóstolo Paulo ia, havia um tumulto. Em todos os lugares aonde vou, as pessoas me servem chá".

O ideal seria encontramos um meio-termo agradável, não? Não queremos que nossos conhecidos nos achem intolerantes, mas também não queremos que considerem nossa mensagem irrelevante. Será que existe algum meio de sermos cativantes sem sermos fracotes?

Precisamos encontrar o equilíbrio. Contudo, talvez não haja nenhum meio de evitar a acusação de intolerância. Demonstrando respeito, ouvindo, mostrando compaixão, temos de remover qualquer pedra de tropeço, menos uma — a cruz. Ainda permanece aquilo que pôs Jesus em maus lençóis. Talvez não haja nenhum meio de evitar a dificuldade do "um só caminho".

Lutei com essa possibilidade quando a ICAR, a conferência que mencionei no início deste capítulo, estava terminando. Na tentativa de chegar a algum ponto de resolução, nosso moderador fez a pergunta final.

— Diante de tudo o que discutimos nos últimos dois dias, como o proselitismo religioso pode ocorrer sem conflito?

Mãos começaram a se levantar. Houve uma chuva de sugestões. Dá para imaginar os apelos pela tolerância, pelo reconhecimento de que há verdade em todas as religiões, e assim por diante.

— Acho que *não podemos* acabar com o conflito — deixei escapar.

O moderador me pediu que explicasse.

— Talvez nosso objetivo seja impraticável. Não sou contra algumas dessas sugestões. Minha tradição religiosa ressalta que todas as pessoas, não importa em que acreditem, foram criadas à imagem de Deus. Por isso, sempre devemos respeitar, ouvir e validar uns aos outros. Quando algumas religiões explicam sua posição, há grandes chances de não haver nenhum conflito. Mas, no caso do cristianismo, infelizmente o conflito é inevitável.

Olhei em torno buscando me assegurar de que as pessoas estavam acompanhando meu raciocínio.

— Muitas religiões têm uma mensagem mais ou menos assim: "Experimente. Talvez você goste", ou: "Isso pode ajudar você a alcançar êxito e paz", ou: "Você está bem. Isso vai ajudar você a melhorar". O cristianismo evangélico, entretanto, diz: "Você *não* está bem. Você não deve apenas experimentar esta mensagem. Você precisa crer nela, senão continuará perdido". Isso faz dele uma mensagem que sempre gera conflito. Afinal de contas, Jesus incomodava as pessoas aonde quer que fosse.

Mais uma longa pausa.

Dessa vez, o silêncio foi quebrado pelo capelão budista.

— Acho que ele está certo. Toda vez que colo um cartaz sobre alguma atividade budista no campus, ninguém se incomoda. Toda vez que um grupo evangélico cola um cartaz, esse cartaz é rasgado ou pedem que a universidade não permita que o grupo faça isso. Não acho que os cristãos estão fazendo nada de errado. Só acho que a natureza da mensagem deles torna algumas pessoas hostis.

Tive a sensação de que a miniconferência fora um sucesso.

Antes de se beneficiarem com a Boa Notícia, é provável que as pessoas se aborreçam com a má notícia. Se nosso objetivo é evitar conflito, precisamos de uma mensagem diferente. Se, porém, nosso objetivo é ser fiéis (algo mais difícil do que ser mente aberta) e amorosos (algo muito melhor do que tolerantes), então temos a mensagem perfeita e o modelo ideal para proclamá-la.

✳

O QUE ACONTECE COM OS QUE NUNCA OUVIRAM?

Às vezes a questão da intolerância leva as pessoas a indagarem sobre o destino daqueles que nunca ouviram o evangelho. Embora essa pergunta não tenha resposta fácil, ela revela que a lógica do evangelho está sendo entendida por nosso interlocutor.[7]

As pessoas fazem essa pergunta como cortina de fumaça, para expressar que estão confusas a respeito do evangelho ou como indagação sincera sobre a justiça de Deus. Alguns exemplos de diálogo podem ser instrutivos.

HIPÓTESE 1:
A PERGUNTA FEITA COMO CORTINA DE FUMAÇA

Alguns que fazem tal pergunta na realidade não se importam com os que nunca ouviram o evangelho. Querem apenas se livrar de uma situação difícil criando buracos na nossa fé. Devolver a pergunta a esse interlocutor é apropriado.

> Não cristão: O que acontece com todas aquelas pessoas em muitos lugares do mundo que nunca ouvem essa mensagem? Deus as mandará para o inferno só porque ninguém jamais lhes comunicou a mensagem?
> Cristão: O que você acha?
> Não cristão: Não sei. Diga você!
> Cristão: Você acha que Deus apenas diria: "Azar delas"?

---

[7]Para uma análise completa das questões teológicas subjacentes a essa questão, veja J. Robertson McQuilkin, "The narrow way", in: *Perspectives on the world Christian movement: a reader* (Pasadena: William Carey Library, 1981), p. 127-34.

Não cristão: Não. Acho que Deus é mais justo do que isso. Mas você disse que Jesus é o único caminho.
Cristão: Concordo com você quando diz que Deus é justo. Por isso, acho que Deus leva isso em consideração.
Não cristão: Mas não é isso que você disse. Você disse: "O único caminho".
Cristão: Eu sei. Mas não tenho tanta certeza de que Deus nos disse tudo acerca de como ele lida com todas as situações. Não acho que ele precise fazer isso. Tenho certeza de que ele fará o que é certo e justo. O que ele deixou claro é que ele julgará as pessoas que ouviram e decidiram que elas não queriam ter relacionamento algum com Jesus.
Não cristão: Isso faz sentido.
Cristão: Então, e você? Você ouviu sobre Jesus. O que você acha dele?

HIPÓTESE 2:
A PERGUNTA QUE EXPRESSA A NECESSIDADE DE ESCLARECER O EVANGELHO

Não cristão: Se o que você está dizendo é verdade, o que vai acontecer com as pessoas que nunca ouviram sobre Jesus?
Cristão: O que você acha?
Não cristão: Não sei. Parece que elas vão para o inferno. Mas isso não parece justo.
Cristão: Eu acho que você está certo em pensar que justiça faz parte da questão. Minha compreensão da Bíblia é que Deus julgará as pessoas com base no que elas *sabem*, não com base no que elas *não* sabem.
Não cristão: Isso parece justo.
Cristão: Mas as pessoas sabem mais do que achamos!

Não cristão: O que você quer dizer?

Cristão: Primeiro me deixe ter certeza de que estamos falando da mesma coisa. Vamos voltar um pouco e falar sobre o juízo de Deus em geral. Você acha que alguém vai para o inferno?

Não cristão: Sim. Acho que algumas pessoas merecem ir para lá.

Cristão: Eu também. Por que você acha isso?

Não cristão: Porque elas fizerem coisas más ou mataram alguém ou algo do tipo.

Cristão: Mais alguma coisa?

Não cristão: Muita coisa, como roubar ou trair.

Cristão: Você diria que os Dez Mandamentos incluem muita coisa assim?

Não cristão: Sim.

Cristão: Eu também. Você já violou algum dos Dez Mandamentos?

Não cristão: Não sei. Acho que não.

Cristão: Eu sei que eu violei. Eu usei o nome do Senhor em vão. Coloquei algumas coisas acima de Deus na minha lista de prioridades.

Não cristão: Onde isso está nos Dez Mandamentos?

Cristão: É o primeiro! "Não terás outros deuses além de mim".

Não cristão: Ahã.

Cristão: Sim. Eu também. E se eu levar a sério as coisas que Jesus disse, então sou culpado de homicídio e adultério também. Ele disse que o ódio ou a luxúria do nosso coração é o lugar em que começam o assassinato e o adultério.

Não cristão: Então, como se vai para o céu?

Cristão: Não por ser bom o suficiente! Se fosse assim, o céu estaria vazio. Eu certamente não acredito que alguém vá se gabar quando estiver diante de um Deus santo.

Não cristão: Estou confuso.
Cristão: Perdão. Não era minha intenção confundi-lo. Só acho que o que a Bíblia diz sobre a graça é muito importante.
Não cristão: Graça? O que você quer dizer com isso?
Cristão: Vou dizer. Mas não quero que você se esqueça da sua pergunta sobre os que não ouviram falar de Jesus. Agora vou lhe dizer como acho que qualquer pessoa vai para o céu e depois voltaremos para o problema das pessoas que não ouviram. Que tal?

Hipótese 3:
A pergunta feita como uma indagação sincera sobre o destino dos não evangelizados

Não cristão: Parece que você está dizendo que quem nunca ouviu sobre Jesus vai para o inferno. Isso não parece justo.
Cristão: Você está certo. Não parece. Mas talvez haja outro modo de ver essa questão.
Não cristão: Como?
Cristão: Sua pergunta pressupõe duas coisas. Uma é que de fato há uma mensagem para ser ouvida. A segunda é que algumas pessoas não a ouviram.
Não cristão: Certo.
Cristão: A Bíblia diria sim à primeira pressuposição — de que há uma mensagem a ser ouvida. A mesma Bíblia diria não à segunda pressuposição — não há de fato ninguém que jamais a ouviu.
Não cristão: Isso é uma piada? Milhões de pessoas não ouviram sobre Jesus.
Cristão: Vamos considerar uma coisa de cada vez. A Bíblia diz que há certamente uma mensagem que todos têm de ouvir. Eu a resumiria em quatro pontos.

1. Existe um Deus amoroso, justo e cognoscível.
2. Algo em nós nos separa desse Deus.
3. Deus proveu um meio de nos reconciliar com ele — a morte de Jesus na cruz.
4. Todo ser humano precisa crer nesse meio de reconciliação pessoalmente.

Não cristão: Concordo que isso resume a mensagem cristã. Não sei se engulo, mas acho que seu resumo está correto. Como você pode dizer que todas as pessoas ouviram essa mensagem?

Cristão: Não se precipite. Procure entender o que está por trás dessa mensagem. Deus proveu o meio de reconciliar as pessoas com ele. Não são as pessoas que conquistam o caminho para Deus com base no que elas fazem. É isso que distingue o cristianismo de todas as outras religiões.

Não cristão: Estou entendendo.

Cristão: A Bíblia diz que cada ser humano do planeta já conhece os dois primeiros pontos desse esboço de quatro pontos. Eles veem provas de Deus na natureza ou no seu próprio coração (veja Rm 1.19,20; Sl 19.1,2; At 14.15-17; Ec 3.11).

Não cristão: Certo. Mas e os pontos três e quatro?

Cristão: Isso exige um pouco de reflexão. Mas acho que a Bíblia diz que todo mundo ou rejeita ou aceita os pontos um e dois. As pessoas olham para as estrelas ou para o seu próprio coração e se perguntam: "Será que existe um criador por trás disso tudo?", ou não se importam com isso, não querem saber. Elas também olham para o próprio coração e dizem "Estou encrencado" ou "Estou bem".

Não cristão: Com base no que você diz isso?

Cristão: Creio que o melhor lugar para estudar isso são os dois primeiros capítulos de Romanos, no Novo

	Testamento. Talvez você mesmo deva lê-los antes de continuarmos essa conversa.
Não cristão:	Vou ler. Mas gostaria de que você continuasse.
Cristão:	Tudo bem. Esses dois primeiros capítulos sustentam que algumas pessoas rejeitam essa pequena revelação (de que há um Deus e de que nós não temos nenhuma condição de atingir a perfeição dele) sufocando-a. Se isso é verdade, não é Deus que as rejeita, mas elas que rejeitam a Deus. Esse texto diz que somos indesculpáveis.
Não cristão:	Por que elas sufocam isso?
Cristão:	Pelo mesmo motivo que qualquer um rejeita a Deus. Ele é santo, e nós não somos. Preferimos não lidar com um Deus que faz exigências de nós. É por isso que as pessoas gostam de outros deuses — aqueles que não são tão santos ou tão exigentes, ou aqueles que dizem que não temos de lhes prestar contas.
Não cristão:	Certo. Pare um pouco de pregar. E se as pessoas não sufocassem essa revelação?
Cristão:	Acho que Deus não nos diz explicitamente como ele vai lidar com cada situação, porque isso é trabalho dele, e ele não precisa nos consultar sobre nada.
Não cristão:	Bem explicado.
Cristão:	Faz sentido para mim, pensar assim: "Revelação rejeitada produz trevas; revelação aceita produz luz".
Não cristão:	Não estou entendendo direito.
Cristão:	Se as pessoas rejeitam os dois primeiros pontos da revelação, Deus está lhes dando o que elas pediram — uma vida separada dele — as trevas. Elas permanecerão nas trevas a não ser que algo radical aconteça. Porém, para aqueles que dizem: "Sim, deve haver algo maior do que eu, alguma coisa da qual não estou à altura", acredito que Deus vai lhes revelar o resto da história.

Não cristão: Se elas responderem "sim" aos pontos um e dois, ele lhes enviará o três e o quatro?
Cristão: Sim.
Não cristão: Onde a Bíblia diz isso?
Cristão: Muitas passagens da Bíblia afirmam isso, por exemplo: "Vocês me procurarão e me acharão quando me procurarem de todo o coração" (Jr 29.13), ou: "Tu, Senhor, jamais abandonas os que te buscam" (Sl 9.10; veja também 1Cr 28.9; 2Cr 15.2;16.9; Sl 145.18; Lc 19.10).
Não cristão: Então, como Deus revela os pontos três e quatro a essas pessoas?
Cristão: Na maior parte das vezes, isso acontece por meio de outras pessoas, mas Deus também é capaz de revelar o resto da história de qualquer modo que ele quiser — por meio de visões ou sonhos, por exemplo.
Não cristão: Ou de outras religiões?
Cristão: Acredito que não. Se essas outras religiões proclamassem esses quatro pontos, bem, então elas não seriam outras religiões — elas seriam o cristianismo! Se proclamassem alguma outra coisa, pregariam alguma forma de esforço próprio. Isso é exatamente o oposto do cristianismo.
Não cristão: O budismo é esforço próprio?
Cristão: Sim. O nirvana é alcançado pela meditação ou alguma outra disciplina. Toda religião diz algum tipo de "Faça isso e você chegará lá". Talvez se refiram ao "lá" diferentemente e tenham listas diferentes do que fazer, mas tudo é esforço próprio.
Não cristão: Tudo bem. Você já me deu esse sermão de obras *versus* graça.
Cristão: A conclusão é que não sei como Deus revela os pontos três e quatro a alguém, mas seu plano normal

é que pessoas contem a pessoas. É por isso que a Bíblia menciona muitas vezes pessoas indo por todo o mundo anunciar essa mensagem. É por isso que estou lhe falando tudo isso.

Não cristão: Acho que vou precisar ler esse livro de Romanos.

Guia de estudo

As perguntas a seguir se destinam a discussão e aplicação em pequenos grupos.

1. Você já se viu enfrentando a acusação de intolerância (mesmo que não em uma situação tão extrema quanto o autor mencionado neste capítulo)? Como você reagiu?
2. Que outras declarações de exclusividade feitas por Jesus ou por outros autores do Novo Testamento você consegue recordar? O que essas afirmações lhe dizem sobre Jesus?
3. Qual é o seu testemunho "e-daí"? (Veja o cap. 1.) Como as declarações de Jesus de ser o único caminho para Deus moldam seu testemunho "e-daí"?
4. Este capítulo sugere dizer coisas surpreendentes para contrariarmos a acusação de intolerância. Que outras coisas surpreendentes você poderia dizer?
5. Os diálogos a respeito das pessoas que nunca ouviram sobre Jesus fazem sentido para você? O que mais você pode dizer sobre essa questão se ela alguma vez aparecer?

CAPÍTULO 5

POR QUE UM DEUS BOM PERMITE O MAL E O SOFRIMENTO COMO ATAQUES TERRORISTAS E AIDS? O PRINCIPAL "POR QUÊ?" (PRIMEIRA PARTE)

Foi a história de Rodney Dickens que finalmente me atingiu.[1] Como todo mundo, eu estava anestesiado de tanto assistir à televisão nos dias 11, 12 e 13 de setembro, e depois. A partir de então, eu mal conseguia sentir coisa alguma. Tinha chorado. Sentido raiva. Ficara com medo de verdade. Perdi o fôlego no local onde se achavam desmoronadas as torres gêmeas do World Trade Center. Tive a esperança de que alguém ou alguma coisa faria o tempo retroceder. E tinha começado a amortecer a dor com um calo duro.

Desde o Onze de Setembro, em 2001, nas colunas de opinião dos jornais, nas mídias sociais e ao redor de inúmeras mesas de cozinha, os cristãos têm comentado o que pensam sobre "o problema

---

[1] Partes deste capítulo foram apresentadas originalmente em Randy Newman, "Living without an answer", *Discipleship Journal*, September–October 2002, p. 28-34.

do mal". Nenhuma dessas respostas cristãs clássicas, no entanto, me ajudou a lidar com a dor e as emoções que senti ao ler a história de Rodney na nova revista *The Week*.

Como é costume do bom jornalismo, a história da capa sobre o ataque deu rosto às estatísticas. A revista estava cheia de fotografias dos desaparecidos, juntamente com a história de cada um — citações de ligações de celular no último minuto, mensagens deixadas nas secretárias eletrônicas e orações feitas junto com telefonistas. Ler esses relatos poderia disparar uma crise de fé mesmo no cristão mais firme. A foto de Rodney com uma breve legenda abaixo foi o gatilho do meu teste de fé:

> O aluno Rodney Dickens, da sexta série da escola primária Ketcham Elementary School, em Washington, D.C., e sua professora haviam acabado de embarcar em uma excursão arqueológica para as ilhas Channel, na costa de Santa Bárbara, Califórnia, quando o avião em que viajavam foi sequestrado. O voo 77 da American Airlines se chocou contra o Pentágono. Era a primeira viagem de avião de Dickens, que morava em um dos bairros mais violentos de Washington, D.C., mas sempre estava na lista dos melhores alunos [...] A excursão escolar exclusiva, restrita a apenas três alunos da região do centro decadente de Washington, D.C., tinha planos de apresentar aos alunos atividades ao ar livre, como navegar de caiaque e fazer caminhadas.[2]

Tentei não ler a história. Eu estava simplesmente folheando a revista em uma banca e queria colocá-la de volta e ir embora, totalmente calmo, capaz de me concentrar em outras coisas. Mas não consegui parar de ler. Ainda não consigo parar de pensar em Rodney.

O "problema do mal" sempre foi uma questão difícil para os cristãos. Nossos críticos a chamaram de o calcanhar de Aquiles da nossa

---

[2] "Obituaries", *The Week*, 28 September 2001, p. 32.

fé. "Como um Deus bom pode permitir tanto mal e sofrimento?" Esse é o maior "por quê?". E lidar com tal pergunta passou a ser ainda mais importante para nós desde esse dia horrendo — um dia que a revista *The New Yorker* chamou de "A catástrofe que transformou o pé de Manhattan na boca do inferno".[3] Mesmo depois de ter diminuído um pouco a dor do Onze de Setembro, sempre haverá quem pergunte: "Por quê?". Precisamos dar respostas, e não apenas regurgitar o que alguém talvez escrevesse em um exame de "Introdução à Filosofia I".

Ao longo de mais de vinte anos como ministro de *campus* universitário, dirigi muitas pesquisas. Quando os calouros se mudam para a nova moradia longe do lar, muitos de nós, ministros, ficam do lado de fora da moradia do *campus* pedindo que esses novos alunos gastem alguns minutos respondendo a um pequeno questionário. Esse tem sido um bom meio de identificar aqueles que têm interesse em participar de um estudo bíblico e os que estão dispostos a conversar e ouvir nossa apresentação do evangelho.

Para descobrir quais as questões que temos de abordar no *campus*, começamos a incluir esta pergunta: "Se você pudesse fazer uma só pergunta a Deus, algo que nunca lhe foi respondido satisfatoriamente, o que você perguntaria?".

Algumas respostas foram engraçadas, uma tentativa óbvia de evitar nossa pergunta:

"Por que você não fez os Packers ganharem o Super Bowl deste ano?"

"Por que você fez os homens tão burros?"

"Por que é tão difícil entender as mulheres?"

Algumas dessas perguntas eram ataques: "Por que você deixa os cristãos entregarem pesquisas na frente do alojamento dos estudantes?".

---

[3] Hendrik Hertzberg, "Tuesday, and after", *The New Yorker*, 24 September 2001, p. 27.

O que mais me chamou a atenção, no entanto, foi a tendência ao longo dos anos. Quando começamos a fazer essa pergunta na década de 1970, as respostas mais frequentes eram indagações intelectuais sobre religião:

"Por que a Bíblia tem tantas contradições?"

"Por que há tantas religiões se há um só Deus?"

"Como podemos saber como você [Deus] é?"

Depois, no início da década de 1990, o clima esquentou. O tom passou a ser mais hostil, como se podia perceber no vocabulário e na formulação das perguntas mais frequentes:

"Por que os cristãos acham que o caminho deles é o único caminho certo?"

"Por que os cristãos são tão intolerantes?"

"Como vocês podem achar que são os únicos que vão para o céu?"

Isso durou apenas um breve período, mas tenho certeza de que os sentimentos ainda sobrevivem. Quando a aids passou a ser mais do que um temor no *campus* e os universitários perdiam amigos para essa praga, a pergunta que aparecia com mais frequência na nossa pesquisa tratava do problema do mal — o principal *por quê?*:

"Por que algumas pessoas sofrem tanto?"

"Por que um Deus bom permite a existência de males como a aids ou o câncer?"

Muitas dessas perguntas eram expressas mais especificamente:

"Por que meu amigo Larry morreu de aids?"

"Por que minha tia está morrendo de câncer?"

AS NÃO RESPOSTAS QUE ALGUNS CRISTÃOS APRESENTAM

Como nós — seguidores de Cristo e pessoas que dizem que "Deus é bom" — devemos reagir e responder quando nos perguntam por que coisas ruins acontecem? Quer a pergunta se expresse na forma:

"Como um Deus bom pode permitir o mal e o sofrimento?", quer se expresse como: "Onde Deus estava no Onze de Setembro?", o desafio é imenso.

Muitas das supostas respostas não funcionam, ou na verdade não tratam a questão do modo que ela merece ser respondida — isto é, mergulhando nas profundezas do constrangimento intelectual, bem como demonstrando empatia para com a dor da falta de esperança.

Será que devemos responder que vivemos em um mundo caído e que as coisas não são como Deus queria que fossem? Sem dúvida, isso é verdade. Mas por que Rodney foi muito mais afetado do que outra criança pela condição decaída do nosso mundo? Por que os pais de Rodney convivem com a lembrança indescritível daquela manhã horrível, enquanto outros pais levam seus filhos despreocupadamente a treinos de futebol ou a aulas de clarinete?

Será que devemos dizer que herdamos as consequências do pecado dos nossos antepassados espirituais, Adão e Eva, e é por isso que o mal acontece? De novo, pergunto-me por que as consequências desse dia no jardim do Éden nos parecem hoje tão aleatórias e arbitrárias.

Pense, por exemplo, no caso de Barbara Olson, uma comentarista de televisão e esposa do procurador-geral Ted Olson. Ela adiou deliberadamente seus planos de viagem para estar em casa com o marido na manhã do Onze de Setembro, dia do aniversário dele. Em vez de partir na noite anterior, ela embarcou no mesmo avião em que o pequeno Rodney embarcou no Aeroporto Dulles — aquele que provocou chamas imensas no Pentágono. Exatamente no mesmo ponto do choque da aeronave, dentro do edifício, uma mesa ficou destruída — uma mesa que geralmente era ocupada pelo meu amigo Rick. Ele "por acaso" estava longe da mesa naquele momento, caminhando no outro lado do Pentágono. Ele está vivo. Barbara e Rodney não. A "resposta-Adão-e-Eva" resolve essa injustiça?

Um cristão bem-intencionado fez circular um e-mail que tentava explicar "onde Deus estava no Onze de setembro". Dizia que Deus estava muito ocupado naquele dia — impedindo muitas pessoas de voar, atrasando muitas pessoas no tráfego para que não conseguissem chegar ao World Trade Center, e assim por diante. A intenção era consolar as pessoas e atrair não crentes para o evangelho? Que tipo de deus ineficaz é esse — um deus que tentou fazer o melhor para impedir essa tragédia, mas não conseguiu fazer o suficiente?

Eu poderia continuar citando outras respostas apresentadas. Cada uma mais rasa do que a anterior.

A verdade é que nós não temos uma resposta certa para o problema do mal. Ninguém tem. Precisamos tão somente ser sinceros para reconhecer isso. É o que faríamos se fôssemos levar a sério o que Deus nos revelou no livro de Jó.

AS NÃO RESPOSTAS DE JÓ

De todos os meios possíveis de tratar da existência do mal, Deus nos deu o livro de Jó para nos ajudar a lidar com esse problema extremamente difícil da vida, o que C. S. Lewis chamou de "o problema do sofrimento".[4] À primeira vista, parece que Jó é um jeito estranho de responder à nossa pergunta. É um livro de poesia, não de filosofia. Registra diálogos repletos de emoções em vez de diatribes carregadas de proclamações, uma artilharia de perguntas, não uma série de respostas. E é longo. E ainda não responde à nossa pergunta.

Pense que é um livro poético. Não é em poemas que a maioria de nós procura respostas. Lemos poemas para buscar consolo,

---

[4] C. S. Lewis, *The problem of pain* (New York: Macmillan, 1962) [edição em português: *O problema do sofrimento*, tradução de Alípio Franca (São Paulo: Vida, 2006)].

força ou inspiração. Se estivéssemos no lugar de Jó, não teríamos pedido para ler poesia. Exigiríamos explicações rápidas e razoáveis do que nos acontece. Íamos querer que Deus nos explicasse em termos inequívocos (exatamente como Jó exigiu) por que estamos passando por esse inferno. Não íamos querer um livro como Lamentações — poético, emocional e de ritmo lento. Iríamos querer um livro no estilo da Epístola de Tiago — contundente, claro e direto.

Mas Deus não nos deu esse tipo de documento. Ele nos deu poemas. Ele deu à nação de Israel o livro de Lamentações — um longo poema prolongado — para ajudar o povo a processar o luto nacional quando sua Jerusalém amada (mas negligenciada) foi destruída. Ele nos deu o livro de Jó para enfrentarmos nosso luto individual.

Por isso, quando lemos o livro de Jó, nos *sentimos* um nível acima do que compreendemos. Você não percebe que suas emoções vão a pique junto com as de Jó quando lê os versos seguintes?

> Por que não morri ao nascer,
>   e não pereci quando saí do ventre?
> Por que houve joelhos para me receberem
>   e seios para me amamentarem?
> Agora eu bem poderia estar deitado em paz
>   e achar repouso junto aos reis e conselheiros da terra,
> que construíram para si lugares que agora jazem em ruínas,
>   com governantes que possuíam ouro,
> que enchiam suas casas de prata.
> Por que não me sepultaram como criança abortada,
> como um bebê que nunca viu a luz do dia? (3.11-16).

Sente a profundidade da emoção de Jó quando ele tenta quantificar seu sofrimento?

Se tão somente pudessem pesar minha aflição
e pôr na balança minha desgraça!
Veriam que o seu peso é maior que o da areia dos mares.
Por isso as minhas palavras são tão impetuosas.
As flechas do Todo-poderoso estão cravadas em mim,
e o meu espírito suga delas o veneno;
os terrores de Deus me assediam (6.2-4).

Percebe o desespero dele quando reconhece o pecado e ao mesmo tempo apela para que Deus seja misericordioso? Sem dúvida ele pecou, ele confessa francamente. Mas será que esse grau de punição corresponde mesmo ao crime?

Se pequei, que mal te causei,
ó tu que vigias os homens?
Por que me tornaste o teu alvo?
Acaso tornei-me um fardo para ti?
Por que não perdoas as minhas ofensas
e não apagas os meus pecados? (7.20,21).

Não é a partir dessa passagem das Escrituras que se pode formular uma teologia do perdão. Com efeito, *é* um texto para se entender como são a confissão e a intercessão. Também é um texto para fazer brotar emoções intensas acerca do uso incorreto da teologia. Você não tem vontade de dar um soco nos amigos imbecis de Jó por lhe terem dito palavras tão terríveis quanto: "Acaso Deus torce a justiça? Será que o Todo-poderoso torce o que é direito? Quando os seus filhos pecaram contra ele, ele os castigou pelo mal que fizeram" (8.3,4).

Jó ficou muito indignado com eles! E nós também ficaríamos. Se não percebermos o poder do sarcasmo dele, não conseguiremos entender o sentido de respostas como: "Sem dúvida vocês são o povo, e a sabedoria morrerá com vocês!" (12.2).

Quando as pessoas reagem ao sofrimento com declarações teológicas frias e calculadas, elas merecem o título que Jó deu aos seus amigos — "pobres consoladores" (16.2). E a avaliação de Deus da competência teológica deles foi ainda menos lisonjeira: "Estou indignado com vocês [...] pois vocês não falaram o que é certo a meu respeito, como fez o meu servo Jó" (42.7). E penso que Deus quer que sintamos o que Jó sentiu quando perguntou aos amigos: "Esses discursos cansativos não vão acabar nunca? O que instiga você a continuar discutindo?" (16.3).

Observe também que o livro de Jó é uma série de diálogos. Certamente Deus poderia ter inspirado um autor a tratar desse tema no estilo de uma argumentação elaborada e bem estruturada — como o livro de Romanos. Em vez disso, o drama consiste em ciclos de diálogos entre Jó e seus amigos. Os ciclos são marcados por muitas repetições — repetições quase meticulosas. Também não são equilibrados esses ciclos. O terceiro não é tão completo quanto os dois anteriores, como se tivesse sido interrompido.

Em seguida vem um diálogo perturbador com um quarto amigo, Eliú. Esse diálogo guarda algumas semelhanças com os diálogos com Bildade, Elifaz e Zofar. Contudo, é diferente desses outros. É difícil saber o que devemos pensar e sentir a respeito de Eliú. É um tanto confuso. Por isso, surgiram muitos debates acerca dos comentários de Eliú, se ele estava certo (uma vez que os outros três homens certamente não estavam).

Em vez do drama bem ajustado que gostaríamos, esses diálogos se combinam e se parecem mais com uma série de fitas gravadas de sessões de psicoterapia.

Talvez seja exatamente isso que o livro de Jó pretenda parecer. Quem sabe se Deus nos deu essa obra magnífica não para impressionarmos filósofos com respostas cultas, mas para lidarmos com a dor e passar por ela como Jó passou — com a fé mais forte, o coração humilde e a mão sobre a boca (veja 40.4). Ficamos no sofá, por assim dizer, com Jó e percorremos com ele um processo de discussão, falta de esperança, autoexame, defesa, lamentação, argumentos filosóficos, raiva e uma multidão de outras emoções manifestadas com sinceridade, que os amigos dele ignoravam. Chegamos a conclusões incompletas, descobertas perturbadoras e impasses frustrantes. (A propósito, essa é minha melhor hipótese para explicar por que Eliú parece em parte certo e em parte errado. Em meio ao estado de sofrimento, alguns pensamentos nossos são corretos e outros não. A presença de Eliú representa essa dicotomia.)

Deus "responder" a Jó com perguntas em vez de respostas é um clímax apropriado para um livro que mais elabora do que proclama. O monólogo de Deus é o que supera todos os diálogos anteriores. Sem dúvida, é frustrante que Deus tenha o controle. Porém, nossa maior necessidade, quando insistimos em que Deus se justifique, não é de uma explicação intelectual. Necessitamos ser postos em nosso devido lugar. Por isso, Deus generosamente nos dá perguntas — algumas das quais podem ser formuladas assim: "Quem você acha que é?".

Programamos um cronômetro mental, dando um prazo a Deus para que se explique. Mas a indagação continua sem cessar, o tempo vai passando, passando por nossas exigências. Deus pergunta insistentemente; nós finalmente dobramos os joelhos. Você não percebe esse efeito na sua alma quando ele pergunta: "Onde você estava quando lancei os alicerces da terra? Responda-me, se é que você sabe tanto. Quem determinou as medidas dela? Certamente você sabe! E quem estendeu sobre ela a linha de medir?" (38.4,5). E ele prossegue, fazendo mais de setenta perguntas ao longo de quatro capítulos (38—41). Por quê? Porque é necessário todo esse tempo para descermos do pedestal e reconhecer nossa insignificância.

Ao que tudo indica, Deus *não* quer que saibamos por que "coisas ruins acontecem a pessoas boas", pois ele não nos diz. Nossas expectativas sempre aumentam quando chegamos ao fim do livro e lemos que Deus apareceu a Jó em um redemoinho. Certamente agora ele contará a Jó sobre aquele acordo cósmico que fez com o Diabo lá nos dois primeiros capítulos. Esse vislumbre dos lugares celestiais (vislumbre, é preciso dizer, que Jó nunca tem!) deixa o problema apenas mais desconcertante. Foi Deus quem sugeriu Jó como alvo para os ataques de Satanás. "Reparou em meu servo Jó?", perguntou ele ao Diabo — não apenas uma vez, mas duas (1.8 e 2.3). E a reiterada descrição que Deus faz de Jó é de que ele era "íntegro e justo" (1.1 e 1.8).

Essa sequência enigmática inicial talvez seja o motivo por que o livro é tão longo. Ele tem de ser. Deus quer que sejamos curados, não informados, e isso leva tempo. Dada a complexidade do problema do mal (problema que fica mais incômodo, não menos, após a leitura de Jó), não é de admirar que o livro tenha a extensão que tem. Jó finalmente declara: "Meus ouvidos já tinham ouvido a teu respeito, mas agora os meus olhos te viram" (42.5). Essa declaração confirma que, mais do que a resposta ao principal *por quê?*, Deus quer que saibamos a resposta ao *quem?* essencial.

De fato, o livro nos oferece uma escolha. Será que vamos reagir aos sofrimentos e provações da vida como a esposa de Jó recomendou: "Você ainda mantém a sua integridade? Amaldiçoe a Deus e morra!" (2.9)?; ou vamos seguir o exemplo de Jó e proclamar: "Embora ele me mate, ainda assim esperarei nele" (13.15)?

Respostas parciais que são não respostas

Quando eu não aguentava mais assistir à televisão depois do Onze de setembro, eu lia o livro de Jó — chorava com ele, me enfurecia com ele, punha a mão na boca com ele. Aprendi que, embora frustrante, há sabedoria em viver sem uma resposta. Além disso, traz-nos humildade. Traz à tona da alma a nossa finitude. Lembramos que *não* somos Deus! Embora seja penoso, temos de nos arrepender da nossa insistência por uma resposta, considerando a própria exigência uma forma de idolatria.

A dificuldade de viver sem uma resposta pode nos levar a fazer o que os amigos de Jó fizeram — dar uma resposta parcial como se fosse a resposta completa. Pense, porém, no que a Bíblia nos ensina sobre o problema do mal. Ela nos apresenta setores de um gráfico circular. Uma fatiazinha (e estou convencido de que não é mais do isso) pode ser chamada de: "Vivemos em um mundo caído". Outra fatia diria: "O Diabo existe". Outras fatiazinhas seriam chamadas: "As pessoas têm livre-arbítrio", "O pecado tem consequências", "Às vezes Deus disciplina seu povo" ou "Do sofrimento pode surgir o bem".

Talvez haja mais fatias. Fico desanimado só de pensar em mencioná-las porque trazem pouquíssimo consolo. A ampla maioria do gráfico (mais de 75%, se fosse possível quantificar coisas desse tipo) seria rotulada em letras garrafais: "NÓS NÃO SABEMOS".

Não importa como decidimos expressar nossa resposta, não devemos subentender que um pedaço é a pizza inteira. Nossa "resposta" deve ser parecida com os 25%, os 75% devem ser "não sei". Se as nossas palavras não tiverem nem um pouco da angústia de Jó, seremos mais parecidos com os amigos dele e receberemos reação semelhante.

Outras não respostas

Viver sem resposta pode nos induzir a mais um erro — dizer coisas flagrantemente falsas. Insistir em respostas pode nos levar a conclusões erradas. O *best-seller When bad things happen to good people*, do rabino Harold Kushner, cai nessa armadilha. Exigindo saber por que o filho dele sofreu e morreu de modo tão trágico, ele conclui que "Deus não pode fazer tudo", e nós precisamos "reconhecer as limitações dele [...] e perdoá-lo por não ter feito um mundo melhor". O rabino Kushner termina seu livro com esta pergunta aparentemente santa, mas na verdade insolente: "Você é capaz de perdoar e amar a Deus mesmo depois de descobrir que ele não é perfeito?".[5]

Nem mesmo Jó se desviou tanto assim da ortodoxia. Ele concluiu a sua busca com estas palavras: "Sei que podes fazer todas as coisas" (42.2). O livro do rabino tem um senso de consolo — no início. Mas esse consolo logo se esvai, e o sofrimento de ter esse "deus" patético produz insuperável falta de esperança. Ninguém deve confiar nessa divindade impotente. Se Deus é tão impotente, ao contrário de tantas declarações das Escrituras, o melhor conselho a seguir seria o da mulher de Jó: "Amaldiçoe a Deus e morra!" (2.9).

Viver sem resposta levou algumas pessoas a alternativas ainda piores do que sugerir inverdades — elas propõem completos absurdos. Amigos bem-intencionados, desesperados para dizer qualquer coisa aos que estão sofrendo, prejudicam mais do que ajudam. A uma mãe que perdeu o filho em um ataque de tubarão em Virginia Beach, um "amigo" disse que Deus lhe levara o filho porque ele precisava de mais um anjo. Será que a intenção era consolar? Quem ia querer adorar a um deus tão carente?!

Contudo, viver sem respostas não deve nos fazer ficar em silêncio.

Um amigo meu me contou o que aconteceu na igreja dele no domingo após o Onze de setembro. Depois do período de cântico de hinos e de orações pelas vítimas e suas famílias, o pastor subiu os poucos degraus do púlpito para pregar o sermão. Ficou ali parado em silêncio um momento e em seguida disse: "Não tenho nada para dizer". E então se sentou.

O efeito foi dramático e poderoso. Mas isso não é ir longe demais? Uma resposta desse tipo acaba em desesperança, uma situação para não cristãos. Será que Deus de fato não falou conosco em meio ao nosso sofrimento? Apesar de não nos ter dado todas as respostas

---

[5] Harold Kushner, *When bad things happen to good people* (New York: Schocken Books, 1981), p. 134, 148 [edição em português: *Quando coisas ruins acontecem às pessoas boas* (São Paulo: Nobel, 1988)].

exigidas no final do livro de Jó, ele não está em silêncio. Por acaso ele não nos deu o Salmo 23, Lamentações 3, uma multidão de salmos de lamentação, as garantias de Romanos 8.28 e uma série de passagens consoladoras sobre a promessa que temos do céu e da vida eterna? Teria sido muito mais impressionante e genuinamente útil se aquele pastor tivesse dito: "Não tenho nada para dizer. Mas Deus falou. Ouçam a palavra do Senhor" e em seguida tivesse lido as Sagradas Escrituras durante o resto do seu "sermão".

Mesmo vivendo sem resposta, nossa compreensão parcial é melhor do que qualquer coisa que as cosmovisões não bíblicas têm para oferecer (veja o capítulo seguinte).

RESPONDER A UMA PERGUNTA DIFERENTE

Por isso, quando as pessoas nos perguntarem (ou a nossa própria alma clamar dentro de nós): "Como um Deus bom pode permitir isso?", precisamos fazer uma pergunta diferente — que aponta para o sofrimento por trás da pergunta. Assim, não vamos nos apressar em dizer o que não devemos — soluções incompletas, falsas ou tolas.

Como seria melhor respondermos: "Gostaríamos de saber". Depois de uma pausa para lamentar, suspirar e até chorar junto com o entristecido, podemos perguntar: "Você quer me dizer o que está sentindo agora?". Ao responder à pergunta com outra pergunta, estaremos mostrando a essa pessoa que nos importamos com ela. Depois, podemos acrescentar: "Algumas coisas que eu *sei* sobre Deus e a vida me ajudam em momentos como esse. Você tem interesse em ouvir?".

Outras perguntas que podemos fazer são:

- "O que você achou proveitoso em ter de lidar com essa situação tão difícil?"
- "O que lhe deu esperança durante esse teste?"

- "Você tem o tipo de fé que ajudou você a lidar com isso?"
- "Algumas pessoas foram confortadas orando durante esses períodos. Você foi?"
- "Eu tenho orado por você. Se importaria se eu orasse com você agora?"

No caso de alguém que está lidando com a morte de um amigo próximo ou parente, podemos pedir ao enlutado que nos conte algo sobre o falecido. Podemos sorrir ao ouvir uma história divertida sobre o ente querido ou pedir à pessoa de luto que conte uma de suas lembranças preferidas, ou podemos apenas dizer: "Parece que ela era uma ótima pessoa. Gostaria de tê-la conhecido". Tudo isso pode ser um meio de preparar o terreno para as "respostas" que realmente queremos comunicar — mais tarde!

Seria bom seguirmos o exemplo de Billy Graham. Quando ele falou às famílias enlutadas depois da explosão da bomba em Oklahoma City, encontrou o equilíbrio fugidio entre o conhecido e o desconhecido. Depois de consolar as pessoas com a certeza do conhecimento, do poder e do cuidado de Deus, ele respondeu franca e claramente ao *por quê?* essencial com estas três palavras formidáveis: "Eu não sei". Mas em seguida acrescentou: "Momentos como este produzem uma ou outra dessas duas situações: eles nos tornam endurecidos, amargurados e com raiva de Deus ou nos tornam sensíveis, abertos e nos ajudam a estender a mão com confiança e fé [...] Minha oração é que vocês não deixem a mágoa e o veneno invadir sua alma, mas que abracem a fé e a confiança em Deus, ainda que não consigamos entender. É melhor enfrentar isso com Deus do que sem ele".[6]

---

[6] Robert Torricelli; Andrew Carroll, orgs., "The reverend Billy Graham, after the Oklahoma City bombing, offers a sermon on the 'Mystery of evil'", in: *In our own words* (New York: Kodansha International, 1999), p. 414-5.

Essa última declaração dá a entender que viver sem uma resposta pode ser libertador. Uma vez que abandonemos nossa exigência idólatra de satisfação intelectual, ficamos livres para buscar o consolo, a esperança, a cura, a paz de Deus e, o que é o mais importante, a salvação. É disso que nossos amigos de fato precisam quando nos perguntam o *por quê?* essencial. E essa é uma resposta que *podemos* lhes dar.

GUIA DE ESTUDO

As perguntas a seguir se destinam a discussão e aplicação em pequenos grupos.

1. Quando você se indagou sobre o problema do mal? Como você respondeu à pergunta para si mesmo?
2. Alguma vez você já ofereceu uma das "fatias do gráfico de pizza" como a pizza toda na sua resposta? Como isso foi recebido?
3. Você concorda com a interpretação que o autor dá de Jó? Por que sim ou por que não? Você acha que o autor mencionado deixou de fora aspectos de Jó?
4. O que podemos dizer com certeza sobre o sofrimento, o mal, a vida após a morte etc.?
5. Como o evangelho ajudou você a lidar com circunstâncias difíceis?

Capítulo 6

POR QUE ALGUÉM ADORARIA A UM DEUS QUE PERMITIU O ONZE DE SETEMBRO? O PRINCIPAL "POR QUÊ?" (SEGUNDA PARTE)

Nem todos que perguntam "o principal *por quê?*" ("Por que um Deus bom permite o mal e o sofrimento?") querem uma resposta. Às vezes, a pergunta é um ataque. Muitas vezes motivadas pela raiva ou pela necessidade de se justificar, essas pessoas fazem uma pergunta que não é pergunta de fato.

Ned, um amigo meu do ensino médio, com frequência me faz essas não perguntas por e-mail. Eu não tinha notícias dele há quase vinte anos quando as maravilhas da internet lhe permitiram me encontrar. Nosso reencontro telefônico se encaminhou para assuntos espirituais depois de pôr a conversa em dia sobre casamento (eu casado; ele vivendo com uma mulher), filhos (nós temos três filhos; ele "nunca traria uma criança a este mundo") e profissão (sou ministro de universitários; ele é policial da cidade de Nova York). Contei a ele que, desde a última vez que nos vimos, a coisa mais importante que aconteceu na minha vida foi minha conversão a Cristo. A reação dele foi: "Como policial da cidade de Nova York, eu vi maldade demais para um dia acreditar em um deus". Ele continua me enviando mensagens de e-mail, reafirmando sua incredulidade. Eu continuo lhe perguntando como ele explica os horrores que presencia. Ele nunca responde às minhas perguntas.

Estou convencido de que ele não quer responder. A pergunta dele é na realidade uma cortina de fumaça para ocultar o verdadeiro motivo, sua recusa em humilhar-se diante de Deus. Com essa cortina de fumaça, ele acha que está protegido da convicção do pecado. Esse recurso funciona — por pouco tempo. Quando buscamos apresentar o evangelho a questionadores, temos de ter cuidado para tratar suas cortinas de fumaça como tais, e não como perguntas verdadeiras.

Em geral ficamos tentados a responder ao *por quê?* fundamental com evidências da existência de Deus. Afinal, há muitas. Há o argumento cosmológico, o argumento teleológico, o argumento ontológico, o cristológico e o puro e simples argumento lógico. Adoraríamos entrar em nosso caminhão cheio de apologética, dar ré e soterrar nosso interlocutor com provas. Raramente, no entanto, essa abordagem funciona.

Em alguns casos, responder às perguntas das pessoas com conteúdo que elas não querem apenas solidifica sua incredulidade. Pense no par de exortações aparentemente contraditórias de Provérbios 26.4,5. A primeira nos adverte: "Não responda ao insensato com igual insensatez, do contrário você se igualará a ele". Mas a segunda diz: "Responda a um insensato de acordo com a insensatez dele, do contrário ele pensará que é mesmo um sábio". Não é de admirar que as pessoas considerem essas duas exortações evidência de uma contradição na Bíblia. O fato de ocorrerem uma depois da outra, no entanto, pode defender exatamente a conclusão oposta. Em estilo rabínico, elas mostram os dois lados da mesma moeda.

Não devemos responder ao tolo de acordo com sua tolice (isto é, usando seu estilo de expressão) em tom depreciador e argumentativo, por exemplo. O resultado seria uma gritaria entre duas pessoas que desrespeitam uma à outra. Tal demonstração de impiedade é própria de um insensato, mas não de um seguidor de um Deus bondoso. Entre outros tipos de respostas insensatas estão reagir ao sarcasmo com mais sarcasmo ainda, responder a ataques *ad hominem* com difamação ainda pior ou empregar qualquer tipo de lógica defeituosa em nossos argumentos só porque nosso oponente faz isso. Multiplicar a "tolice" contribui pouco para o avanço do reino.

O outro lado da moeda é que *devemos* responder à pergunta do tolo "como a sua tolice merece" (v. 5, NASB). Não fazer isso pode deixar o tolo se sentir bem com a tolice dele, reforçá-la e deixar o insensato ainda menos aberto a pensar na verdade que poderia libertá-lo.

Às vezes, é melhor jogar de volta a pergunta (que na realidade é um ataque) — ao questionador para ele perceber o real motivo por trás da pergunta. Sem dúvida, isso é difícil. É fácil cair na armadilha de responder na mesma moeda com falta de respeito ou algo pior. No entanto, quando a escolha de palavras ou o tom de voz da pessoa indica que ela não está procurando uma resposta, é melhor não dar nenhuma.

Imagine, por exemplo, que alguém lhe pergunte: "Considerando o Holocausto, você sinceramente não acredita em nenhum deus, acredita?". Talvez seja melhor você dizer: "Você quer dizer que você não acredita?", e deixar o seu tom de voz transmitir a falta de esperança a que o ateísmo leva alguém à sombra do Holocausto.

Alguém também pode lhe dizer: "O seu deus o curaria se você tivesse aids, não?". Talvez seja adequado dizer: "Bem, o que o *seu* deus faria nesse caso?".

Alguns anos atrás, acompanhei um ônibus cheio de alunos universitários a Daytona Beach, Flórida, no recesso de primavera.

A Cruzada Estudantil organiza uma conferência ali todo ano para preparar estudantes para a evangelização. Levamos os alunos à praia para falarem do evangelho com outros estudantes de todo o país.

Tínhamos alugado um ônibus, e me sentei exatamente atrás do motorista. Eu já estava quase dormindo quando, por volta da uma da manhã, no meio da Carolina do Sul, nosso motorista acendeu um cigarro e decidiu conversar.

— Então [...] todos nesse ônibus são cristãos, certo? — quis saber.

— Isso mesmo — respondi. Eu não havia planejado fazer evangelização até que chegássemos à Flórida.

— Vocês, cristãos, me deixam louco — falou subitamente.

— Por quê? — eu me esquivei, com a esperança de que chegássemos logo a uma área de descanso.

— Bem, vocês, cristãos, acreditam cegamente em tudo o que leem na Bíblia.

Percebi que era uma provocação pela escolha das palavras, do tom que ele as disse e da intensidade com que tragou o cigarro. Uma discussão prolongada sobre a unidade, a autoridade, a inerrância e a veracidade da Bíblia não era o que esse sujeito precisava. Ele estava sendo arrogante e desdenhoso. Era um tolo, e eu precisava responder à tolice dele como ela merecia.

Perguntei se havia algo específico na Bíblia em que não devíamos acreditar. O diálogo a seguir se deu em ritmo acelerado.

— Bem, como aquele absurdo da separação das águas do mar Vermelho (ele usou outra palavra, mas "absurdo" é o que ele de fato quis dizer). Você não pode acreditar nisso, né?

— Por que não?

— Porque isso simplesmente não é verdade.

— Como você sabe?

— Eu li o livro de um cara que fez muita pesquisa sobre isso. Não foi o mar Vermelho. Foi o mar de Juncos. O mar de Juncos tem só alguns centímetros de profundidade, e eles podiam ter atravessado a vau sem nada disso de milagre de Deus.

Eu poderia ter-lhe perguntando como o exército egípcio afundou em apenas alguns centímetros de água. Essa é uma das respostas preferidas que os cristãos costumam dar. Parece um golpe fatal, mas raramente produz receptividade ao evangelho. Mais do que o conteúdo das observações dele, no entanto, eu queria tratar da atitude arrogante por trás delas.

Além disso, valeu a pena eu ter feito minhas pesquisas em apologética, e eu estava acostumado com essa controvérsia. A expressão hebraica traduzida por "mar Vermelho" (*Yam Suph*) é uma construção rara que resiste à tradução fácil. Por isso, eu lhe fiz uma pergunta com o propósito de confrontar a arrogância e insensatez dele.

— Então como você traduziria *Yam Suph*?

— Hã?

— Como você traduz essa expressão hebraica que a maioria dos estudiosos do hebraico traduz por "mar Vermelho"? Você deve ter pesquisado isso.

— Bem, eu só li esse livro.

— Você se lembra de quem escreveu o livro?

— Não.

— Você se lembra das credenciais do autor?

— Não.

— Bem, algo deve ter convencido você de que esse sujeito sabia hebraico melhor do que os estudiosos cristãos e judeus que traduzem essa expressão por "mar Vermelho". Alguma coisa deve ter convencido você de que ele sabia hebraico bem o suficiente para pensar que *Yam Suph* se refere ao mar de Juncos, e não ao mar Vermelho. O que foi?.

Ele ficou agitado, coisa que ninguém quer em um motorista de ônibus que está transportando cinquenta estudantes.

— Não sei!

— Você quer dizer que você simplesmente acreditou *cegamente* no que esse sujeito escreveu?!

O silêncio reinou, e eu agradeci por sua tolice ter ficado evidente para ele. Falei-lhe mais um pouco sobre como a Bíblia resistira à investigação, e ele estava ouvindo. Em vez de prosseguir a discussão, decidi dormir e deixar que ele se concentrasse na estrada e — orei por isso — na atitude do seu coração insensato e arrogante.

Esse tipo de evangelização não parece normal — o tipo que é suave e de fala mansa, como a clássica conversa mole de vendedor de apólice de seguro. Mas observe como Jesus lidou com os fariseus. Eu prefiro o método dele ao da conversa de vendedor quando trato com pessoas que estão apenas procurando justificar sua incredulidade.

Jesus teve bons motivos para nos advertir: "Não deem o que é sagrado aos cães, nem atirem suas pérolas aos porcos; caso contrário, estes as pisarão e, aqueles, voltando-se contra vocês, os despedaçarão" (Mt 7.6).

Melhor do que responder às não perguntas dos céticos é pô-los na defensiva, perguntando como eles responderiam às suas próprias perguntas. Em outras palavras, como eles, na condição de ateus, ou agnósticos, ou céticos, explicam o Holocausto, a aids ou o Onze de setembro?

Allen, o presidente da Associação de Estudantes Ateus de uma grande universidade, foi confrontado com uma pergunta exatamente desse tipo por Barry, o líder de uma organização cristã da mesma universidade. As suas respectivas associações estavam patrocinando um debate sobre a existência de Deus. Cada lado havia agendado um preletor para representar seu respectivo ponto de vista. A reunião entre Allen e Barry havia se concentrado na logística — organização do espaço, publicidade, porteiros, equipamento audiovisual, entre outras coisas.

Então Barry pediu que Allen desse o seu testemunho de ateu.
— Então, como você se tornou ateu? — perguntou. — Você foi criado em um lar religioso?
— Sim — Allen começou. Ele era do Irã e tinha sido criado em um lar muçulmano rigoroso. Mas então o tio dele teve o diagnóstico de câncer. Conforme Allen presenciava o tio querido se deteriorando diante de seus olhos, sua fé em Alá ou qualquer outro deus também se deteriorava.
Barry mostrou empatia antes de continuar a discussão.
— Isso deve ter sido horrível para você. Sinto muito. Acredito que você era muito apegado ao seu tio, não era?
— Sim, era — Allen ainda estava triste com a perda.
— Então a doença e a morte do seu tio convenceram você de que a explicação muçulmana para a morte era inadequada, é isso? — Barry esclareceu.
— Sim.
— E você provavelmente também descartou outras explicações religiosas — a cristã, a judaica e todas as outras.
— Sim.
— Então qual a sua explicação ateísta para a morte do seu tio? Como você, como ateu, é capaz de lidar com uma coisa tão difícil?
Allen foi pego de surpresa. Foi como se ninguém jamais lhe houvesse feito essa pergunta. Será que ele mesmo já enfrentara a questão?
— Bem, me perdoe a expressão, é como diz aquele adesivo: "Coisas acontecem" (a palavra que ele usou, claro, foi outra um pouco diferente).
Barry refletia um misto de respeito e choque — respeito pela pessoa, choque pela superficialidade da resposta. Allen, afinal de contas, cursava bacharelado em filosofia, e Barry esperava uma resposta mais substancial. Mas, então, repetindo, talvez não haja nenhuma resposta substancial que venha da cosmovisão ateísta.

— É isso? Essa é sua resposta à razão pela qual seu tio teve uma morte tão sofrida? Ela satisfaz você de verdade? Ela lhe dá algum consolo?

— Não existe consolo; mas, sim, essa é minha melhor resposta.

Barry foi cortês, mas enérgico.

— Sei que a resposta cristã não é tão satisfatória quanto eu gostaria que fosse — tanto intelectual quanto emocionalmente. Mas minha resposta é melhor do que "coisas acontecem".

Repito, esse tipo de evangelização é diferente do que a maioria dos manuais cristãos sugere. Mas, quando se percebe insensatez, o melhor é garantir que o tolo não acabe se achando "sábio a seus próprios olhos".

Além disso, é necessário lembrar-se de ter algumas precauções. Francis Schaeffer — o grande apologista, pregador e fundador de L'Abri na última década de 1960 — tem muito que nos ensinar na atividade evangelística nos dias à nossa frente. As palavras dele são tão relevantes hoje quanto na época em que as escreveu:

> Enquanto procuro fazer isso, preciso me lembrar constantemente de que não estou jogando um jogo. Se começo a gostar disso como se fosse um tipo de exercício intelectual, então sou cruel e não posso esperar nenhum resultado espiritual verdadeiro. Quando tiro o homem do seu falso equilíbrio, ele precisa conseguir perceber que me importo com ele. Do contrário, vou apenas acabar destruindo-o, e a crueldade e a sordidez disso tudo também vão me destruir. Ser simplesmente indiferente e frio é mostrar que não acredito que essa pessoa foi criada à imagem de Deus e, portanto, faça parte da mesma raça que eu. Forçá-la à lógica de seus pressupostos vai fazê-la sofrer; portanto, não devo forçá-la nem um pouco mais que o necessário.[1]

---

[1] Francis A. Schaeffer, *The complete works of Francis A. Schaeffer: a Christian worldview* (Westchester: Crossway Books, 1982), vol. 1: *A Christian view of philosophy and culture*, p. 138-9.

Contudo, o processo de diálogo e questionamento pode ajudar a esclarecer o verdadeiro problema. Muitas vezes, quando alguém pergunta: "Como você pode acreditar em um deus que permite o mal?", a pergunta real é alguma outra coisa. Talvez seja: "Por que eu deveria *seguir* um deus que permite o mal?". Se pedimos que explique melhor, a pessoa talvez diga: "Vocês, cristãos, falam muito de adorar a esse deus, amá-lo, segui-lo e servi-lo. Por quê? Por que você acha boa ideia seguir a um deus que não responde à sua pergunta mais difícil? E, antes de tudo, por que você deixa que ele tenha o controle de como você deve se comportar, que moral você deve seguir, com quem você deve dormir? Não faz o menor sentido!". Essa é a verdadeira pergunta por trás do ateísmo, do agnosticismo ou do ceticismo de algumas pessoas.

Os não cristãos ouvem defesas filosóficas da existência de Deus e, depois de algum tempo, talvez se rendam em parte: "Tudo bem. Deus existe. E daí? Quem se importa? Talvez haja um deus; talvez não haja. Eu não sei. Acho que ninguém pode saber. Isso me parece tão irrelevante".

E agora?

Você os convenceu de que o ateísmo/agnosticismo deles está intelectualmente falido, mas eles não estão nem um pouco mais perto da fé salvadora do que antes do início do debate. Será que há algo verdadeiramente *convincente* que os possa atrair a Cristo? Acredito que sim.

Se identificamos corretamente a verdadeira pergunta deles, mostramos bondosamente a consequência lógica da visão de mundo que professam e lhes dizemos humildemente que não temos todas as respostas, portanto estamos prontos a dizer:

"Veja o que de fato *sei* que me compele a seguir esse Deus. Não sei por que Deus permite que coisas ruins aconteçam, mas me deixa feliz saber que ele permitiu que acontecesse uma coisa ruim — ele permitiu que Jesus morresse na cruz. Da perspectiva humana, isso foi uma coisa ruim. Jesus foi um inocente que morreu nas mãos de gente irada e ameaçadora. Isso é fato. Sabemos que aconteceu. Também sabemos que, três dias depois, Jesus ressuscitou dos mortos. Eu poderia demonstrar isso a você com evidências históricas e arqueológicas, entre outras, mas não vou tomar seu tempo com isso agora. Esse fato histórico que sem dúvida *sabemos* é mais importante, pelo menos para mim, do que os muitos outros fatos que eu não sei sobre Deus.

Da perspectiva de Deus, foi uma coisa boa. Porque Jesus ressuscitou dos mortos, eu sei que existe vida depois da morte para os que o seguem. Essa garantia de eternidade torna os sofrimentos desta vida um pouco mais suportáveis. Como diz o Novo Testamento: 'Considero que os nossos sofrimentos atuais não podem ser comparados com a glória que em nós será revelada' (Rm 8.18). O que sei é mais importante do que o que não sei.

Por isso, acredito que ter esperança faz mais sentido do que viver com amargura. Acho que crer em Deus é melhor do que amaldiçoá-lo. Acredito que ter o nome de Jesus em meus lábios como meu Salvador e Senhor é melhor do que ter o nome dele nos meus lábios como um palavrão. Acredito que a alegria combina melhor com a realidade do que a falta de esperança, e a certeza da vida eterna que o medo da morte. Acredito que basear essa certeza nos acontecimentos factuais históricos da cruz e da ressurreição é melhor do que qualquer cruzar de dedos eufórico e falso. Acho que seguir Jesus Cristo e obedecer aos seus princípios morais produz uma vida muito melhor do que seguir meus desejos, meus hormônios ou minhas fantasias pecaminosas".

Será que alguém ouviria um discurso tão longo? Talvez não. Mas, mesmo que entreguemos apenas uma parte dessa mensagem, damos aos não cristãos uma resposta melhor do que a que eles nos deram. Respondemos a uma pergunta diferente da que eles fizeram, mas é a resposta de que eles realmente precisam.

Guia de estudo

As perguntas a seguir se destinam a discussão e aplicação em pequenos grupos.

1. Por que alguém *deveria* adorar a um Deus que permitiu o Onze de setembro?
2. Quem você conhece que pergunta o principal *"por quê?"* para ofender? Ore por essa pessoa agora mesmo.
3. Que assuntos as pessoas lhe apresentam como "evidências" da não existência de Deus? O Onze de setembro? A aids? O Holocausto?
4. Que emoção está por trás da pergunta delas: Ira? Dor? Confusão?
5. Por que você escolhe seguir a Deus? Qual o atributo mais importante na sua escolha diária para adorar? Uma música capta essa ideia para você?
6. O que você acha desse tipo de evangelização que confronta, que joga a pergunta (na verdade, um ataque disfarçado de pergunta) de volta ao indagador?
7. Que perguntas apresentadas neste capítulo você provavelmente usaria em uma conversa com um cético?

CAPÍTULO 7

POR QUE ACREDITARÍAMOS EM UM LIVRO ANTIGO ESCRITO POR HOMENS JUDEUS JÁ MORTOS?

Detesto gastar dinheiro sem necessidade. Por isso, quando eu e minha esposa fizemos nossa primeira grande compra — uma máquina de lavar roupa e uma secadora —, eu não aceitei a oferta do vendedor de acrescentar a "instalação" ao valor da nota. (Seriam 25 dólares a mais!) Afinal, que dificuldade haveria em conectar os plugues de duas máquinas na tomada e ligar duas mangueiras?

Quando as máquinas chegaram, imediatamente passei a justificar minha parcimônia. Liguei a secadora na tomada e conectei a mangueira plástica de ar que eu havia comprado no caminho para casa. (Essa mangueira de plástico da loja de ferragens me custou alguns dólares menos do que a de metal teria custado na loja de eletrodomésticos.)

Em menos de cinco minutos, terminei de "instalar" nossa secadora, admirado de que algumas pessoas pagassem 25 dólares por uma tarefa tão fácil, e orgulhosamente apertei o botão de ligar para admirar o resultado de meu trabalho.

Os poucos minutos seguintes foram assustadores. A secadora sacudiu bem forte e começou a vir na minha direção. A tampa frontal ficou abrindo e fechando, o que fez a máquina parecer ter saído de um conto do Stephen King. Antes de eu conseguir desligar da tomada, uma nuvem de fumaça preta começou a sair de trás da secadora. A mangueira plástica de saída do ar tinha derretido e estava se desintegrando. Não sei como, estendi a mão no meio da fumaça, puxei o fio da tomada e salvei minha vida.

Foi quando peguei um documento importante — as instruções de instalação do fabricante. A primeira página gritava a seguinte advertência com letras garrafais em negrito: Não seguir as instruções do fabricante pode resultar em dano grave irreparável! Os 22 passos das instruções de instalação eram muito instrutivos. Antes de ligar a secadora, fiquei sabendo, é preciso ter certeza de que a tampa frontal esteja bem fechada e que os quatro pés estejam bem ajustados para que a máquina não se mova (nem rasteje contra você, dependendo do caso). Fiquei sabendo também que essa máquina precisava de uma mangueira de metal para a saída de ar, e não de plástico (que corria o risco de "derreter e pegar fogo"). Li todas as páginas desse ótimo folheto literário, segui as instruções com muito cuidado e mais uma vez, valentemente, liguei a secadora. Felizmente, o "dano irreparável grave" não ocorreu, e nossa secadora funcionou perfeitamente.

Quando chegou a vez de instalar a máquina de lavar, fiz tudo o que o manual do fabricante dizia. Por isso, colhi o fruto abençoado do meu trabalho — roupas limpas, ar sem fumaça e nenhum monstro de lavanderia do Stephen King.

Isso faz sentido, não faz? Os fabricantes sabem como suas máquinas funcionam — eles as fabricaram! Os fabricantes sabem como suas máquinas dão o máximo desempenho e o que lhes causa dano. As pessoas têm mesmo de seguir as instruções do fabricante. "Dano irreparável grave" não é uma consequência inesperada ao deixar de seguir as instruções.

O mesmo se aplica às instruções de *nosso* Fabricante. Como Deus e Criador, ele sabe de que forma nosso mecanismo funciona e o que nos causa dano. Os seus "não farás..." são para o nosso próprio bem. Contudo, com ignorância, orgulho e coração rebelde, buscamos atalhos e emoções, seguindo nossa própria maneira de fazer as coisas. As consequências disso podem ser muito piores do que danos "sérios" e "irreparáveis".

Essa inclinação antiautoritária pode acrescentar um obstáculo à evangelização. Mesmo que nossa apresentação do evangelho seja bem elaborada e biblicamente coerente, podemos enfrentar resistência significativa porque as pessoas muitas vezes dizem: *Quem disse?* Em vez de ouvir as citações bíblicas como prova da veracidade de nossa mensagem, elas se admiram de como somos simplórios de seguir um livro antigo escrito por homens judeus que já morreram.

Bem... seria mais correto dizer *judeus do Oriente Médio* do sexo masculino. Mas a frase "homens brancos já mortos" é o chavão de intelectuais que criticam o cânon das civilizações ocidentais atuais, e essa é uma crítica mais ácida. Com tal frase reiteradamente repetida, os críticos literários minaram a confiança das pessoas em qualquer texto escrito. Argumentam que as sociedades são moldadas por uma coleção de histórias diversas, nenhuma das quais é mais inspirada, válida ou objetiva do que a outra. Por isso, os que creem na Bíblia são acusados de arrogância, etnocentrismo, presunção ou coisa pior quando deixam de seguir essa linha multicultural.

A VERDADEIRA PERGUNTA

Muitas de nossas respostas às acusações em relação à Bíblia não conseguem instigar fé porque não tratam do verdadeiro problema. Quando as pessoas perguntam: "Como você pode acreditar na Bíblia?", alguns cristãos respondem equivocadamente com uma aula de história. Mostramos quadros de estatísticas de manuscritos, citamos arqueólogos desconhecidos, verificação histórica de periódicos obscuros e falamos apaixonadamente dos Manuscritos do Mar Morto.

Nossos interlocutores permanecem indiferentes, pois a historicidade não é o verdadeiro problema deles, mas, sim, a autoridade. E, apesar da pergunta que nos fazem (p. ex.: "Por que você acredita na Bíblia?"), as verdadeiras perguntas são:

- "Por que você se submete à Bíblia?"
- "Por que você permite que ela dite seu modo de vida?"
- "Por que alguém deve lealdade a um livro que desestimula buscar os interesses próprios?"

Um anúncio recente para "SpiritScrolls" na revista *The New Yorker* captou a ideia. Abaixo da foto de um colar, do qual pendia um amuleto em forma de pergaminho, o anúncio dizia:

> Esse é o meu *SpiritScroll*
> Guardo dentro dele um lembrete do que é importante para mim.
> Caminho pela vida com os olhos bem abertos e os sentidos despertos para descobrir o desvelar do meu espírito dentro de mim.
> Meu *SpiritScroll* é a minha bússola.

Escreva o seu próprio pergaminho para mantê-lo junto do seu coração ou colocar perto do coração de alguém especial.[1]

O *SpiritScroll* ("disponível em butiques de todo o mundo") representa a filosofia que a maioria das pessoas adota inconscientemente: "Sou a minha própria autoridade. Escrevo meu próprio texto sagrado.

---

[1]Disponível em: www.spiritscrolls.com/advertise.htm.

Vivo de acordo com as minhas próprias regras. Nenhum deus me diz o que devo fazer ou como viver".

Uma matéria de capa recente da revista *USA Today* indica para onde essa filosofia nos leva. O título dizia: "Escândalos levam executivos a *Atlas Shrugged*, o romance de Ayn Rand, de 1957, que sanciona o interesse próprio". O segundo parágrafo dizia: "O recrutador de executivos Jeffrey Christian afirma que muitos dos seus clientes estão relendo o romance de 1075 páginas para se lembrarem de que o interesse próprio não só é o certo a fazer do ponto de vista econômico, mas também moralmente. Os presidentes e diretores de empresas terminam o livro com o coração sabendo que não são os escroques gananciosos retratados nas manchetes de revistas de negócios de hoje, mas são heróis como os personagens do romance de Rand".[2]

O artigo cita uma pesquisa do Clube do Livro do Mês, que registra a Bíblia como o livro que influenciou mais pessoas do que qualquer outro; em segundo lugar vem *Atlas Shrugged*. A lacuna, porém, talvez esteja se estreitando, como se evidencia pelo aumento de visitas ao site da The Atlas Society, uma organização dedicada a promover a filosofia de Rand.[3] Cada vez mais, a autonomia individual triunfa sobre a submissão à autoridade.

RESPOSTAS DIFERENTES A PERGUNTAS DIFERENTES

Por que, então, acreditamos que a Bíblia merece nossa lealdade? E o que dizemos quando as pessoas a atacam?

Considerando as mudanças nas atitudes daqueles que nos indagam, precisamos de uma abordagem diferente da apologética. Essa

---

[2] Del Jones, "Escândalos levam executivos a *Atlas Shrugged*, o romance de Ayn Rand, de 1957, que sanciona o interesse próprio", *USA Today*, Tuesday, 24 September 2002, p. 1-2. O romance de Ayn Rand foi traduzido para o português com o nome de *A revolta de Atlas* (São Paulo: Arqueiro, 2010). (N. da E.)

[3] Ibidem.

nova abordagem oferece fatores (veja a definição de *fator* a seguir) em vez de provas. Queremos, obviamente, a resposta definitiva do tipo: "Meu Senhor e meu Deus! Eu aceito a Bíblia". Mas a abordagem do fator tem em vista mais uma resposta preliminar do tipo: "Isso faz sentido. Acho que vou ler a Bíblia". Ao apresentar os fatores que levam alguém a ler a Bíblia, deixamos que as Escrituras se autentiquem por si mesmas em vez de confiar que nossos argumentos extrabíblicos encerrem a questão. Nós nos contentamos com uma vitória parcial e deixamos a Bíblia fazer o resto.

Talvez tenha havido uma época em que a maioria das pessoas já havia lido grande parte da Bíblia. Se elas estivessem familiarizadas com sua mensagem, mas não acreditassem nela, a apologética as persuadia da autenticidade, historicidade, fidedignidade e credibilidade da Bíblia. Mas esses dias já se foram. Hoje, a maioria das pessoas nem sequer conhece as partes da Bíblia que um dia eram de conhecimento de quase todos. Portanto, a apologética de hoje deve estimular a leitura antes de defender a historicidade. Precisamos desafiar as pessoas perguntando: "Por que você não *lê* a Bíblia?" em vez de: "Por que você não *acredita* na Bíblia?".

O ônus da prova, por assim dizer, cai então nos ombros da Bíblia, não nos nossos. Considerando declarações como "a minha palavra [...] não voltará [...] vazia" (Is 55.11), essa é, com efeito, uma boa notícia.

QUATRO FATORES QUE GERAM CONVICÇÃO

De acordo com o dicionário *Webster's II New College*, em tradução livre, "fator" é algo que "contribui ativamente para uma realização, um resultado ou processo". Nenhum fator apologético sozinho produz uma defesa incontestável da autoridade bíblica. Mas considerados juntos, quando agem em conjunto, os quatro fatores a seguir aumentam a probabilidade de que uma Bíblia deixada pelos

Gideões em um quarto de hotel seja aberta e lida, que se creia nela e — sim — que se obedeça a ela.

FATOR 1: PLAUSIBILIDADE

A plausibilidade é o primeiro fator. Semelhantemente ao que foi apresentado no capítulo 3, perguntamos a nossos amigos indagadores: "Não é razoável acreditar que um Deus que nos criou poderia, se quisesse, se comunicar conosco? E mais, ele não poderia fazer isso mediante o veículo da escrita inspirada?". Isso não é implausível. Conseguir que alguém concorde com essa proposta mínima prepara o caminho para a aceitação mais plena da autoridade da Bíblia.

Quando conheci J. P., um estudante de vinte anos do bacharelado, ele se definiu como "não cristão, mas claramente considerando a possibilidade". Fiquei surpreso ao saber o quanto ele estava aberto à plausibilidade da inspiração. Eu lhe perguntei: "Você acha possível que um deus decidisse se comunicar conosco em forma verbal escrita?". Ele fez que sim e acrescentou: "Acho que é melhor tratar a Bíblia como inocente [de fraude] até que se prove o contrário". Não seria uma maravilha se mais não cristãos tivessem a mente tão aberta?

Imagine, porém, que alguém não está aberto ao fator plausibilidade. E se essa pessoa é ateia? Aqui não é o lugar para recitar os argumentos contra o ateísmo.[4] Mas veja como foi minha conversa com um amigo ateu chamado Art. Usar o recurso visual de um círculo com um ponto no centro me ajudou a desatrelar esse ateu de sua posição arrogante.

RANDY: Não é possível que Deus já tenha se comunicado conosco?

---

[4] Defesas do teísmo há muitas, mas uma das minhas preferidas é Ken Boa e Larry Moody, *I'm glad you asked* (Wheaton: Victor Books, 1994), p. 21-47.

Art: Você está supondo que acredito em Deus.
Randy: Você está certo. Acho que eu não devia supor isso.
Art: Não, não devia. Eu não acredito em Deus.
Randy: Por que não?
Art: Não sei. Penso que não existe nenhuma prova da existência dele. As pessoas acreditam em Deus simplesmente por fé.
Randy: Será que não é possível que haja evidências que você simplesmente não conhece?
Art: Que tipo de evidências?
Randy: Bem [...] será que não pode haver, por exemplo, fortes evidências históricas de que Jesus ressuscitou dos mortos?
Art: Como isso demonstraria a existência de Deus?
Randy: Isso legitimaria muita coisa do que Jesus ensinou, e ele tinha muito a dizer sobre a existência de Deus.
Art: Tudo bem. Sim, isso seria alguma evidência de que nunca ouvi falar. E daí?
Randy: Isso significa que você pode estar errado. Olhe. Vou desenhar uma coisa. (Desenhei um círculo em um guardanapo e chamei-o de "Conhecimento total".) Esse é todo o conhecimento que há para ser adquirido. Quanto desse círculo inclui a totalidade do conhecimento que você tem atualmente? (Dei a caneta para ele, que pensou um minuto e fez o que a maioria das pessoas faz quando proponho essa pergunta. Desenhou um pontinho no meio do círculo.)
Randy: Eu diria mais ou menos a mesma coisa também sobre mim. (Então sombreei a parte do círculo que não estava representada pelo pontinho dele — em outras palavras, cerca de 99% do círculo.) É possível que haja algum conhecimento nessa parte

	sombreada que pode ser evidência da existência de Deus?
Art:	Sim.
Randy:	Bem, então você diria que é um agnóstico, e não um ateu, certo?
Art:	Não gosto do termo *agnóstico*. Acho que um agnóstico é um ateu sem coragem.
Randy:	Mas *agnóstico* significa que você não sabe. *Ateu* significa que você *sabe* que Deus não existe, e você não pode dizer isso, pode?
Art:	Eu diria que *ateu* significa alguém que não acredita em Deus. Quem pode saber se ele existe de fato?
Randy:	Tudo bem. Não vamos nos preocupar com minúcias sobre termos filosóficos. Vou deixar isso para os filósofos.
Art:	Eu também.
Randy:	O que digo é que é possível, não é, que exista um deus?
Art:	Sim, é possível.
Randy:	Então não seria melhor, pelo menos no aspecto intelectual, examinar o que algumas pessoas dizem que é evidência da existência de Deus?
Art:	Como o quê?
Randy:	Como ler a Bíblia. Você já chegou a lê-la?
Art:	Não. Nunca li.
Randy:	Mesmo que você ache que é tudo bobagem, se você ler a Bíblia, vai saber do que se trata todo esse falatório — em primeira mão! Ela é o maior *best-seller* de todos os tempos, e grande parte da nossa sociedade tem raízes na Bíblia. Só para você ter um leque intelectual amplo, é bom ter algum conhecimento da Bíblia. Você não concorda?
Art:	Sim. "Um leque intelectual amplo" é uma boa definição para isso. Você sabe onde posso obter uma Bíblia?

Fator 2: Dificuldade

A dificuldade é o segundo fator. A Bíblia é difícil. À primeira vista, ela é como um documento que desestimula a aceitação. A Bíblia é longa e repetitiva; foi escrita por quarenta autores diferentes em vez de um único porta-voz; e contém locais, línguas, gêneros e estilos literários diversos. Parece que a miscelânea da construção da Bíblia prejudica sua credibilidade em vez de contribuir para ela. A multiplicidade de milagres (em ambos os Testamentos) parece difícil de aceitar. E alguns deles são simplesmente confusos. A controvérsia a respeito dos acontecimentos do fim dos tempos é apenas um dos problemas causados pelas afirmações extraordinárias da Bíblia. Se é plausível acreditar que Deus está por trás da Bíblia, é natural perguntar por que ele não foi mais claro ao transmitir a mensagem dele.

Mas, então, novamente, será que essas próprias características não dariam credibilidade à alegação da Bíblia de inspiração e sacralidade? Talvez a dificuldade da Bíblia corresponda à *nossa* dificuldade, tornando-a a revelação perfeita para nos tirar da nossa confusão. Quem sabe o emprego que ela faz de vários gêneros literários corresponda à nossa natureza complexa — os componentes intelectuais, emocionais, volitivos, sociais e físicos de nossa personalidade. Talvez Deus tenha inspirado a Bíblia para corresponder à totalidade de nosso ser.

É claro que o aspecto messiânico da Bíblia nos desafia. Como Tim Keller afirmou:

> Se você não confia na Bíblia o bastante para deixá-la desafiar e corrigir sua maneira de pensar, como poderá um dia ter um relacionamento pessoal com Deus? Em qualquer relacionamento verdadeiro, um precisa ser capaz de pensar diferente do outro. Por exemplo, se uma esposa não puder pensar diferente do marido, a relação entre os dois nunca será de intimidade. Você se lembra dos filmes Esposas

em conflito e Mulheres perfeitas? Em uma cidadezinha americana chamada Stepford, os homens decidem transformar as esposas em robôs que jamais contrariam a vontade dos maridos. As esposas de Stepford eram lindas e obedientes, mas ninguém descreveria um casamento assim como uma relação pessoal ou de intimidade.

Ora, o que será que acontece quando você elimina da Bíblia tudo o que ofende sua sensibilidade ou contraria sua vontade? Se escolher aquilo em que deseja crer e rejeitar o restante, como será possível ter um Deus que venha a contradizer você? Não será possível! Você acabará com um Deus de Stepford, basicamente um Deus criado por você e não um Deus com quem você possa se relacionar e interagir verdadeiramente. Somente se o seu Deus puder dizer coisas que o façam se sentir ultrajado e obrigado a lutar (como em um casamento ou amizade de verdade!) você saberá que tem um Deus real e não algo que sua imaginação criou. Por isso, uma Bíblia inquestionável não é inimiga de um relacionamento pessoal com Deus, mas um pré-requisito para ele.[5]

Repito, nosso objetivo em propor esses quatro fatores é conseguir que nossos amigos leiam a Bíblia, e não convencê-los a crer nela. Se ela de fato é a Palavra inspirada, poderosa e indomável de um Deus soberano, podemos confiar que ela realizará sua própria obra de condenar, humilhar, salvar e produzir adoração.

Uma conversa acerca desses dois fatores pode ser mais ou menos assim:

Não cristão: É ótimo que você tenha encontrado algo que dá certo para você. Mas eu simplesmente não acredito na Bíblia.

---

[5]Tim Keller, *The reason for God: belief in an age of skepticism* (New York: Dutton, 2008), p. 145-6 [edição em português: *A fé na era do ceticismo: como a razão explica Deus* (São Paulo: Vida Nova, 2015)].

Cristão: Por que não?
Não cristão: Ela é simplesmente implausível para eu acreditar.
Cristão: O que é implausível nela?
Não cristão: Todos os milagres. Quero dizer, a separação das águas do mar Vermelho, a cura de aleijados.
Cristão: Quanto da Bíblia você leu?
Não cristão: Ah, quase nada. Só conheço várias das histórias.
Cristão: Mas você não leu?
Não cristão: Li um pouco.
Cristão: Mas não muito?
Não cristão: Não.
Cristão: Bem, você acha que é possível, se há um Deus e ele quisesse se comunicar conosco, que ele inspirasse alguma revelação escrita?
Não cristão: Sim. Acho que sim.
Cristão: Então eu o animo a ler essa revelação. É um *best-seller*, e muita gente diz que ela as ajudou mais do que qualquer outro livro.
Não cristão: Mas ela é tão estranha. Eu li o suficiente para saber que ela é difícil de ler.
Cristão: Talvez seja assim que ela deva ser.
Não cristão: O quê?
Cristão: Talvez ela deva ser difícil.
Não cristão: Mas por que razão Deus a faria difícil?
Cristão: Para que ela nos desafie. O que quero dizer é que, se é um livro sobre Deus, não é razoável que ela seja um livro difícil de compreender na primeira tentativa?
Não cristão: Talvez.
Cristão: Quanto mais você a lê, mais você percebe que as partes difíceis se harmonizam com o todo.
Não cristão: Acho que mal não faria.
Cristão: Você tem uma tradução moderna da Bíblia? Se não tem, posso conseguir uma para você.

Fator 3: Realidade

Suponha, então, que o indagador reconheceu que uma revelação inspirada e escrita de um Deus criador é ao menos possível. Suponha também que o indagador perceba que a dificuldade da Bíblia é uma vantagem. Esse indagador está mais bem preparado e pode estar pronto para as evidências apologéticas que em geral são apresentadas sem essa preparação.

Essas evidências são o terceiro fator — o fator realidade. Podemos demonstrar que a realidade (confirmada pela arqueologia, pela história, por relatos de testemunhas oculares, pela crítica literária etc.) apoia esmagadoramente as afirmações da Bíblia. A multiplicidade de manuscritos, as evidências históricas e arqueológicas externas e a presença de material autenticador interno indicam um registro histórico preciso.[6]

Esses três fatores preliminares, contudo, não substituem o conteúdo das próprias Escrituras. Quanto mais cedo falarmos *o que* a Bíblia diz em vez de defendermos *como* a Bíblia diz o que diz, mais poderosa será nossa defesa.

Devemos fazer isso contando uma história — a narrativa da Bíblia. Em vez de fazer uma lista de proposições desconexas, devemos mostrar que a narrativa da Bíblia se relaciona com nossa história no nosso nível mais profundo de necessidade.

Fator 4: Necessidade

O quarto fator é o fator necessidade. Muito se tem falado ultimamente da necessidade de apresentar o evangelho como uma história. Ao observar que mais de 70% da Bíblia é narrativa, algumas pessoas têm defendido que sigamos o exemplo dela.

---

[6] O site da *Stand to reason* (www.str.org) é uma fonte inestimável de defesa apologética da Bíblia.

"Jesus contava histórias, e nós também devemos", elas sustentam. Sem dúvida. Mas apresentar o evangelho como uma história representa mais do que tão somente seguir o modelo do nosso Mestre? Jesus usava narrativas para anunciar a vinda do reino de Deus só porque ele era um bom contador de histórias ou porque as pessoas não conseguiam prestar atenção durante muito tempo?

Algumas pessoas defenderam a abordagem narrativa na evangelização porque nossos ouvintes pós-modernos, amantes de narrativas, preferem histórias, e é mais provável que reajam a elas do que a um tratado filosófico. Verdade. Mas os pós-modernos preferem inúmeras outras coisas que certamente não devemos oferecer. Talvez haja uma razão melhor para usar histórias — uma razão que prometa uma boa resposta, mas por um motivo mais profundo.

Será que as histórias comunicam tão bem porque somos em essência criaturas de narrativas? Será que ser uma pessoa (um ser humano que existe no tempo) não significa ter uma natureza narrativa? Por ter um início (nascimento) e um fim (morte) cronológicos, reagimos melhor a histórias — que têm começo e fim — do que a pregações não históricas de dogmas. As histórias, portanto, se relacionam conosco na nossa própria essência.

As pregações têm o seu lugar. A inclusão que a Bíblia faz de epístolas e profecias legitima sua importância. Mas devemos ler Romanos e outras passagens didáticas no contexto do enredo maior da narrativa divina de Deus. Na evangelização, devemos declarar a doutrina de Romanos — o evangelho — como narrativa para que nossa mensagem atraia a pessoa inteira. Queremos converter, não meramente convencer. A evangelização narrativa faz as duas coisas.

Melodias propositivas incorporadas no drama da redenção

Conversar com a Lisa me ensinou a fazer evangelização narrativa. Eu a conheci em uma praça de alimentação de um campus e logo fiquei sabendo de seu papel dramático em uma produção local de *Les misérables*. Eu havia orado por um modo de falar do evangelho naturalmente com alguém naquele dia. Ouvir sobre a experiência teatral dela abriu essa porta.

Se você não conhece o clássico romance de Vitor Hugo, está perdendo uma das descrições da graça mais poderosas já publicadas. A história contrasta a redenção de Jean Valjean com a crueldade do inspetor Javert. Valjean, tanto como quem recebe quanto como quem concede graça, encarna esse conceito bíblico. Após passar anos na prisão, mesmo sendo inocente, Valjean é solto e transformado por um ato de bondade de um padre. Isso mudou todo o seu modo de encarar a vida, e ele passou a ser um homem de negócios honesto e generoso. Mas Javert, o chefe da polícia, persegue Valjean implacavelmente, acreditando que a transformação é impossível. A ideia de que "uma vez ladrão, sempre ladrão" impulsiona Javert na sua perseguição implacável. Não consigo pensar em nenhum outro retrato mais impressionante do contraste entre graça e lei.

Na adaptação do livro para o musical de três horas e meia, a música não cessa. Contudo, com incrível criatividade, os compositores usam a repetição e o entrelaçamento de algumas melodias simples. Valjean, por exemplo, entoa louvor pela graça incrível antes de abandonar sua vida de crime. Em contraste assombroso, as mesmas notas musicais são cantadas por Javert para amaldiçoar sua própria existência, antes de se jogar de uma ponte. Muitos desses paralelos subliminares ocorrem em toda a produção. Assim, os temas musicais reforçam inconscientemente a mensagem do drama.

Les misérables me faz lembrar a Bíblia. Por todo o drama das Escrituras, os temas da santidade, da redenção, do amor e de um messias são entretecidos como fios de uma tapeçaria. Conversando com a Lisa, comparei a mensagem da obra de Vitor

Hugo com a mensagem da Bíblia. Recontei a trama bíblica como a suprema narrativa de redenção — imitada em *Les misérables*. Sendo uma atriz identificada com o teatro, ela estava preparada para ouvir.

Se conseguirmos falar do evangelho recontando a história bíblica, talvez consigamos ser mais ouvidos do que estamos acostumados. Nossa mensagem envolve as pessoas, de modo que elas querem ouvir como se resolve a tensão da narrativa em vez de desejarem que terminemos o mais rápido possível.

A HISTÓRIA BÍBLICA

Como fazemos isso? Ao contar qualquer história, marcamos na mente os pontos altos e as reviravoltas da ação, bem como temas recorrentes. Os momentos decisivos impulsionam o drama; os temas acrescentam cor emocional. Mantemos esses marcadores na linha de frente da mente enquanto preenchemos os detalhes dramáticos com as palavras que falamos.

Se estivesse contando a história dos três porquinhos, você talvez tivesse em mente o seguinte esboço dos temas e momentos decisivos, o drama a ser completado pela narrativa:

    I. Quem são os porquinhos
   II. Quem é o lobo
Tema: "Quem tem medo do lobo mau?"
  III. Primeira casa — Palha
Tema: bufar/soprar/soprar e derrubar a casa
  IV. Segunda casa — Madeira
Tema: bufar/soprar/soprar e derrubar a casa
   V. Terceira casa — Tijolo
Tema: bufar/soprar/soprar e *não* derrubar a casa
  VI. Como o lobo morre
Tema: "Quem tem medo do lobo mau?"

A narrativa bíblica talvez tenha o seguinte esboço:

I. Criação
Tema: A natureza de Deus
Tema: A natureza das pessoas
II. Rebeldia
Tema: Tensão entre Deus e as pessoas
Tema: O Messias (previsto)
III. Redenção
Tema: O Messias (que chegou)
IV: Consumação
Tema: O Messias (que voltou)

Esse conceito pode parecer difícil, mas muita gente *não* respondeu às nossas abordagens não narrativas da evangelização. Especialmente artistas, músicos, atores e intelectuais rejeitaram nossas apresentações simplistas e não históricas por considerá-las irrelevantes, simplesmente por causa do modo pelo qual foram embaladas. Esforçar-se para aprender o método narrativo pode compensar. Vale a pena a experiência de contar a *história* do evangelho a essas pessoas e verificar que elas respondem mais prontamente do que a um *resumo* do evangelho.

A seção a seguir mostra um método de contar a história, mas primeiro vamos garantir que temos profunda estima por ela. O que vem a seguir é um modo de pensar no enredo da Bíblia.

Quando tudo começou, já existia um Deus eterno que criou tudo o que existe. Ele nos criou — as pessoas — como o ápice de sua criação e nos fez segundo sua imagem e semelhança. Fomos feitos para ter um relacionamento íntimo com esse Deus criador e criativo, comunicativo, amoroso, poderoso e soberano. Manter essa intimidade era o mais importante para os primeiros seres humanos — Adão e Eva. Hoje isso ainda é o mais importante para nós. Algo em nós clama por esse tipo de intimidade.

Infelizmente, porém, algo no primeiro homem e na primeira mulher se rebelou contra esse relacionamento. Assim como ainda fazemos hoje, eles procuraram ser seus próprios chefes, achando que, por conta própria, poderiam prover o melhor. As consequências foram desastrosas — e eternas. Deus é eterno e nos criou como seres eternos. Por isso, a consequência da rebeldia deles foi eterna — a separação eterna de Deus e de tudo o que é bom e santo.

Os temas recorrentes nas histórias da Bíblia refletem essa tensão criados-para-Deus/rebeldia-contra-Deus. A vida de Abraão, Isaque, Jacó e a experiência coletiva da nação de Israel expressam essa tensão. A escolha que Deus fez de Israel e a outorga da Lei a esse povo mostraram como devia ser a relação entre Deus e um grupo de pessoas. Devia ser uma relação marcada pela santidade e bondade de um lado, obediência e adoração de outro. A poesia de Salmos e do restante da literatura sapiencial descreve como é a experiência de estar perto de Deus (adoração) e as consequências de se afastar dele (lamento, confissão e alienação). Os Profetas e outros textos didáticos da Bíblia ensinavam aos israelitas modos de se aproximar de Deus e os advertiam das consequências de deixar de fazer isso.

Mais um tema está entrelaçado com essas histórias — o tema de um Ungido, uma Pessoa que um dia iria corrigir a alienação e eliminar a tensão. Ele foi apresentado na Bíblia logo após o primeiro ato de rebeldia e foi identificado como um ser humano (Gn 3.15). Como o melhor profeta de todos os tempos, ele um dia seria o nosso mestre (Dt 18.18).

Sempre que esse Ungido é mencionado, são empregados um vocabulário e um estilo incomuns, que fazem o leitor reduzir o ritmo da leitura. Assim como as lombadas na pista de uma rodovia nos fazem diminuir a velocidade quando nos aproximamos de uma cabine de pedágio, as profecias messiânicas também faziam os leitores reduzir a velocidade e perguntar: *Quem cumprirá essas coisas?*

Ele foi mencionado como um Rei que um dia reinará (2Sm 7), um Servo que um dia sofrerá e morrerá (Is 53) e um Juiz que um dia voltará (Zc 12—14), e de fato foi declarado que ele era o próprio Deus em forma humana (Is 9.6).

O ápice dramático da Bíblia ocorre quando esse Ungido chega — como um bebê nascido exatamente quando, onde e como foi profetizado. Ele ensinou as lições mais extraordinárias já proclamadas e se identificava como aquele em quem as pessoas podem encontrar redenção. Sua morte pagou o preço do pecado, e sua ressurreição selou o pagamento total desse preço. Ele era aquele que a Bíblia estava predizendo e Aquele por quem nosso coração inquieto clamava. O nome dele é Jesus, nome que significa "salvação".

A Bíblia termina com a consumação da história — um retrato da eternidade, quando todos os redimidos se relacionam com seu Deus em perfeita intimidade. Cumprindo a própria razão de terem sido criados, os redimidos adoram a esse Deus como ele merece e sem os obstáculos de pecado, doença, tristeza e morte. Se respondemos a essa história como ela diz que devemos, vamos desfrutar uma vida abundante e eterna — em qualidade e quantidade —, unidos com nosso Deus Criador-Redentor.

CONTANDO A HISTÓRIA

Parece muito complicado? Não precisa ser. Falei do evangelho nesse formato de narrativa sentado com pessoas em lanchonetes e restaurantes, apenas rabiscando quatro palavras em um guardanapo:

- Criação
- Rebeldia
- Redenção
- Consumação

Falo da tensão humana inata — ter sido criado para Deus e ao mesmo tempo ter-se rebelado contra ele. Enquanto explico os detalhes sobre a solução que o Messias oferece para essa tensão, observo meu ouvinte desfrutando o desenrolar da história. Depois de entrelaçar minha própria história com a da Bíblia, peço que meu ouvinte conte a história dele.

Para incentivar meu interlocutor a fazer isso, faço algumas perguntas:

- "Você alguma vez quis saber sobre essas coisas?"
- "Quem você diria que é Jesus?"
- "Você já leu a história do Natal e perguntou como ela cumpriu a profecia?"
- "Você já leu a Bíblia você mesmo?"

Procuro dizer: "O que amo em relação à Bíblia é que a história dela se conecta com nossa história no nosso nível mais profundo de necessidade".[7]

O PROBLEMA DAS OUTRAS HISTÓRIAS

Diferentemente da história da Bíblia, as narrativas de outras visões de mundo não se associam com a realidade. Elas prometem mais do que conseguem entregar. Algumas narrativas negam a natureza pessoal de Deus, chamando-o de uma força ou um conceito. Outras narrativas rejeitam a peculiaridade das pessoas, o que Francis Schaeffer chamou de "a masculinidade do homem". Ainda outras não

---

[7] Um pequeno filme que compartilha o evangelho como narrativa, contando o enredo bíblico e ligando-o ao expectator, é *The story*, produzido por Spread Truth, disponível em: http://spreadtruth.com/share-the-gospel/, acesso em: 28 ago 2019 [edição em português do filme disponível em: https://www.youtube.com/watch?v=Spc50LbqNHk&t=12s].

mencionam nem se preocupam com nossa natureza caída. Nenhuma dessas narrativas pode salvar, e todas elas acabam decepcionando.

Ao ler as Escrituras, porém, as pessoas encontram alívio do fardo de ter de explicar a realidade por conta própria. Se buscam a verdade da revelação de Deus, elas escapam da falta de esperança, do vazio, da falsidade ou da arrogância resultantes do crédito que dão a suas próprias revelações.

Pense, por exemplo, no artigo a seguir. Foi enviado para a coluna do *The Washington Post* chamada "Autobiography as Haiku" [Autobiografia como Haiku], que consiste em ensaios de cem palavras enviados pelos leitores:

> Meu irmão mais novo morreu inesperadamente há pouco tempo. Minha filha [...] me consolou um dia em que eu estava me sentindo especialmente triste. "Mamãe", ela disse, "você não entende. A vida é um processo. A gente nasce da mãe, vira uma criança, depois cresce e então se vai, vai para Deus. É apenas um processo". Fiquei emocionada, mas me perguntei como ela chegou a esse vislumbre cósmico com apenas oito anos de idade. Então perguntei. Ela me contou encabulada que a classe dela da terceira série havia acabado de aprender sobre o "o ciclo de vida de um inseto". Eu ri e a abracei com força.[8]

Li essa anedota e me perguntei por que o que houve consolou aquela mulher. Como ela pôde achar que aquilo foi um "vislumbre cósmico"? Não quero implicar com uma menina de oito anos, mas comparar nossa existência com o ciclo de vida de um inseto devia nos insultar, não nos consolar. Virei a página e resmunguei: "Isso não resolve o sofrimento dessa mulher perturbada".

As pessoas *devem* ficar tristes com a morte de um ente querido! A explicação de que "isso é só um processo" degrada a dignidade de

---

[8] "Autobiography as Haiku", *Washington Post*, 29 September 2002, sec. C, p. 1.

pessoa humana que Deus nos conferiu. Quando compartilhamos as boas-novas das Escrituras como narrativa, oferecemos uma história muito melhor do que a resposta do "ciclo de vida de um inseto". (É importante observar que os *insetos* não ficam tristes com a morte de outros insetos. Há uma diferença qualitativa entre as criaturas que foram criadas "à imagem de Deus" e as que não foram.)

Recontar o enredo da Bíblia (criação, rebeldia, redenção e consumação) como um meio de apresentar o evangelho é a resposta apropriada e melhor a uma pergunta sobre a Bíblia. A Bíblia dá uma resposta às pessoas, a resposta de que elas precisam mais do que evidências históricas, descobertas arqueológicas ou análise literária.

O enredo também liga as pessoas a suas origens — quer elas saibam disso, quer não. Ele confirma um anseio que todos nós temos — o anseio por conhecer nosso Criador. Começando a mensagem com a Criação, apelamos para natureza de portadores da imagem divina dos nossos ouvintes e abrimos o caminho para a "eternidade no coração [deles]" (veja Ec 3.11). Nós lhes garantimos que o desejo deles por "outra" coisa diferente não é neurótico. Adequadamente apresentado, o evangelho de fato soa como boas-novas restauradoras.

O enredo bíblico também desperta o desejo implantado por Deus de um final feliz. Ao apresentar o evangelho em um aspecto mais pleno, um aspecto que prenuncia o desfecho, tranquilizamos as pessoas de que o medo da morte, por menor que seja, faz sentido. Atribuímos valor às pessoas, declarando que elas têm importância eterna. Legitimamos o sentimento de incompletude que as pessoas têm nesta vida — porque foram criadas para algo melhor, algo eterno.

Martinho Lutero certa vez disse que a Bíblia é como um leão. Se as pessoas o criticam, você não o defende — você o deixa sair da jaula. Mesmo nestes tempos de ceticismo, em que a Bíblia é lançada em uma pilha de livros irrelevantes escritos por homens brancos já mortos, o leão ainda ruge, e a jaula ainda tem de ser aberta.

Guia de estudo

As perguntas a seguir se destinam a discussão e aplicação em pequenos grupos.

1. Quanto da Bíblia *você* leu? Pode ser difícil promover a leitura de um livro que você nem sequer terminou de ler. Crie um plano de leitura da Bíblia que lhe garanta ler toda ela.
2. Como pessoas que você conhece formularam as objeções delas contra a Bíblia?
3. Que evidências você observa de que as pessoas questionam a autoridade?
4. Você acha que a Bíblia é desorganizada, como esse capítulo afirma? Se sim, quais aspectos dessa desorganização mais incomodam você? Como isso na verdade pode ser uma defesa da autoridade da Bíblia, e não uma crítica a ela?
5. Que fatos apologéticos você conhece que defendem a autoridade da Bíblia sobre ela mesma? Se lhe pedissem, você conseguiria defender por que você aceita a Bíblia?
6. Pratique apresentar a trama narrativa da Bíblia usando o esboço de quatro palavras: Criação, rebeldia, redenção e consumação. Com que parte da história você precisa se familiarizar mais?

CAPÍTULO 8

POR QUE OS CRISTÃOS SÃO TÃO HOMOFÓBICOS?

João 3.16 foi substituído.[1] Ah, se você abrir a Bíblia no terceiro capítulo do Evangelho de João, vai ver que o versículo 16 ainda diz: "Porque Deus amou tanto o mundo [...]". Mas no que diz respeito ao versículo mais frequentemente citado em adesivos, camisetas e outros meios populares, o lugar de honra é o de Mateus 7.1: "Não julguem, para que vocês não sejam julgados".

As pessoas que citam a Bíblia provavelmente não têm a evangelização como meta. Ao contrário, estão dizendo aos cristãos que não as importunem — "Saiam da minha frente" talvez seja uma paráfrase correta.

Um assunto para o qual se usa o "não julguem" com cada vez mais frequência trata de questões relacionadas à homossexualidade. *Não julguem, para que não sejam julgados* é uma forma resumida de dizer: "Como vocês, cristãos, se atrevem a dizer às pessoas com quem elas devem dormir?!".

Como devemos responder a esse tipo de citação das Escrituras? O que devemos pensar quando um fluxo contínuo de vozes,

---

[1] Partes deste capítulo foram publicadas na edição de novembro/dezembro de 2003 da revista *Discipleship Journal*.

incluindo a Suprema Corte dos Estados Unidos, afirma a homossexualidade ao mesmo tempo em que condena a "homofobia" como o pior pecado? O que podemos dizer quando um colega de trabalho deixa sua esposa depois de quinze anos e vai ficar com um homem para não precisar mais "viver uma mentira"?

Às vezes, parece que temos apenas duas opções ruins: aceitar a homossexualidade como uma condição inata que deve ser aprovada e apoiada ou considerá-la uma abominação que deve ser odiada e condenada.

As palavras de Jesus em Mateus 7.1-5 frequentemente citadas nos oferecem alternativa? Sim — mas primeiro temos de entender o que elas *não* significam. Temos de perguntar, além disso, em que as questões relacionadas à homossexualidade se relacionam com compartilhar as boas-novas. Também temos de examinar todas as palavras que Jesus falou, e não somente as que combinam com os adesivos de carros.

Jesus disse:

> Não julguem, para que vocês não sejam julgados. Porque da mesma forma que julgarem, vocês serão julgados, e a medida que usarem será usada para medir vocês. Por que você repara no cisco que está no olho do seu irmão e não se dá conta da viga que está em seu próprio olho? Como você pode dizer ao seu irmão: "Deixe-me tirar o cisco do seu olho", quando há uma viga no seu? Hipócrita, tire primeiro a viga do seu olho e então verá claramente para tirar o cisco do olho do seu irmão.

Eu e minha esposa começamos a nos debater com a relevância dessa passagem para a homossexualidade quando Jim (nome fictício), nosso amigo chegado, "saiu do armário" e se revelou para nós. Nós tínhamos dúvidas. Ele não tinha namorado nenhuma mulher em mais de dez anos e agora que estava com pouco mais de trinta anos, achamos que finalmente devíamos perguntar. A reação dele foi uma risada. Ele queria saber quanto tempo demoraríamos para descobrir. Ele havia decidido que não nos contaria, mas, se perguntássemos, não ia mentir.

O que se seguiu provavelmente pareceu uma conversa padrão sobre "sair do armário" — com uma reviravolta incomum no fim.

— Jim — perguntamos — quando você se tornou gay?

— Eu sempre me senti assim — ele respondeu.

— Quando você percebeu isso?

— Quando eu tinha mais ou menos onze anos.

— Quem mais sabe?

Ele parou e nos olhou direto nos olhos.

— Eu só contei aos que não me julgariam.

Agora foi nossa vez de parar, antes de fazer a próxima pergunta:

— Jim, você fez teste para HIV?

Ele desconsiderou a pergunta:

— Não se preocupem com isso.

— Você já contou para alguém da sua comunidade cristã da faculdade?

Um olhar de sofrimento invadiu o rosto dele, enquanto recordava uma experiência inesquecível. Como um dos mais de trezentos alunos envolvidos no ministério estudantil, Jim ficou horrorizado quando o diretor disse à multidão na reunião semanal que eles *têm de* confrontar os seus amigos homossexuais.

— Alguém havia acabado de se levantar e pedir oração — contou Jim — porque seu colega de quarto lhe contara: "Sou gay".

Em vez de dirigir o grupo em oração por esse irmão ou por seu colega de quarto, o diretor aproveitou o momento e anunciou (em um tom ríspido que Jim nunca vai esquecer) o que devia ser feito.

— Vocês precisam ser intransigentes. Precisam ser bíblicos. Precisam ser ousados.

— Nada — comentou Jim — comunicava que era preciso ser gentil. Decidi ali mesmo que o lugar não era seguro para falar das dificuldades que eu havia enfrentado.

Depois que recuperamos o fôlego, dissemos algumas coisas a Jim que ele não esperava. Dissemos que o amávamos, que queríamos fazer todo o possível para manter nossa amizade forte. E lhe perguntamos se ele já havia ouvido falar de ministérios cristãos[2] que ajudam pessoas "em luta com a homossexualidade".

O rosto dele deu a entender que tinha achado engraçada a nossa escolha da palavra *luta*.

— Eu nunca ouvi falar desse tipo de ministério — respondeu. — Mas como a sugestão de vocês de que eu procure a ajuda deles está de acordo com sua afirmação de que me amam?

— Porque amamos você — dissemos —, queremos o melhor para você. Existe outro aspecto da vida homossexual que achamos que você deve ouvir. Estamos convencidos de que a vida gay, mesmo que pareça natural, não é boa.

Jim ouviu polidamente, mas tivemos a impressão de que estávamos sendo rejeitados. O que confirmou essa nossa impressão foi termos parado de ter notícia dele no ano seguinte. Se ele tivesse escolhido um versículo para citar para nós naquela época, teria sido: "Não julgue, para que vocês não sejam julgados".

HOMOSSEXUALIDADE E EVANGELIZAÇÃO

Antes de examinar Mateus 7, pense primeiro o que este presente capítulo sobre homossexualidade está fazendo em um livro sobre evangelização. Você talvez tenha ficado perplexo com isso quando deu uma olhada no sumário. Talvez você tenha decidido pular este capítulo — ou talvez tenha vindo para este capítulo primeiro.

---

[2] Muitos livros mais recentes tratam a questão da homossexualidade de uma perspectiva bíblica sólida. Dois livros lançados nos últimos anos são: Keving DeYoung, *What does the Bible really teach about homosexuality* (Wheaton: Crossway, 2015) [edição em português: *O que a Bíblia ensina sobre a homossexualidade?* (São José dos Campos: Fiel, 2015)] e Sam Allberry, *Is God anti-gay?* (Purcellville: The Good Book Company, 2013) [edição em português: *Deus é contra os homossexuais?* (Brasília: Monergismo, 2018].

A homossexualidade é um tema importante na sociedade atual. É só passar os olhos por qualquer fonte de notícia ou passar algum tempo online para confirmar essa afirmação. A maioria das pessoas inconscientemente absorveu a ideia de que a homossexualidade é inata e imutável, como a cor da pele. Por isso, a "homofobia" se equipara ao racismo, à intolerância e ao fanatismo. As pessoas que desaprovam os homossexuais são pintadas com a mesma tinta que aquelas que incendiavam igrejas afro-americanas no Mississipi na última década de 1960.

Por isso, se condenamos a homossexualidade, os não cristãos não querem saber da nossa religião — ou pelo menos da nossa versão dela. Eles querem acreditar que o cristianismo "verdadeiro" é "amoroso" e "tolerante" o suficiente para aceitar os gays. Esse é o sentimento refletido na resposta da conselheira Carolyn Hax à carta a seguir, publicada na sua coluna do *Washington Post*: "Tell Me About It" ("Me fale sobre isso"):

> Querida Carolyn,
> Como as pessoas conseguem lidar com revelações sobre elas que basicamente destroem quem elas sempre acharam que eram? Acho que talvez eu seja gay, mas sou cristão. Esses dois estilos de vida, perspectivas, condutas, ações e ideias são diametralmente opostos! Será tolice achar que, porque sou cristão em primeiro lugar, isso exclui a possibilidade de ser gay? Que de algum modo tortuoso, se eu tivesse descoberto que era gay antes de vir a conhecer Jesus, eu teria ignorado o cristianismo? O que acha?

A resposta de Carolyn:

> Como, exatamente, a homossexualidade é "diametralmente oposta" a ser honesto, paciente, amoroso, bondoso, fiel, pronto a perdoar, compassivo e justo? Só por diversão, procure a palavra *católico*,

com "c" minúsculo, no dicionário. Acho que você precisa estender alguns milhões de pedidos de desculpas a todos os cristãos que são gays e os que são amigáveis com os gays do mundo inteiro.

Depois de alguns parágrafos de "apenas se aceite como você é", ela conclui:

[Isso] talvez faça mais sentido para você do que os [caminhos] intolerantes que aprendeu. Você é cristão. Você é gay. Confie em si mesmo.[3]

Carolyn expressa um entendimento limitado do que significa ser cristão. E essa impressão dela é compartilhada por muita gente. A versão do cristianismo dela não exclui a homossexualidade; exclui a homofobia! Brian, um amigo meu bombeiro, por exemplo, xingou os escoteiros. Tirou o seu filho dos escoteiros, esbravejando: "Eles são homofóbicos, e que um raio me parta se eu deixar meu filho em contato com esse tipo de *&$* intolerantes!".

Quer percebamos, quer não, o assunto da homossexualidade pode estar escondido por trás de muitas conversas evangelísticas. Se aqueles com quem estamos conversando não são gays, eles têm algum parente, amigo, colega de trabalho ou vizinho que é, e se recusam a ser hostis com essas pessoas. Eles nem sequer vão levar em consideração a nossa fé se acham que ela os vai transformar em fanáticos e intolerantes.

A HOMOSSEXUALIDADE E A BÍBLIA

Precisamos construir o fundamento da nossa convicção acerca da homossexualidade sobre a Bíblia, não nos esquecendo de refletir em 1Coríntios 6.9-11. A igreja de Corinto foi uma das igrejas mais

---

[3]Carolyn Hax, "Tell me about it", *The Washington Post*, 21 July 2002, sec. F, p. 1.

caóticas que já existiram — desunião do tipo mais mesquinho, sensualidade do tipo mais pervertido e mal-entendidos a respeito do evangelho. Paulo escreveu aos coríntios:

> Vocês não sabem que os iníquos não herdarão o reino de Deus? Não se deixem enganar: nem os que praticam imoralidade sexual, nem idólatras, nem adúlteros, nem homens prostitutos, nem transgressores homossexuais, nem ladrões, nem avarentos, nem bêbados, nem caluniadores, nem trapaceiros herdarão o reino de Deus. Alguns de vocês eram assim. Mas vocês foram lavados, foram santificados, foram justificados no nome do Senhor Jesus Cristo e pelo Espírito de nosso Deus (1Co 6.9-11).

Ao contrário do mantra "seja o que for/tanto faz" da nossa cultura relativista, esse texto declara que algumas atitudes são, sim, erradas. Embora as propagandas incessantes de cerveja façam a vida repleta de álcool parecer divertida e atraente, Deus ainda considera a embriaguez ruim. Embora a imoralidade sexual seja tolerada e até celebrada e elogiada em Hollywood e outros lugares, Deus ainda considera a promiscuidade ruim. E, como os escândalos de Wall Street deixam claro, a fraude, o roubo e ganância não estão isentos de suas trágicas consequências.

Entre as atitudes que a Bíblia diz que são erradas está a conduta homossexual. Os termos usados no versículo 9 ("nem homens prostitutos, nem transgressores homossexuais") são bem explícitos na língua original. Referem-se aos mesmos atos sexuais em geral praticados hoje na comunidade gay. O dr. Jeffrey Satinover, no excelente livro *Homosexuality and the politics of truth* [A homossexualidade e as políticas da verdade], apresenta uma percepção estatística e médica da prevalência e dos riscos de saúde das atividades homossexuais.[4]

---

[4]Jeffrey Satinover, *Homosexuality and the politics of truth* (Grand Rapids: Baker, 1996), p. 49-70.

É preciso notar que *atividades* é um termo-chave. A escolha de palavras na passagem de 1Coríntios citada anteriormente enfatiza as *condutas* de uma pessoa, e não a sua identidade. Em outras palavras, esses versículos alegam que ter atração por alguém do mesmo sexo é apenas uma tentação; ceder a ela é o pecado.

Tendo em vista que a interpretação das palavras é uma questão de peso significativo, os líderes do movimento ex-gay ressaltam a importância da terminologia. Certo diretor de um ministério ex-gay parou de usar a palavra *homossexual* como substantivo. Ele agora a emprega apenas como adjetivo — referindo-se a condutas ou tentações, e não à identidade de uma pessoa. A maioria dos participantes do movimento ex-gay também evita a palavra *gay*. Eles a consideram um termo habilidoso de propaganda que serviu muito bem ao movimento pró-homossexual. Ele soa divertido e inofensivo, e tem uma conotação bem diferente de *homossexual*. Cada vez mais os autores que tratam da questão da homossexualidade falam de "pessoas com atração pelo mesmo sexo" (SSA – iniciais do inglês *same-sex attraction*). Essas três letras estão sendo úteis nos grupos de apoio e estão ajudando as pessoas a "sair de" sua conduta homossexual. Seria bom nós adotarmos esse vocabulário.

Também devemos refletir sobre o termo *homofóbico*. Assim como o termo *gay*, ele também é útil para o movimento pró-gay. Ele estigmatiza alguém que se recusa a seguir os outros e concordar com o sentimento predominante de que "gay é ok". "Você não é homofóbico, é?" tem o mesmo efeito final que "Você parou de chutar o seu cachorro?". Alguém que tem uma "fobia" tem um problema, algo que precisa ser curado. Por isso, quando alguém nos pergunta se somos homofóbicos, podemos sacudir os pensamentos dele respondendo: "Não tenho medo *de* homossexuais, mas temo *por* eles". Nossa explicação pode levar um pouco de luz a um tema que normalmente gera apenas fúria.

Também não devemos passar os olhos rapidamente pela lista de condutas "iníquas" nesses versículos. Observe que a conduta homossexual é apenas parte de uma lista — uma lista que contém condutas com que muitos de nós, independentemente da nossa orientação sexual, lutamos diariamente. Meu nome e o seu estão ligados a quase todas elas. De certo modo, a conduta homossexual não é melhor nem pior do que a ganância.

A lista de transgressores de 1Coríntios, por exemplo, contém os "idólatras". Que termo estranho de usar no século 21! A noção de se curvar diante uma estátua e oferecer nossa devoção parece bem estranha. Será? A sexualidade não se tornou um deus para nós? Não fazemos sacrifícios por ela, não fixamos nossas afeições nela, não a temos em alta estima (mais alta do que devemos!), não a adoramos?

Perceber a idolatria do nosso coração traz à luz sua natureza degenerativa. Quando fixamos nossas afeições em algo que não pode satisfazer, exigindo disso o que somente Deus pode fornecer, perdemos a glória de ser plenamente humanos. Se isso parece exagerado, observe a progressão descendente apresentada em Romanos 1.21-32. As repetições triplas de "trocaram" e "Deus os entregou" traçam um gráfico da relação entre a idolatria e o pecado sexual (do qual a homossexualidade é apenas uma parte).

Os motivos para alegrar-se, no entanto, são abundantes. Observe que a qualidade mais notável atribuída a *todos* aqueles mencionados em 1Coríntios 6 é que *todos* eles podem ser "lavados", "santificados" e "justificados" "em nome do Senhor Jesus Cristo e pelo Espírito de nosso Deus". Devemos entoar as palavras "alguns de [*nós* éramos] assim" como um refrão de louvor repetido sempre que nos reunirmos para adorar ao nosso Deus cheio de graça. Nenhuma outra declaração nas Escrituras transmite tanta esperança e otimismo — ou proclama com mais clareza o solo firme ao pé da cruz.

Tratar de questões sobre homossexualidade, portanto, requer um exame dolorosamente sincero de nosso próprio coração. A humildade que deve resultar desse exame pode nos tornar porta-vozes mais atraentes de nossa mensagem de graça e cura.

HOMOSSEXUALIDADE E JULGAMENTO

Agora estamos preparados. Sabendo como homossexualidade se relaciona com a evangelização e como, no contexto, a Bíblia trata da homossexualidade, podemos abordar Mateus 7.1 com uma perspectiva apropriada. Muita gente entende que o versículo "não julguem" significa que ninguém jamais deve dizer a ninguém que está errado. Julgar, de acordo com essa interpretação, significa qualquer tipo de avaliação negativa. Não se deve dizer a ninguém que o estilo de vida dele é pecaminoso ou perigoso porque Jesus nos disse: "não julguem".

Mas será que é isso mesmo o que Jesus quis dizer? Observe que nesse exato contexto ele nos advertiu que tenhamos senso crítico: "Cuidado com os falsos profetas, que vêm a vocês em pele de ovelha" (v. 15, KJV). Jesus também usou termos fortes quando nos chamou a atenção para não "lançar aos porcos as [nossas] pérolas" (v. 6, KJV). Como ser obedientes a esses mandamentos ou como identificar os "falsos profetas" ou os "porcos" sem fazer algum tipo de avaliação negativa? "Não julguem" deve significar outra coisa. Caso contrário, o próprio Jesus — que expulsou pessoas do templo, ordenou a uma mulher adúltera: "não peques mais" e chamou outros de "sepulcros caiados" — teria sido o maior violador de sua própria admoestação.

O que, então, Jesus quis dizer? A resposta está na tradução. A palavra que Jesus usou traduzida por "julgar" tem a conotação de "condenar" na língua original do Novo Testamento. Retrata um espírito de hostilidade que ninguém jamais deve manifestar a ninguém. É possível corrigir alguém ou expressar preocupação e amor para com essa pessoa sem julgá-la, condená-la ou rebaixá-la. Jesus nos disse que não interagíssemos com as pessoas desse jeito porque, se assim fizermos, vamos receber o mesmo tipo de tratamento.

D. Martyn Lloyd-Jones dá essa interpretação no seu comentário ao Sermão do Monte. "Que espírito é esse que condena?", escreveu. "É o espírito farisaico de justiça própria. O eu está sempre por trás desse espírito, que sempre é uma manifestação de justiça própria, o senso de superioridade, de que estamos certos e os outros não."[5]

Portanto, não é julgar dizer ao seu amigo homossexual que você acha que as atitudes dele não são boas — mesmo que pareçam naturais. Não é julgar dizer à sua amiga lésbica que você quer o melhor para ela —não simplesmente que ela encontre a mulher certa. Não é hipócrita abraçar seu amigo que sofre conflito constante ao mesmo tempo que lhe conta de pessoas que deixaram a homossexualidade.

Quando você diz coisas como: "Deus odeia bichas", certamente você *está, sim, julgando*. É isso o que o dito "reverendo" Fred Phelps faz no seu site. (Não é surpresa nenhuma que, exatamente como Mateus 7.2 prevê, algumas pessoas tenham usado seus blogs para reagir: "Deus odeia Fred Phelps".)

Entender a definição correta da palavra *julgar*, portanto, é a primeira chave para solucionar essa passagem. A segunda chave é continuar lendo as palavras de Jesus até o fim do versículo 5. Muitos nos diriam para parar de ler depois de: "Hipócrita, tire primeiro a viga do seu olho". Ponto final. Mas Jesus tinha a absoluta intenção de que fossemos adiante — "e então verá claramente para tirar o cisco do olho do seu irmão".

---

[5] D. Martyn Lloyd-Jones, *Studies in the Sermon on the Mount* (Grand Rapids: Eerdmans, 1960), 2:167 [edição em português: *Estudos no Sermão do Monte* (São José dos Campos: Fiel, 1984)].

OBSTÁCULOS QUE DEVEMOS SUPERAR

É de suma importância observar as duas metades da tarefa. Em primeiro lugar, remover a viga dos *nossos* olhos. Em seguida, ajudá-los a tirar os ciscos dos olhos *deles*. Podemos fazer as duas coisas se identificarmos as vigas e os ciscos mais comuns.

Alguns de nós temos a viga da superioridade. Achamos que o pecado da conduta homossexual é pior do que qualquer um dos pecados com que lutamos. Quando falamos sobre a homossexualidade, usamos vocabulário e tom de voz diferentes dos que usamos para falar sobre "a tragédia do divórcio", "as circunstâncias lamentáveis de uma gravidez indesejada" ou "a luta com o vício da pornografia".

Um exemplo da viga da superioridade talvez seja a atitude de uma grande denominação que recentemente se recusou a permitir que dois representantes participassem da sua convenção. Ao contrário de todas as convenções anteriores, a participação dessa foi restrita. Naquele ano, dois representantes (de esperados catorze mil participantes) foram barrados porque a congregação local deles permitira que gays servissem como diáconos. Essa mesma denominação, no entanto, não teve nenhum problema em permitir a participação de representantes de igrejas segregacionistas. Isso mesmo. Mais de cem anos depois da Guerra Civil, algumas igrejas evangélicas crentes na Bíblia ainda separam adoradores negros de adoradores brancos. Ao que lhes parece, o racismo é um pecado menor do que a conduta homossexual.

Alguns de nós temos a viga da negação. Não chamamos os nossos pecados de luxúria e imoralidade do nome pelo qual Deus os chama — "idolatria" (veja Cl 3.5). Nós os chamamos de "escorregadelas" ou "apenas naturais", ou os desculpamos como se fossem inevitáveis.

Não muito tempo atrás, eu e um amigo cristão estávamos assistindo à TV juntos quando apareceu um comercial da Victoria's Secret.

O entusiasmo dele pelos produtos da marca foi constrangedor — sobretudo porque meu filho e o dele, ambos adolescentes, estavam na sala. Duvido que ele teria ficado tão empolgado se um homem gay na sala tivesse reagido com comentários lascivos semelhantes sobre os homens dos comerciais de jeans da Calvin Klein. Alguns de nós achamos que a luxúria heterossexual é entretenimento para homens, ao passo que a luxúria gay é uma abominação. Deus, no entanto, considera ambas idolatria.

Alguns de nós temos a viga do ódio. Se formos sinceros, reconheceremos que sentimos desprezo pelos gays. Ficamos com raiva porque eles estão ganhando a batalha pelo currículo de nossas escolas, pela representação favorável na televisão e por vitórias legislativas nos tribunais. Muitos de nós que jamais pronunciaríamos um insulto racial facilmente passamos a despejar termos como *bicha*, *veado* e *sapatão*. Repetimos sem pensar o chavão: "Odeie o pecado, mas ame o pecador". Contudo, um exame sério de nosso coração talvez revele que, na verdade, odiamos os dois.

Alguns de nós precisamos remover a viga do medo. Não confiamos de fato em que o reino de Deus possa resistir ao pecado da conduta homossexual. Ficamos com medo porque duvidamos que "maior é Aquele que está em nós do que o que está no mundo". Por isso, entramos em pânico, gritamos e odiamos, porque nossa confiança no Deus soberano é imperfeita. Nossa homofobia (no sentido mais literal do termo) tem origem na insegurança teológica.

A viga da incredulidade nos faz duvidar de que a conduta homossexual possa ser mudada. Mas *todos* os pecadores mencionados em 1Coríntios 6.9,10 (os que praticam imoralidade sexual, os idólatras, os adúlteros, os prostitutos masculinos, os transgressores homossexuais, os ladrões, os gananciosos, os bêbados, os caluniadores e os trapaceiros) estão incluídos no lembrete de Paulo — "alguns de vocês *eram* assim" (v. 11, grifo do autor).

É bem verdade que a mudança é difícil. Para algumas pessoas, é uma luta durante a vida inteira e com pouco progresso. O dr. Satinover conta que os índices de êxito de alguns ministérios ex-gay não passam de 50%. No entanto, ele também observa — e com documentação — que os Alcoólicos Anônimos (AA) relataram índices de êxito não maiores do que 30%.[6] Poucos, se é que alguém, diriam que os AA deveriam fechar as portas porque 70% dos participantes do programa tiveram recaídas.

Alguns de nós temos a viga do coração frio. Não sentimos nenhuma compaixão pelos que têm SSA. "A Bíblia é clara", argumentamos, "a homossexualidade é uma perversão, e ponto final". Mas dizer a um rapaz ou a uma moça que o melhor de Deus para eles é a vida inteira de celibato e negação de sentimentos que parecem tão naturais, e dizer-lhes isso sem o menor senso de compaixão, é terrível. Essa frieza denuncia escandalosamente nossa necessidade de purificação e mudança.

Do mesmo modo, dizer a alguém: "Esse estilo de vida é uma escolha" não somente é falso, mas também cruel. Conheço pessoalmente vários homens e mulheres cristãos que lutam com a SSA. Sem exceção, todos eles me disseram, com lágrimas nos olhos, que teriam escolhido qualquer outra coisa, menos a homossexualidade.

Sem dúvida devemos encorajar nossos amigos que lutam com a conduta homossexual a entrar em contato com ministérios ex-gays. Deus tem usado extraordinariamente esses trabalhos. Mas esse processo de cura nunca é fácil, e não devemos nos atrever a prometer curas fáceis. Alguns ficaram decepcionados com seu grau de cura e declararam ser "ex-ex-gays".

Para muitos, falta ao processo de cura um ingrediente essencial. Os que estão lutando com esse pecado precisam ter amizade com cristãos heterossexuais que orem com eles, os aceitem e os abracem,

---

[6]Satinover, *Homosexuality and the politics of truth*, p. 170, 186, 196-209.

mesmo que tenham recaídas ao longo do caminho. Isso exige, por parte de quem vai ajudar, um coração contrito e consciente de sua própria imperfeição sexual, não um coração frio pronto para atirar a primeira pedra.

É bem possível que a pior viga seja a relutância em sequer falar sobre o comportamento homossexual. O tema é simplesmente tabu em muitas igrejas. Seja porque é repulsivo demais para os crentes dos bancos de igreja (veja a viga da superioridade mencionada antes), seja porque é perigoso demais para pastores que procuram o crescimento da igreja, seja por qualquer outra desculpa, nosso silêncio é incapacidade de demonstrar o poder do evangelho.

Há mais de trinta anos, Francis Schaeffer citou as palavras a seguir, de Martinho Lutero. É de perguntar como esses dois homens reagiriam à comunidade gay de hoje.

> Se eu proferir com a voz mais alta e a exposição mais clara cada parte da verdade de Deus exceto precisamente aquele pequeno ponto que o mundo e o Diabo estão atacando neste momento, não estou confessando a Cristo, por mais ousadia que possa demonstrar ao professar a Cristo. Onde a batalha é mais violenta, aí se mostra a lealdade do soldado; permanecer inabalável em todo o campo de batalha é mera fuga e desgraça se ele recuar nesse ponto.[7]

Essa última viga mencionada há pouco talvez seja a pior, pois ela cria um ambiente de silêncio e segredo — duas das ferramentas preferidas do Diabo. Como as pessoas podem confessar lutas que nem sequer podem ser mencionadas? Se é preciso quebrar o silêncio, os pastores precisam dar o exemplo, pregando sobre a homossexualidade compassivamente e com preocupação. Podem incluir a luta com

---

[7] Francis A. Schaeffer, *The complete works of Francis A. Schaeffer: a Christian worldview* (Westchester: Crossway Books, 1982), vol. 1: *A Christian view of philosophy and culture*, p. 11.

esse pecado entre outras lutas, como ilustrações, em sermões sobre outros temas. Se Paulo incluiu a homossexualidade e a ganância na mesma ilustração, nós também podemos (veja 1Co 6.9).

Só depois de ter removido as vigas poderemos ser suficientemente quebrantados e humildes, sinceros e generosos para ajudar nosso amigo com o cisco no olho. Apesar da aceitação e mesmo da celebração da homossexualidade em nossa sociedade, os ciscos precisam, *sim*, ser removidos. Se de fato amamos nosso próximo como a nós mesmos, não podemos simplesmente deixá-lo de lado.

OBSTÁCULOS QUE ELES DEVEM SUPERAR

Talvez seja melhor aprender sobre a vida gay com pessoas que aconselharam homens e mulheres a deixarem essa conduta ou que foram libertas elas mesmas desse modo de viver.

A psicóloga Elizabeth Moberly em geral é citada por suas ideias perspicazes fundamentais expressas no livro *Homosexuality: a new Christian ethic* [Homossexualidade: uma nova ética cristã]. Ela afirma que "a condição homossexual é a de ambivalência em relação ao mesmo sexo, não somente de amor entre pessoas do mesmo sexo".[8] Cunhando o termo *indiferença defensiva*, ela abriu o caminho para que terapeutas ajudassem pessoas a irem à raiz do seu problema.

Aqueles que saíram do modo de vida gay e encontraram saúde, completude e, em alguns casos, um casamento heterossexual sexualmente satisfatório, são testemunhos poderosos, que não podem ser ignorados. A história deles pode ser fonte de esperança para homossexuais que estão buscando cura.

O livro de Joe Dallas intitulado *A strong delusion* [Uma forte desilusão] conta de sua liderança na Metropolitan Community Church (uma denominação pró-gay) e sua posterior saída dessa

---

[8]Elizabeth Moberly, *Homosexuality: a new Christian ethic* (Cambridge: James Clarke and Co., 1983), p. 17.

denominação. Entre os elementos inerentes à homossexualidade, afirma, estão "problemas profundos de intimidade", falta de "confiança diante de Deus e da paz que dela resulta" e a idolatria que põe a "satisfação" acima da verdade e de qualquer outra coisa.[9] Os diálogos que ele cita como exemplos ao longo do livro respondem à teologia pró-gay e trazem à luz a profundidade de suas racionalizações e comprometimentos.

Ouvir dos que deixaram a conduta homossexual é aprender sobre um mundo muito diferente daquele pintado pelos personagens gays da televisão. Para algumas pessoas, entrelaçados com a homossexualidade estão a raiva (de Deus, dos pais ou daqueles que abusaram sexualmente delas), a depressão, vícios e comportamentos compulsivos. Elas contam sobre as dificuldades com a intimidade — dificuldades que nunca melhoram enquanto não se trata da causa que as produziu.

Não é de simples "tolerância" que os nossos amigos e parentes homossexuais precisam. Eles precisam de amor, compaixão e um ouvido disposto a escutar. Eles também precisam saber que queremos para eles uma vida muito melhor do que o mundo gay pode lhes oferecer.

PRINCÍPIOS SUBJACENTES

A esta altura, você talvez pergunte: "O que devo dizer?", ou: "Que palavras devo usar para me comunicar com meu vizinho gay, meu colega de trabalho que tem um irmão gay ou qualquer um que me ache homofóbico?".

Antes de praticar o diálogo, temos de entender alguns princípios subjacentes que talvez nunca se expressem, mas que servem de alicerce das nossas palavras.

---

[9] Joe Dallas, *A strong delusion: confronting the "gay Christian" movement* (Eugene: Harvest House, 1996), p. 224-6.

Em primeiro lugar, temos de aceitar que Deus (e somente Deus) tem o direito de dizer o que é certo e o que é errado. Ele é o nosso Criador e, como tal, tem autoridade para nos dizer com quem devemos dormir e o que fazer com o nosso corpo. Relacionar-se com Deus implica a submissão da nossa vontade ao senhorio soberano dele. Enquanto defendermos a nossa autonomia sexual como o valor máximo de nossa vida, continuaremos separados do reino majestoso e redentor de Deus. Uma das tragédias da mentalidade gay é a insistência de que "ser gay" é o ponto de partida inquestionável de toda a discussão. Para os gays confirmados, a essência de sua pessoalidade é a sexualidade, e não o que significa ser humano — isto é, ser portador da imagem de Deus. As igrejas gays que insistem não haver nenhum conflito entre ser gay e ser cristão não observam essa primazia de "ser gay" acima de "ser criatura". Ao fazer isso, distorcem o evangelho — ou apresentam algo que de modo algum é evangelho.

Em segundo lugar, temos de entender por que o sexo é assim tão importante. Diferentemente de qualquer outro aspecto da vida, o sexo é prazeroso e ao mesmo tempo profundo. Deus nos deu muitas experiências prazerosas — por exemplo, contemplar a beleza de um campo florido, sentir a brisa fresca nos cabelos, sentir o gosto dos temperos em uma refeição bem preparada, ouvir as complexidades e as simplicidades de uma sinfonia e mais um milhão de outros prazeres, todos dádivas graciosas de um Deus criador e criativo, amoroso e criador do prazer.

Ele também prescreveu coisas que têm significado profundo para nós. A celebração da ceia do Senhor traduz um mistério que não se pode exprimir com simples palavras. O batismo é igualmente significativo para nós. A adoração nos transforma de um modo incomparável. Cerimônias como casamento ou funeral sublinham as realidades transcendentes por trás de experiências terrenas. Mas nenhuma das experiências prazerosas que mencionei é tão profunda quanto o sexo, e nenhuma das experiências profundas é tão prazerosa quanto o sexo.

De modo singular, o sexo talvez seja a maior dádiva de Deus a nós (afora a dádiva da vida, a base sobre a qual todas as outras dádivas são recebidas, e da dádiva da salvação, a base sobre a qual todas as experiências são redimidas). O sexo envolve de modo singular a totalidade do nosso ser — físico, espiritual, emocional e intelectual. É incomparável tanto no aspecto do prazer quanto em profundidade.

Não admira que nos cative tanto o coração.

Não admira também que o Diabo queira tanto distorcê-lo! A relação sexual tem o poder de unir duas pessoas no nível mais profundo e ocorre no contexto do matrimônio sagrado, a instituição que encarna o amor de Cristo pela igreja. Não é nenhuma surpresa, portanto, que o inimigo de Deus (e nosso!) queira distorcer tal dádiva. Os objetivos do Inimigo são fazer do sexo um mero ato físico, sem nenhuma profundidade; um ato doloroso, que recorda o abuso; um ato cômico, que o reduz a piadas grosseiras; ou um ato de escravidão, que transforma pessoas em dependentes ou idólatras. Suas táticas são aparentemente inumeráveis!

Em terceiro lugar, temos de lembrar que desobedecer aos mandamentos de Deus produz escravidão, não liberdade. A serpente disse no jardim: "Vós sereis como deuses" (Gn 3.5, KJV), mas Deus diz: "Certamente morrerás" (Gn 2.17, NASB). O poeta de Provérbios 29.18 expressou essa ideia desta forma: "Onde não há revelação, o povo rejeita a restrição; mas abençoado é aquele que obedece à lei!".

Revelação (uma tradução melhor do que "visão", como trazem a KJV e a NASB) é algo comunicado por Deus para ser o prumo, ou padrão, da verdade. É por isso que ela se liga a "lei", na segunda parte do versículo. Rejeitar a restrição (tradução melhor do que "perecer") acontece quando não existe nenhum padrão de certo e errado. Rejeitar a restrição é o que o povo fez ao pé do monte Sinai quando perdeu a esperança de que Moisés voltasse do encontro com Deus. Uma vez que Deus não estava falando com eles, os israelitas abandonaram toda a restrição e se entregaram à devassidão sem limites mencionada em Êxodo 32. (As palavras usadas nesse capítulo de Êxodo são idênticas às de Provérbios 29.18.)

O povo de Deus precisa entender que a desobediência gera escravidão, senão jamais entenderá por que nossa cultura continua em uma espiral descendente. Sem os limites das Escrituras, nosso coração pecaminoso foge das dádivas boas que Deus tem para nós, imaginando que as encontraremos por conta própria. Tentar fazer isso produz somente miséria.

Trabalhei durante um tempo na American University, em Washington, D.C. Essa universidade foi pioneira em aceitar a diversidade sexual no campus. Enquanto outros campi criavam grupos com nomes como "Aliança dos Alunos Gays", a American University já estava em "Aliança de Gays, Lésbicas e Bissexuais". Quando outros campi se igualaram no "GLB", a American University acrescentou o *T* de "transexuais". Por fim, percebendo que a lista poderia crescer indefinidamente, eles escolheram o termo bem inclusivo "Organização das Minorias Sexuais".

Procurei o diretor do Centro de Recursos para as Minorias Sexuais, uma organização financiada pelo orçamento principal da universidade e com sede em um grande escritório com duas equipes de funcionários de tempo integral.

— O centro seria suficientemente inclusivo — perguntei — para patrocinar uma organização estudantil de pedófilos, caso alguns alunos queiram?

Ele parou um instante e me respondeu:

— Vou pensar nisso. Depois lhe dou um retorno.

Esse retorno jamais chegou.

Ao contrário de como o pecado promove seu comércio, o abandono da restrição não é agradável. A poesia hebraica de Provérbios 29.18, na verdade, opõe "rejeita a restrição" a "abençoado". Decidir viver dentro dos limites dos preceitos de Deus não é viver enclausurado; libertar-se da lei de Deus não é libertador. Em outras palavras, um pilar da visão de mundo cristã sobre a sexualidade é que ser "gay" na verdade não é "tudo bem". Mesmo que nossa cultura a abrace plenamente e remova dela todo e qualquer estigma social, a conduta homossexual nunca será saudável nem boa para quem se entrega a ela nem para a sociedade que a promove.

A comunidade gay fez um trabalho incrível de negar essa verdade propagando duas ficções relacionadas. A primeira minimiza a natureza anormal dos relacionamentos homossexuais. A segunda exagera a natureza anormal dos relacionamentos heterossexuais.

As tentativas de glorificar "heróis gays" parecem a princípio amparar a causa pró-gay, mas uma observação mais atenta dos seus problemas cumpre exatamente o oposto.

Quando Anne Heche e Ellen Degeneres eram um casal de lésbicas, por exemplo, a comunidade gay as exaltou como garotas-propaganda. Quando terminaram o relacionamento, expondo alguns aspectos relacionais extremamente doentios, elas perderam o status de garotas-propaganda. Quando Heche revelou sua instabilidade mental em sua autobiografia, *Call me crazy* [Chame-me de louca],[10] a comunidade gay tentou se distanciar desse constrangimento. Quando Heche casou-se com um homem, as pessoas ignoraram a questão da sexualidade dela completamente. Será que seu comportamento lésbico não estaria relacionado a outros problemas?

Quando o filme *Uma mente brilhante* ocupou as manchetes por receber o Oscar na categoria produção, a comunidade gay manifestou sua indignação porque o filme havia ignorado a homossexualidade de John Nash. A revista gay *The Advocate* publicou um artigo intitulado *A beautiful minefield* [Um campo minado brilhante], afirmando

---

[10] Anne Heche, *Call me crazy* (New York: Scribners, 2001).

que Hollywood estava com medo da verdade.[11] Nesse caso, porém, a verdade é algo que a comunidade gay talvez temesse. Os encontros homossexuais de John Nash eram sintomas da sua instabilidade mental extrema, evidências do abuso sexual que sofreu e demonstrações do desespero de um homem profundamente perturbado.

A autora da biografia dele, Sylvia Nasar, que não hesitou em relatar essas escapadas, considerava-as parte dos problemas dele que precisavam de cura, não parte da sua identidade que precisava ser promovida. Em uma entrevista, ela afirmou: "Nash teve alguns relacionamentos emocionalmente intensos com outros homens quando tinha uns vinte e poucos anos de idade. Na homofóbica e macarthista década de 1950 do último século, isso o tornava vulnerável. Mas ele não era gay. Ninguém que o conhecia achava que ele era gay. A biografia nunca o descreveu como gay".[12]

Dizer que todos os casamentos e relacionamentos heterossexuais são problemáticos coopera com a primeira distorção. Se todos têm relacionamentos doentios e emocionalmente dependentes, quem tem o direito de declarar que uma situação caótica é melhor do que a outra? Isso é simplesmente incorreto e sem sentido. Algumas coisas são ruins e prejudiciais e precisam ser corrigidas e sanadas. Como seguidores de Cristo, temos de alcançar com amor essas pessoas e lhe dizer coisas que, embora pareçam politicamente incorretas, têm o poder de gerar cura e esperança.

TIPOS DIFERENTES DE PESSOAS — TIPOS DIFERENTES DE PERGUNTAS

Nenhum tema exige tanto as virtudes gêmeas da sabedoria e compaixão quanto a homossexualidade. Contentar-se com vitórias

---

[11]Michael Giltz, "A beautiful minefield", *The Advocate*, 2 April 2002, p. 38-47.
[12]Entrevista com Sylvia Nasar, Maximum Crowe, 2001, 2002, disponível em: www.geocities.com/Hollywood/Cinema/1501/beautifulmind/sylvianasar.html.

parciais é mais necessário neste caso do que na maioria das conversas evangelísticas. Considerando o calor das emoções que o tema da homossexualidade gera e o condicionamento à "tolerância" que nossa sociedade recebeu, seria sábio fazermos perguntas que plantem as sementes da dúvida. Em seguida, com oração, podemos esperar para continuar a conversa outras vezes. Ainda assim, a perspectiva cristã sobre o sexo sempre foi visão de uma minoria e muito sujeita ao ridículo. Precisamos ter expectativas realistas.

Ao conversar com pessoas heterossexuais simpatizantes da causa gay, podemos contestar a acusação de que somos homofóbicos com perguntas como estas:

- "Você já ouviu alguma vez uma opinião sobre a homossexualidade que não seja pró-gay nem homofóbica?"
- "Você já conheceu alguém que abandonou o modo de vida gay?"
- "Você acha que alguém pode deixar de ser heterossexual e se tornar gay? E o contrário?"
- "O que significa *homofóbico*? Será que não é possível alguém achar que homossexualidade não é bom, mas ao mesmo tempo não ser 'fóbico'?"
- "Será que não é possível que a homossexualidade não seja algo tão bom quanto é retratado?"
- "Você sabe por que a Associação de Psiquiatria Americana mudou suas opiniões sobre a homossexualidade?"[13]

Quando prevemos as perguntas de quem tem SSA, podemos deparar com quatro situações: não cristãos que estão contentes com sua sexualidade, não cristãos que não estão contentes com ela,

---

[13]Joe Dallas, *A strong delusion: confronting the "gay Christian" movement* (Eugene: Harvest House, 1996), p. 69-82, 121-5.

cristãos que não veem nenhum conflito entre ser gay e cristão, e cristãos que querem mudar.

Com nossos amigos gays não cristãos, devemos conduzir o diálogo para o evangelho e desviar do assunto sexo. O ponto de partida da conversa é o mesmo que para qualquer outra pessoa.

- "Você já pensou bastante sobre assuntos espirituais?"
- "Na sua jornada espiritual, você já chegou a ponto de ter certeza de que terá vida eterna?"
- "Você já se perguntou sobre a vida após a morte?"

Se o assunto da homossexualidade surgir, e quando surgir, entre suas perguntas pode haver estas:

- "Você alguma vez já soube de pessoas cuja orientação sexual mudou?"
- "Você está aberto a ouvir sobre outros pontos de vista a respeito de ser gay?"
- "Posso lhe contar sobre uma pessoa que resolveu sua homossexualidade e seu cristianismo de um modo que você talvez ache interessante?"
- "Você acha que algumas coisas talvez sejam mais importantes do que sua identidade sexual?"

Para os não cristãos que ainda não assumiram a própria homossexualidade, podemos dizer o seguinte:

- "Talvez haja outro meio de lidar com isso que não o que a revista *OUT* e outras para o público gay lhe sugerem."
- "Sei que isso talvez pareça ridículo, mas algumas pessoas saíram da homossexualidade e encontraram um jeito muito melhor de se relacionar com pessoas do mesmo sexo."

- "Como você se sente em relação à sua orientação sexual?"
- "Eu vi algumas mudanças extraordinárias na minha vida por causa da minha fé em Cristo. Houve mudanças na minha sexualidade. Você estaria interessado em ouvir sobre isso?"

Para o gay cristão, a questão é muito mais complexa. Uma teia emaranhada de conduta, teologia e até de política é um oponente difícil de enfrentar. *A strong delusion*, livro de Joe Dallas que já mencionei antes, tem exemplos de diálogos mais úteis do que tudo o que eu possa apresentar aqui. Um bom ponto de partida pode ser apenas: "Talvez haja outro modo de lidar com essas atrações", ou: "Você tem certeza de que ouviu com atenção e imparcialidade a ambos os lados dessa história?".

Para o cristão que tem SSA, uma amizade de longa data com alguém que não luta com a SSA tem um poder muito mais forte do que palavras. Um abraço é transformador. Contudo, podem-se dizer palavras como as seguintes:

- "Quero ser seu amigo haja o que houver."
- "Não vou parar de me importar com você."
- "Eu quero de verdade só o melhor para você — não apenas o que seja mais natural."
- "Você já teve notícia de outros cristãos que têm a mesma luta que você?"
- "Você já ouviu falar de ministérios ex-gay?"
- "Você estaria disposto a orar comigo sobre essa sua luta?"

Um ano inteiro depois de nossa conversa com nosso amigo Jim sobre sua "saída do armário", ele retornou uma de nossas ligações. Ele tinha assistido a um programa da Oprah que apresentava "ex-gays" e "ex-ex-gays". O primeiro grupo era amável, seguro e sossegado. O segundo era barulhento, nervoso e defensivo. O momento para

Jim era importante — mais um relacionamento havia terminado mal, e seus amigos gays estavam lutando com depressão, dependência de álcool e drogas e tendências suicidas. Ele estava pronto para começar a ler um livro que nós tínhamos enviado para ele. Estava confuso e precisava de ajuda.

Os dez anos seguintes foram tempos difíceis, com recaídas, dúvidas, grupos de apoio, terapia individual, conferências, muitos livros e ainda mais oração. Não faz muito tempo, ele se casou com uma mulher que também é uma feliz recebedora da graça que transforma e já é um vaso extraordinário de comunicação dessa graça. A igreja deles tem sido um local incomum de refúgio não somente para eles, mas também para muitos outros.

A história de Jim é uma de muitas. Há tantos problemas difíceis quanto pessoas que lutam com eles. Saber o que responder a cada uma delas exige conhecimento, oração, sensibilidade e compaixão. Se demonstrarmos esses traços, talvez consigamos encaminhar as pessoas para João 3.16.

Guia de estudo

As perguntas a seguir se destinam a discussão e aplicação em pequenos grupos.

1. Quais "vigas" você deveria remover da sua vida?
2. Que influências moldaram sua visão da homossexualidade?
3. Você já teve alguma conversa sobre a homossexualidade com alguém que luta com essa conduta ou a adota?
4. Em que medida você se sente à vontade para discutir o tema da homossexualidade? Por que você acha que sente algum grau de incômodo?
5. Quais dos princípios fundamentais apresentados neste capítulo são os mais novos ou mais diferentes em relação ao seu modo de pensar?

Capítulo 9

O QUE HÁ DE TÃO BOM NO CASAMENTO?

Ah, as maravilhas de surfar pelos canais! Onde mais se pode migrar de uma demonstração culinária para um clipe musical, uma novela, um filme de médico — tudo isso em trinta segundos?!

Com centenas de canais para serem escolhidos, *surfar* pelos canais é muito melhor do que *assistir* a esses canais em qualquer dia da semana. Por que ficar em só um programa quando se pode experimentar um leque inteiro de entretenimento no decorrer de uma hora?

Certa noite, a ironia contida na amplitude desse espectro me atingiu com uma força impressionante. Enquanto eu surfava pelos canais, parei durante alguns minutos no programa popular *Elimidate*. Essa competição feita para a televisão funciona da seguinte maneira. Um rapaz e quatro moças se aventuram em um "encontro". (Metade dos programas começa com quatro mulheres e um homem.) No decorrer de cada segmento da noite, o homem elimina uma das mulheres. O programa termina com um homem e uma mulher nos braços um do outro, declarando a todos os espectadores, depois de uma única noite, que eles se amam.

O segmento curto a que assisti mostrava a primeira das quatro mulheres tentando "ganhar", impressionando o homem com técnicas de beijo elaboradas. O esquisito é que o momento tinha a esterilidade de uma experiência de laboratório. Quando o homem separou seus lábios dos da mulher, seu rosto atordoado exclamou um "Uau!" bem desajeitado!

Envergonhado de mim mesmo por me prolongar, apertei o botão de canais do controle. Apareceu *Nightline*. O destaque daquela noite documentava as provações de Mike e Louise Kurtz. Tendo sofrido queimaduras em mais de 70% do corpo no ataque do Onze de setembro ao Pentágono, Louise estava com uma aparência muito melhor do que da última vez que eu a havia visto.

O *Nightline* havia apresentado a primeira parte da história deles alguns meses antes, e aquilo foi, de fato, difícil de ver. O episódio seguinte foi só um pouquinho mais fácil de assistir até o fim sem manifestar nenhuma expressão de dor. Chorei no primeiro programa, quando Mike contou ao entrevistador: "Estamos casados há 31 anos e temos pelo menos outros 31 pela frente. Nós vamos conseguir passar por isso".

Chorei de novo hoje esta noite, quando a câmera deu um *close* no rosto de Mike enquanto ele levantava gentilmente a esposa e a deitava na cama. Depois de sair de sua quadragésima cirurgia de enxerto de pele, Louise estava cansada. Mike contraiu os lábios suavemente para beijar sua noiva — no topo da cabeça repleta de queimaduras cicatrizadas, um dos poucos lugares em que ela podia sentir um beijo como afeição, não como dor.

Percebendo que eu estava testemunhado um gesto tão belo, meu rosto pasmo e coberto de lágrimas murmurou um "Uau" muito apropriado.

ZAPEANDO PELO SEXO

Nosso mundo promove acesso ao amor e sexo pela simples ação de zapear do controle remoto. Por que ficar com um parceiro só quando se pode experimentar um leque inteiro de amantes ao longo de toda a vida?

Poucas pessoas verbalizariam sua filosofia desse jeito tão grosseiro, mas a cultura contemporânea promove essa perspectiva em praticamente todo filme, anúncio comercial e programa de televisão. Não somente no mundo do entretenimento, mas também em quase toda parte para onde olhamos, encontramos divórcios fáceis, pessoas que se relacionam sexualmente sem nenhum compromisso, promiscuidade, pornografia na internet e sexo com desconhecidos.

Em um mundo assim, nós proclamamos o evangelho, uma mensagem que se concentra no perdão e na reconciliação, mas também inclui a moral bíblica. Essa ética tem a ousadia de declarar: "Não adulterarás", "O leito conjugal deve ser imaculado" e "Foge das lascívias da juventude" (Êx 20.14; Hb 13.4, NASB; 2Tm 2.22, KJV).

Na evangelização, temos de responder não apenas às perguntas que as pessoas fazem com a boca, mas também àquelas que elas expressam no coração. Se ninguém de fato nos perguntou: "O que há de tão bom no casamento?", é provável que alguns considerem a monogamia um obstáculo ao cristianismo.

Se alguém já provou o fruto proibido da imoralidade, talvez já tenha sido transformado por seus poderes sedutores e talvez se pergunte por que ele já foi proibido. Mesmo que alguém não tenha sido promíscuo, não tenha cometido adultério nem ficado de olhos vermelhos de ficar na frente de um site pornográfico, muitas pessoas, se é que não a maioria delas, questionariam a moral antiquada da Bíblia. Tão somente citar versículos bíblicos para essas pessoas talvez não acabe com as dúvidas delas. Precisamos de outras respostas além de: "Você vai pegar uma doença", ou: "Você vai magoar seu parceiro se o trair (seja ele homem ou mulher!)".

Se o problema subjacente for a autonomia da pessoa ("Como alguém se atreve a me dizer com quem devo dormir?!"), temos de defender nossa mensagem, não apenas apontar um dedo para as Escrituras e outro para a cara delas. Nós mesmos temos de ter um entendimento sólido de *por que* a Bíblia condena a imoralidade sexual, o adultério e o divórcio. Enquanto não comunicarmos essa verdade, nossa defesa com textos bíblicos não será capaz de superar a dureza de coração resultante do pecado sexual.

O QUE HÁ DE TÃO RUIM NO ADULTÉRIO?

Quando lemos 1Coríntios 6.12-17 pela primeira vez, talvez nos perguntemos o que esses versículos significam e como eles se inserem no contexto.

> "Tudo me é permitido", mas nem tudo é proveitoso. "Tudo me é permitido", mas eu não deixarei que nada me domine. "O alimento é para o estômago, e o estômago é para o alimento", mas Deus destruirá ambos. O corpo não é destinado para a imoralidade sexual, mas para o Senhor, e o Senhor, para o corpo. Por seu poder, Deus ressuscitou o Senhor da morte e também nos ressuscitará. Vocês não sabem que os seus membros são membros do próprio Cristo? Tomarei eu os membros de Cristo e os unirei a uma prostituta? De maneira nenhuma! Vocês não sabem que quem que se une com uma prostituta é um só corpo com ela? Porque está escrito: "Os dois serão uma só carne". Mas quem se une com o Senhor é um só espírito com ele.

Em relação ao contexto, o que Paulo diz antes desses versículos é fácil de compreender. Os versículos 9-11 afirmam que determinadas condutas são erradas e impedem que quem as exerce entre no reino de Deus. Entre essas práticas há pecados sexuais de vários tipos. O que vem depois desse parágrafo, os versículos 18-20, também é relativamente fácil de entender: afastem-se o máximo possível do pecado sexual porque ele realmente os destruirá.

Mas o conteúdo entre esses dois trechos está sujeito a interpretações equivocadas, a aplicações equivocadas ou a ser completamente ignorado.

Parece que Paulo está citando alguns clichês comuns que os coríntios deviam estar ouvindo. É por isso que algumas traduções da Bíblia põem essas expressões entre aspas.

Paulo cita o dito popular: "Tudo me é permitido" e em seguida acrescenta seu comentário: "mas nem tudo é proveitoso". Ele repete a citação: "Tudo me é permitido", e acrescenta sua reflexão: "mas eu não deixarei que nada me domine" (v. 12).

Em outras palavras, os pecados são destrutivos e escravizantes, não importa quanto eles talvez sejam perdoáveis. (Paulo tinha acabado de dizer no versículo 11: "Alguns de vocês [referindo-se a uma lista inteira de pecadores] eram assim. Mas vocês foram lavados...".) Ele podia bem ter acrescentando: "Certamente, vocês serão perdoados desse pecado, mas não ficarão sem mancha."

A citação de Paulo de um segundo dito predominante é um pouco mais difícil de interpretar, mas não menos crucial. Ele contraria o lema: "O alimento é para o estômago, e o estômago é para o alimento", dizendo em seguida: "mas Deus destruirá ambos. O corpo não é destinado para a imoralidade sexual, mas para o Senhor, e o Senhor, para o corpo. Por seu poder, Deus ressuscitou da morte o Senhor e também nos ressuscitará" (v. 13,14). A cosmovisão naturalista nega qualquer componente espiritual de nossa vida. Somos meramente físicos. Somos apenas máquinas processadoras de alimento — simples estômagos. Por isso, "o alimento é para o estômago, e o estômago é para o alimento" é outro modo de dizer: "Nós não temos nada de eterno". Por conseguinte, portanto, o sexo não é nada além de um ato físico sem nenhum sentido moral, emocional ou espiritual.

Paulo não poderia ter sido mais vigoroso ao argumentar contra esse absurdo ao mostrar nossa suprema importância espiritual e eterna; fomos feitos pelo Senhor e para ele (veja v. 13). Nosso corpo físico e o alimento que ingerimos desaparecerão ("Deus destruirá ambos"), mas nossa natureza espiritual será ressuscitada dos mortos (isto é, durará para sempre) tão certamente quanto Deus ressuscitou Jesus dos mortos.

"Se vocês, coríntios, acreditam na ressurreição", ele apela, "também têm de acreditar na sacralidade do sexo".

A próxima linha de raciocínio de Paulo merece nosso pleno apreço. Depois de refutar a visão naturalista da humanidade, ele usa Gênesis 2.24 ("eles se tornarão uma só carne") notavelmente. Não apenas o sexo conjugal une marido e mulher indissoluvelmente, mas *qualquer* tipo de sexo tem o mesmo poder. Se o sexo casual, no nível de um homem ter relação sexual com uma prostituta, pode ser definido como "uma só carne" (como o v. 16 designa), então é impossível exagerar a natureza transformadora do sexo. A intimidade sexual tem imensa capacidade de unir.

É por isso que o adultério é chamado dessa forma. Alguém que se uniu sexualmente com seu marido ou com sua esposa e depois se une com outra pessoa *adultera* esse relacionamento sagrado. Esse ato introduz um elemento de "desintegração" em um relacionamento que antes era integrado, inteiro e puro.

Não é de admirar que Paulo prossiga com o mandamento sucinto: "Fujam da imoralidade sexual" (v. 18). Existe diferença qualitativa e empírica entre o pecado sexual e outras transgressões. "Todos os outros pecados que alguém comete, fora do corpo os comete; mas quem peca sexualmente peca contra seu próprio corpo" (v. 18).

Sem dúvida Paulo não quer dizer que outros pecados não têm nenhuma consequência física. A bebedeira apodrece o seu fígado. A gula aumenta o seu colesterol. A ansiedade aumenta a pressão sanguínea. A raiva descontrolada pode causar úlcera e coisas piores. Ele provavelmente quis dizer algo diferente de:

"Não seja promíscuo senão você vai pegar alguma doença sexualmente transmissível".

Com seu marco de referência judaico, Paulo usou a palavra "corpo" no sentido mais bíblico e completo. "Pecar contra seu próprio corpo" significa causar dano a toda a sua pessoa, em nível mais profundo do que qualquer doença física pode atingir. A cirrose da alma, por assim dizer, destrói mais em essência do que a cirrose do fígado. Como assim? Como observado no capítulo 7, o homem e a mulher foram criados à imagem de Deus. Um atributo dessa imagem é a intimidade. O envolvimento com a imoralidade sexual debilita essa qualidade da imagem de Deus e prejudica a intimidade da pessoa. É isso que é tão grave no adultério ou em qualquer relação sexual fora do casamento; isso desintegra as pessoas.

Tentei fazer meu amigo Steve perceber esse fato quando estávamos comendo pizza. Ele tinha acabado de me confessar:

— Não sou um cristão muito bom.

A autoavaliação dele era legítima, como ficava evidente por ele estar morando com uma mulher sem ser casado com ela.

Fiz o papel de advogado do Diabo e perguntei o que havia de errado nisso.

— A Bíblia diz que isso é errado, não diz? — ele arriscou entre duas dentadas.

— Sim — respondi. — Por que você acha que ela diz isso?

Ele ficou estupefato. Ele sinceramente não conseguia lembrar, descobrir, suspeitar nem sequer desconfiar por que o sexo fora dos laços do matrimônio viola os mandamentos de Deus. Quando expliquei a lógica por trás das admoestações de Paulo, ele se admirou de que, embora tivesse conhecimento do mandamento "Não adulterarás", ninguém jamais lhe tivesse revelado a lógica por trás dele. Acho que ele entendeu, pois fez que sim quando resumi:

— Fomos feitos para a intimidade. O sexo ou nutre essa intimidade ou a estraga.

DECLARAÇÕES PRÓ-CASAMENTO DE FONTES SURPREENDENTES

Algumas defesas positivas do casamento vieram recentemente de fontes surpreendentes.

Do mundo da academia, as sociólogas Linda J. Waite e Maggie Gallagher forneceram em *The case for marriage* [Defesa do casamento] evidências resultantes de pesquisas de que "as pessoas casadas são mais felizes, mais saudáveis e têm situação financeira melhor".[1]

De Cokie e Steve Roberts, personalidades de sucesso da mídia, veio o livro *From this day forward* [Desse dia em diante]. Em suas páginas, os autores confessaram: "Temos preconceito, sim. Somos grandes fãs do casamento e não pedimos desculpa por isso [...] O casamento ampliou nossa vida, não a limitou; abriu novas portas, não as fechou. Somos melhores pessoas juntas do que éramos separados".[2]

Mesmo nos escritos feministas, o casamento obtém um aceno afirmativo aqui e ali (embora muitas vezes cercado de justificativas). A romancista e jornalista Anne Roiphe disse no seu livro graciosamente intitulado *Married: a fine predicament* [Casamento: um agradável apuro]:

> O casamento pode responder a um problema humano melhor do que qualquer outra solução até agora conhecida. Ele pode aliviar nossa solidão. Pode nos dar companhia ao longo dos anos. Pode diminuir nosso egocentrismo e reduzir nossas faltas nos combinando com outra pessoa que tem necessidades e qualidades diferentes das nossas.[3]

---

[1] Linda J. Waite; Maggie Gallagher, *The case for marriage: why married people are happier, healthier, and better off financially* (New York: Doubleday, 2000).
[2] Cokie Roberts; Steven V. Roberts, *From this day forward* (New York: William Morrow and Co., 2000), p. vi.
[3] Anne Roiphe, *Married: a fine predicament* (New York: Basic Books, 2002), p. 277.

Meu apoio-surpresa preferido foi o de Billy Crystal! No seu sucesso de 1991, *City slickers* [Amigos, sempre amigos], o personagem de Crystal, Mitch, e seus dois amigos, Ed e Phil, embarcam em um período de férias terapêutico em meio à crise da meia-idade em um rancho de gado. Mitch defendeu sua fidelidade matrimonial contra os ataques de seu amigo playboy Ed. Em uma cena memorável, quando os dois estão cavalgando lado a lado, Ed propõe a seguinte hipótese:

> — E se você pudesse ter sexo incrível com alguém muito atraente, e Barbara [a esposa de Mitch] nunca descobrisse?

Mitch lembra Ed de que Phil, um amigo deles, caiu exatamente nessa armadilha. Quando a esposa de Phil descobriu, ele perdeu o casamento e o emprego.

Sem se deixar intimidar, Ed propõe mais uma hipótese:

> — Vamos imaginar que uma nave espacial aterrisse e de dentro da nave saia a mulher mais bonita que você já viu...

Mitch fica tão impressionado com a "realidade" da hipótese de Ed que diz ao cavalo: — Está ouvindo isso?!

Ed continua:

> — ... e tudo o que ela quer é ter o sexo mais incrível do universo com você. E, no exato momento em que vocês terminam, ela vai embora para sempre. Ninguém nunca ficará sabendo. Você vai me dizer que não faria isso?

Sem hesitar nem um segundo, Mitch responde:

> — Não. Porque você está me contando o que realmente aconteceu com meu primo Ronald, e a esposa dele ficou sabendo no salão de beleza. Eles sabem tudo ali.

Mitch conclui, sério:

— Olha, Ed, o que estou dizendo é que não é verdade que não haveria nenhum problema se a Barbara não soubesse. *Eu saberia*, e eu não ia gostar de mim mesmo.

Da boca de comediantes fluem sabedoria e percepções para além de qualquer expectativa.

O QUE HÁ DE TÃO DESTRUTIVO NO DIVÓRCIO?

Quando surgiram livros pró-casamento nas livrarias na Amazom. com, outro tipo de munição também apareceu — livros que combatiam o divórcio. Estes refutavam a noção predominante de que o divórcio melhoraria a vida de filhos atormentados e cônjuges infelizes. O fato é que nenhum dos grupos se beneficiava com casamentos desfeitos.

Judith Wallerstein estudou filhos de lares divorciados durante um período maior do que qualquer pesquisador anterior havia ousado (25 anos!). Ela descobriu algumas tendências perturbadoras. Estudos relacionados a períodos mais curtos sugerem que os filhos superariam o sofrimento da separação dos pais. Mas Wallerstein descobriu que as dificuldades reapareciam quando esses filhos chegavam ao início da idade adulta. Ela relata:

> Uma descoberta muito importante da minha pesquisa é que os filhos não só se identificam com a mãe e o pai como indivíduos separados, mas também com o relacionamento entre eles. Esses filhos carregam o modelo desse relacionamento para a idade adulta e o usam para buscar a imagem de sua nova família. A ausência de uma boa imagem influencia negativamente sua busca de amor, intimidade e compromisso. A ansiedade leva muitos a fazer escolhas ruins nos relacionamentos, desistindo

precipitadamente quando surgem problemas ou evitando completamente qualquer relacionamento.[4]

O Institute for American Values [Instituto de Valores Americanos] descobriu que o divórcio também não é vantajoso para os adultos. "As pessoas que se divorciam não são, em média, mais felizes do que cônjuges que permanecem em casamentos difíceis". Na verdade, "a maioria dos cônjuges que não desistem de casamentos difíceis são *muito* mais felizes cinco anos depois".[5]

O livro *The divorce culture* [A cultura do divórcio], de Barbare Defoe, defende que o divórcio causa danos muito além da família individual.[6] A sociedade, em um sentido mais amplo, sofre um tipo de degeneração.

The case for marriage provê apoio sociológico, psicológico e histórico documentado para a hipótese dos autores: as pessoas casadas são mais felizes, mais saudáveis e têm situação financeira melhor.[7] Mas o livro não diz por quê.

Essa questão é muito mais difícil. A resposta talvez exija um exame da descrição e do fundamento bíblicos do matrimônio. A proposição "eles se tornarão uma só carne" — apresentada em Gênesis 2, confirmada por Jesus e desenvolvida por Paulo — acarreta muito mais do que ligação física (veja Gn 2.24; Mt 19.5; Mc 10.8; 1Co 6.16; Ef 5.31). Em uma união bíblica, tornar-se uma só carne significa que o casamento e a intimidade sexual no casamento transformam, unem e santificam os cônjuges de modo sobrenatural. As exigências de um casamento assim — serviço, sacrifício, humildade, quebrantamento, contrição e graça — dão

---

[4]Judith Wallerstein; Julia Lewis; Sandra Blakeslee, *The unexpected legacy of divorce: a 25-year landmark study* (New York: Hyperion, 2000), p. xxix.
[5]Cheryl Wetzstein, "Bad medicine", *The Washington Times*, Tuesday, 23 July 2002, p. 2.
[6]Barbara Defoe Whitehead, *The divorce culture* (New York: Knopf, 1996).
[7]Waite; Gallagher, *The case for marriage*.

lugar a uma instituição que requer pelo menos cinquenta anos para *começar* a dar certo.

Pense nisto: dois amigos se encontraram depois de um longo tempo afastados. Depois dos cumprimentos e amabilidades, um perguntou ao outro como estava a esposa dele.

— Acho que está bem. Nós nos divorciamos há um ano.

— Puxa! — o amigo exclamou surpreso. — Sinto muito por isso. O que aconteceu?

— Acho que você pode atribuir isso a diferenças irreconciliáveis — o divorciado explicou.

Uma longa pausa aumentou o desconforto do momento, enquanto o amigo que perguntou tentava entender a expressão, que ele evidentemente nunca tinha ouvido. Então, quebrou o silêncio:

— Diferenças irreconciliáveis? Eu achava que isso era justamente o sentido do casamento!

O QUE HÁ DE TÃO BOM NO CASAMENTO?

Mais uma defesa improvável do casamento apareceu no filme *Captain Correlli's mandolin* [O bandolim de Correlli]. Quando um pai sábio percebeu os sintomas de paixão arrebatadora na sua filha, ele se valeu de seus anos de casamento feliz e deu o conselho a seguir:

> Quando a gente se apaixona é uma loucura temporária. Ela irrompe como um terremoto e depois se aquieta. E, quando se acalma, a gente precisa tomar uma decisão. Precisa descobrir se as raízes dos dois se entrelaçaram de tal modo que é inconcebível os dois virem a se separar. Porque amor é isso!
>
> O amor não são suspiros. Não são fortes emoções. O amor não é o desejo de estar junto todo segundo do dia. Não é ficar acordada à noite imaginando que ele está beijando cada parte do seu corpo.

Não. Não fique vermelha. Estou lhe contando algumas verdades. Isso é apenas estar apaixonado — o que qualquer um de nós pode se convencer de que está.

O amor é o que fica quando a paixão evapora.

Não é muito empolgante, é? Mas é isso![8]

Empolgante? Algo que não seja o calor sexual é empolgante? Do que esse pai está falando? E como podemos expressar essa verdade a um mundo que nem sequer consegue imaginar uma coisa assim?

Ajuda muito se pararmos de oferecer algo que não devemos oferecer. Em algum momento, o mundo cristão decidiu competir com nossa cultura sexualizada. Foi uma competição de que nunca deveríamos ter participado. Os cristãos escrevendo sobre sexo tentavam se opor à revolução sexual da década de 1960 com pretensões de mais emoção e animação no matrimônio do que nos bares para solteiros. Na melhor das hipóteses, estávamos comparando alhos com bugalhos. Enquanto numerosos ditos experts em sexo mediam a frequência, a variedade e a intensidade do desempenho sexual, os autores cristãos promoviam a integridade, a unidade, a harmonia e a estabilidade. Ao usar a terminologia do mundo, comunicamos uma mensagem confusa. Mesmo que pudéssemos documentar nossas afirmações, era um cenário de constrangimento, retrocesso e transigência.

Se a verdade pudesse de fato ser medida (o que duvido), talvez se descobrisse que os fogos de artifício sexuais mais explosivos não são vividos no casamento. Os "vencedores" talvez fossem os que querem apenas sexo sem compromisso. A mesma característica que faz a cocaína estimulante é a que muitas pessoas querem do sexo. E agora?

---

[8] *Captain Correlli's mandolin*, dir. John Madden, 120 min., Universal Studios, 2001.

O que devíamos estar oferecendo é: segurança, consolo e santidade.

O CASAMENTO GERA SEGURANÇA

O que há de tão bom no casamento é que ele cria, nutre e fortalece a segurança. Quando dois companheiros se comprometem um com o outro para toda a vida, eles constroem um alicerce firme e seguro em um mundo muito inseguro. Sendo parceiros constantes em meio a uma vida inteira de mudança, eles talvez nem sempre encontrem o êxtase, mas por certo criam constância — algo mais valioso, satisfatório e necessário.

A seguir, um exemplo de como alguém pode promover o benefício do matrimônio em um diálogo com um amigo:

    Lucy (mora junto sem ser casada)
    Maria (casada)

Lucy-mora-junto: Eu e o Bob não queremos nos casar porque não queremos ser hipócritas.

Maria-casada: Você acha que eu e o Jim somos hipócritas?

Lucy-mora-junto: Não, não. Eu não quis dizer isso. É que achamos que o casamento prende as pessoas, e não queremos isso para nós mesmos.

Maria-casada: Como o casamento prenderia você?

Lucy-mora-junto: Não sei se quero ficar com o Bob a minha vida toda. É claro que eu o amo — agora. Mas como alguém pode dizer que vai sempre amar o outro? As pessoas mudam.

Maria-casada: Elas com certeza mudam. Jim é um homem completamente diferente de quando me casei com ele. E eu diria que sou uma mulher completamente diferente daquela com quem ele se casou.

Lucy-mora-junto: É isso que quero dizer. Não quero dizer que ficarei com ele pra sempre e depois ter de ir embora porque Bob mudou.

Maria-casada: *Ter* de ir embora? Por que você não poderia ficar e ver aonde isso vai dar? Você também vai mudar. O que você vai fazer, ficar trocando de parceiro toda vez que você mudar? Isso me parece muito perturbador.

Lucy-mora-junto: Então você acha que estamos errados por não nos casarmos?

Maria-casada: Bem, sim. Acho que não querer se comprometer vai gerar problemas para você.

Lucy-mora-junto: Parece que você desaprova nós morarmos juntos.

Maria-casada: E parece que você desaprova minha desaprovação!

Lucy-mora-junto: Como assim?

Maria-casada: Quero dizer que ambas desaprovamos uma à outra de algum modo. Nenhuma de nós tem a mente tão aberta quanto você diz que tem. Veja, Lucy, não quero condenar nem insultar você. Na verdade, eu me importo muito com você. Você

Lucy-mora-junto: é minha amiga. É por isso que não quero que você se magoe.

Lucy-mora-junto: Por que eu tenho mais chance de me magoar do que você? Muitas pessoas se casam e depois se divorciam. Acho que a probabilidade é de 50%, não?

Maria-casada: Acho que sim.

Lucy-mora-junto: É isso que quero dizer com não querermos ser hipócritas. Não queremos assinar um pedaço de papel ridículo e depois nos divorciarmos.

Maria-casada: Se vocês se separarem, você acha que vai ser menos doloroso sem o pedaço de papel?

Lucy-mora-junto: Não sei.

Maria-casada: Lucy, sei que você acha que isso é retrógrado, mas não acho que seja só um pedaço de papel.

Lucy-mora-junto: Por que não?

Maria-casada: Quando eu e Jim assinamos aquele pedaço de papel, fizemos isso em uma cerimônia diante de várias pessoas e diante de Deus. Fizemos votos e pedimos que as pessoas orassem por nós e cobrassem de nós que permanecêssemos juntos "até que a morte nos separe". Isso não é nenhuma garantia, mas nosso começo foi diferente do de você e Bob.

Lucy-mora-junto: Você está me julgando!

Maria-casada: Sinto muito. Eu não quis passar a impressão de que estou condenando você. Mas quis mostrar um contraste. Eu e o Jim dissemos que ficaríamos juntos na alegria *e* na tristeza, na doença *e* na saúde — em outras palavras, não importa o que aconteça. Dissemos que ficaríamos juntos mesmo quando os sentimentos de amor enfraquecessem durante um tempo. E, acredite, eles enfraquecem — com bastante frequência. Vocês só disseram que ficariam juntos enquanto tudo estivesse bem.

Lucy-mora-junto: Isso não é justo. Eu e o Bob temos muito mais do que sentimentos.

Maria-casada: Sei disso. Mas o que acontecerá quando você mudar? Ou os sentimentos se tornarem uma montanha-russa? Ou surgir outra pessoa mais atraente? Vocês têm o compromisso de ficar juntos não importa o que aconteça? Com o ponto de partida de vocês, é quase garantido que vocês se separarão.

Lucy-mora-junto: Como *alguém* pode fazer esse tipo de promessa?

Maria-casada: Um homem e uma mulher só podem fazer isso se algo sobrenatural estiver presente no relacionamento deles. Se não tivéssemos Deus na nossa vida, teríamos desistido do nosso casamento há muito tempo.

LUCY-MORA-JUNTO: Entendo o que você está dizendo, mas não sei se o casamento vale a pena.

MARIA-CASADA: Nós diríamos que vale a pena. O casamento produz segurança e união. Ele nos torna pessoas diferentes, e gosto do que estamos nos tornando. Nem sempre é fácil, mas não queremos provocar um curto-circuito. É isso.

O CASAMENTO TRANQUILIZA

O que também é bom no casamento é que ele abranda nossa vulnerabilidade. É difícil ser vulnerável — porque é arriscado. Quando a gente se abre para alguém, essa pessoa pode nos rejeitar ou magoar. Não obstante, a defesa do casamento é a defesa da vulnerabilidade — apesar dos riscos. Infelizmente, correr o risco de ficar vulnerável é uma aposta de tudo ou nada. Você decide se abrir para alguém — permitindo que essa pessoa cuide de você, console e ame você — ou se fecha, tornando a intimidade quase impossível.

Certo dia, enquanto estava preso no trânsito, fiquei ouvindo um programa com um psicólogo popular a quem os ouvintes faziam perguntas. Uma mulher que ligou sugeriu um plano "melhor" do que o casamento — quatro parceiros diferentes para quatro estágios diferentes da vida.

A pessoa começa com o primeiro cônjuge em um "casamento iniciante", no qual ela se diverte muito enquanto aprende as difíceis lições de sexo, comunicação e viver junto. O relacionamento não pode durar, porque as mágoas sofridas ao longo do caminho tornariam o futuro muito doloroso. Assim, passa-se para o próximo parceiro, alguém com quem se tivesse filhos. Esse relacionamento exigiria mais empenho e mais gasto de energia e teria menos romantismo. Uma vez que os filhos estivessem criados, seria o momento de encontrar a verdadeira alma gêmea, com quem se vai desfrutar os anos da "maturidade". Por fim, a pessoa passa aos anos da aposentadoria e encontra alguém que cuidará dela, e ela cuidará desse alguém. Você não ia querer fazer isso com a sua alma gêmea e "arruinar uma coisa boa".

Fiquei feliz quando o apresentador riu! Mas me perguntei se a ouvinte não estava apenas verbalizando o que muita gente usa como modelo para o próprio "casamento".

A reação de minha esposa à proposta dessa ouvinte foi perguntar: "O que faz ela achar que uma pessoa *confiaria* em alguém depois disso tudo?". De fato, um padrão de criar relacionamentos e depois desmantelá-los só torna difícil os parceiros confiarem e se abrirem.

A alternativa, embora seja ainda mais difícil, pode acalmar um anseio profundo por aceitação e consolo — um processo que pode levar uma vida inteira. Uma psicóloga amiga minha me disse que muitos pacientes dela estão tentando "aliviar" uma dor da infância. Os que fazem isso com casos passageiros só pioram as coisas. Os que fazem isso trabalhando no casamento encontram uma incrível "sensação de calma" — uma sensação que na verdade é melhor do que a que poderiam ter achado no berçário. "Temos uma necessidade inata de nos relacionar", concluiu minha amiga.

A disposição de se abrir para o outro produz intimidade e prazer sexual. As pessoas anseiam por isso. Na expressão sexual, a comunicação mais intensa do casamento, cada um dos parceiros permite que o outro esteja "nu e não sinta vergonha". Eles removem as folhas de figueira que escondem as imperfeições, libertam-se para abrir mão do controle e encontram aceitação em vez de zombaria. Demonstram um aspecto da personalidade que ninguém mais vê, ouve ou sente, e sentem-se cativadas por toda essa experiência. Com o tempo, surge uma unidade tranquilizadora.

Pelo menos é o que deveria acontecer.

Parte do poder do processo tranquilizador, porém, vem de sua própria discrição. Ao proteger o sexo de contaminações externas, duas pessoas casadas podem curar uma à outra no nível mais profundo de mágoa. Elas podem unificar o que estava fragmentado. O sexo perde esse poder, caso se permita que seja divulgado. Deixa de ser sagrado.

Que ironia (e tragédia) que nossa atual atmosfera de "abertura" sexual na verdade esvazie o sexo de sentido em vez de deixá-lo repleto de mistério. Quanta diferença do livro mais discreto da Bíblia, o Cântico dos Cânticos. Poético, misterioso, belo, sensual e difícil de entender, a obra-prima de Salomão reflete literalmente o que Deus quer que experimentemos na sexualidade. A impressão é de que o livro, de fato, deve ser sussurrado.

Não é de admirar que o pai sábio de Provérbios oriente o filho a guardar a exclusividade do seu prazer sexual. Ele usa uma metáfora para simbolizar a privacidade do assunto.

> Beba das águas da sua cisterna,
>   das águas que brotam do seu próprio poço.
> Por que deixar que as suas fontes transbordem pelas ruas,
>   e os seus ribeiros pelas praças?
> Que elas sejam exclusivamente suas,
>   nunca repartidas com estranhos.
> Seja bendita a sua fonte!
>   Alegre-se com a esposa da sua juventude.
> Gazela amorosa, corça graciosa;
>   que os seios de sua esposa sempre se fartem de prazer,
> e sempre o embriaguem os carinhos dela.
> Por que, meu filho, ser desencaminhado pela mulher imoral?
> Por que abraçar o seio de uma leviana? (Pv 5.15-20)

Certo domingo de manhã, depois de pregar um sermão provocador sobre fidelidade conjugal, um pastor foi abordado por um frequentador assíduo da igreja. A conversa foi mais ou menos assim:

Indagador: Não sei o que há de tão ruim em ter múltiplos parceiros sexuais.

Pastor: E nunca se casar?

Indagador: Não sei. Talvez eu me case quando encontrar alguém com quem queira me estabilizar.

Pastor: Você espera que ela tenha tido muitos parceiros antes de você?

Indagador: Hmm.

Pastor: De qualquer modo, você acha que o que eu disse no meu sermão, ter um só parceiro sexual, é má ideia?

Indagador: Parece muito restritivo. Por que não experimentar a variedade?

Pastor: A monogamia durante toda a vida não é ideia minha. É de Deus.

Indagador: Você disse isso. Eu sei. Por que é assim?

Pastor: Você acha que Deus quer o melhor para você?

Indagador: Provavelmente.

Pastor: Então me diga. Os prós de múltiplos parceiros são variedade, experiência e experimentação. Quais são os contras?

Indagador: Bem, um contra é a aids.

Pastor: Esse é um contra imenso. Mais algum?

Indagador: Acho que gera falta de confiança.

Pastor: Isso também é um enorme mal. Que bom que você percebe.

Indagador: Também acho que esse estilo de vida, depois de um tempo, torna-se cansativo.

Pastor: Continue.

INDAGADOR: Talvez deixe a gente com mais dificuldade de permanecer comprometido com alguém depois do casamento.

PASTOR: Bingo. Um número considerável de estudos apoia sua suspeita. Quando você considera natural praticar o sexo antes do casamento, você se coloca em posição de fazer isso fora do casamento. Não é uma certeza, mas estatisticamente isso muitas vezes produz a destruição de um casamento.

INDAGADOR: Faz sentido.

PASTOR: Quais você acha que são os prós de ter só um parceiro?

INDAGADOR: Puxa! Pergunta difícil.

PASTOR: Você precisa pensar nessa ideia antes de rejeitá-la como opção.

INDAGADOR: *Há* algo especial em reservar o sexo para uma única pessoa.

PASTOR: Toda a sua ênfase na variedade e experiência talvez seja meio superestimada. Eu e minha esposa temos muita variedade e experiência no nosso relacionamento exclusivo. E, até agora, não ficou tedioso. Eu às vezes me pergunto como seria se eu tivesse tido muitas parceiras, mas então eu não saberia como é a exclusividade. Acho que, para mim, os prós de uma só parceira ultrapassam os contras. É por isso que Deus é a favor do casamento.

O CASAMENTO SANTIFICA

Minha esposa me leva de carro à estação de trem pela Wakefield Drive. Eu nunca vou pela Wakefield na hora do *rush*. Vou pela Guinea Road. Prefiro a Guinea, a Pam prefere a Wakefield. Isso nunca mudará. Em ocasiões anteriores, expus a ela meus argumentos a favor da superioridade da Guinea Road. Ela contra-argumentou com o seu conjunto de provas das vantagens da Wakefield. Sim, é verdade que discutimos sobre coisas assim. Nenhum de nós nunca mudou a opinião do outro. Nem sempre acontecia de discutirmos em voz alta, mas no coração espumávamos e ficávamos furiosos, admirando-nos de como tínhamos conseguido nos casar com alguém tão teimoso, obstinado, rancoroso e escancaradamente pecador.

Nessa manhã em particular, não discutimos. Nem mesmo ficamos irritados. Simplesmente observamos o quanto somos diferentes um do outro e nos acalmamos com a compreensão de que não precisamos mudar um ao outro. (Foram 22 anos para descobrir isso!)

Horas mais tarde, depois que cheguei a Nova York, eu me sentei na frente dos meus pais e lhes contei da discussão da manhã sobre a superioridade das rotas. Após 54 anos de casamento, minha mãe e meu pai sabiam muito bem para onde essa história estava indo — mais um relato de diferenças conjugais. Eles riram histericamente e comentaram sobre quanto a vida de casado é maravilhosa.

O desdobramento disso, aparentemente, vai da raiva ("Por que você está indo por esse caminho ridículo?") à dominação ("Por que você não me ouve e não vai pelo caminho que eu quero?"), à justiça própria ("Por que você não consegue perceber a superioridade do meu modo de fazer as coisas?"), à aceitação ("Não tem problema sermos diferentes"), à alegria ("Não é ótimo enxergarmos as coisas de modo tão diferente?").

Esse foi um exemplo bobo, mas difere apenas em grau, não em tipo, dos inúmeros modos pelos quais um casamento transforma pessoas egoístas em abnegadas. O casamento promove o crescimento na santificação, tornando maridos e esposas mais semelhantes a Cristo e menos parecidos com Adão e Eva. Para dizer o mínimo, o processo apresenta uma série de desafios. Mas também é muito promissor. Um especialista em casamento e família explica desta forma:

> A hipótese é que existe uma pessoa certa com quem devemos nos casar e, se prestarmos bastante atenção, acharemos essa pessoa certa. Esse pressuposto moral ignora [um] [aspecto] crucial do casamento [...] Ele não se dá conta de que sempre nos casamos com a pessoa errada. Nunca conhecemos a pessoa com quem nos casamos; apenas achamos que sabemos quem ela é. Mesmo que nos casemos com a pessoa certa, basta esperar algum tempo que ela mudará. Porque o casamento, sendo o que é, significa que não somos a mesma pessoa depois que entramos nele. O principal problema no aspecto moral é aprender a amar e a nos importar com esse estranho com quem nos encontramos casados.[9]

Quando eu e minha esposa estávamos namorando, eu a "analisava" para ver se ela era a pessoa com quem eu devia me casar. O problema era que eu analisava a Pam solteira, alguém que não era casada comigo. Uma vez que ela se tornou Pam, esposa de Randy, ela mudou. Teve de mudar — assim como eu tive de mudar quando me tornei o marido dela. E nós, de fato, continuamos mudando — de modo que hoje estou casado com uma pessoa diferente daquela com quem namorei anos atrás e daqui a alguns anos estarei casado com uma pessoa diferente daquela com quem estou casado agora.

Em *The mistery of marriage* [O mistério do casamento], um livro maravilhoso e repleto de sabedoria, Mike Mason fala de suas argutas "meditações sobre o milagre". Ele observa que a intimidade que todos almejamos se obtém por um preço que todos nós preferiríamos evitar. Mas o casamento é um pacote completo — ele

---

[9] Stanley Hauerwas, *A community of character* (Notre Dame, Estados Unidos: University of Notre Dame Press, 1981), p. 172.

nos expõe, humilha, quebra e nos aperfeiçoa ao longo do caminho. Mason escreve:

> Encontrar ou descobrir a outra pessoa é o processo de perder-se a si mesmo. Isso certamente não é a perda da identidade, mas apenas a da falsa identidade assentada na vontade própria. Os seres humanos são a presença de Deus no mundo, e, ao nos aproximarmos tanto de um deles que entramos voluntariamente no fogo de seu julgamento, torna-se possível nossa vontade própria ser esclarecida e cauterizada. A intimidade é, portanto, um fogo de justa purificação, um fogo que nunca suportaríamos se não fosse pela certeza de que somos amados.[10]

Cauterização com amor — que bela metáfora! O casamento nos torna melhores porque nos mostra quanto somos ruins. O compromisso incondicional para toda a vida nos torna mais generosos porque expõe o quanto somos egoístas. Amar alguém que não merece o amor nos torna mais semelhantes a Deus, que nos amou "quando ainda éramos pecadores" (Rm 5.8). Portanto, como nenhuma outra ferramenta, o casamento faz que as duas vertentes da mensagem do evangelho sejam claramente compreendidas: que somos "mais pecadores e mais perversos do que nem sequer ousamos acreditar, mas, em Cristo, somos mais aceitos e mais amados do que jamais ousamos esperar".[11]

Como declarei no capítulo 3, proclamar essa mensagem do evangelho em geral exige preparação — apertar a embreagem antes de trocar de marcha. Essa preparação — construir, como você deve se lembrar, uma estrutura de plausibilidade — às vezes envolve uma apologética positiva para o plano de Deus para o casamento.

---

[10] Mike Mason, *The mystery of marriage* (Sisters: Multnomah, 1985), p. 108.
[11] De um boletim informativo para visitantes da Redeemer Presbyterian Church em Nova York, N.Y., 1999.

Nesses casos, um diálogo que promova o matrimônio e a salvação pode ser elaborado mais ou menos assim:

JERRY: E aí, como foi o seu encontro ontem à noite?
LUKE: Foi legal. Não sei qual é o futuro desse relacionamento.
JERRY: Como assim?
LUKE: Bem, perguntei a ela o que achava de questões espirituais, e esses assuntos não são muito importantes para ela.
JERRY: E então?
LUKE: Então, essas coisas são muito importantes para mim.
JERRY: Contanto que ela não seja hostil à sua religião, qual o problema?
LUKE: Eu preciso de alguém mais positivo do que apenas "não hostil".
JERRY: Você exagera a importância dos relacionamentos. Imagino que você também não dormiu com ela.
LUKE: Jerry, nós nos conhecemos só há dois meses. Você está dizendo que teria dormido com alguém depois de ter saído só algumas vezes?
JERRY: Com certeza. Se não a levo para a cama no terceiro encontro, digo adeus.
LUKE: Você sabe a minha opinião sobre isso. Acho que o sexo deve ser reservado para o casamento.
JERRY: E você sabe o que penso sobre isso. O casamento não faz absolutamente nenhum sentido para mim.
LUKE: Por que não?
JERRY: Veja bem. Você vai a um restaurante e pede um bife. E é um bife ótimo. Você está me dizendo que vai comer somente bife pelo resto de sua vida?
LUKE: Você está me dizendo que o casamento é um bife?

Jerry: Não, o casamento é o restaurante. Sexo é o bife.
Luke: Então para você não existe nenhuma diferença qualitativa entre fazer sexo e comer um bife.
Jerry: Nenhuma.
Luke: Tente dizer a alguma mulher que você acha que ela é um bife e veja a rapidez com que ela irá para a cama com você.
Jerry: Tudo bem. Entendo o que está dizendo. Mas ficar com uma só pessoa toda a vida não faz nenhum sentido para mim.
Luke: De certa forma, acho que tem razão.
Jerry: O quê?
Luke: Considerando o que você me disse sobre como encara a vida — que não existe Deus, céu nem vida após a morte e que não há nada de espiritual ou eterno em nós, então, sim, acho que o casamento não faz nenhum sentido.
Jerry: Como Deus se encaixa nisso?
Luke: Para mim, meu relacionamento com Deus influencia tudo o que faço. Logo, muda como considero as mulheres, o casamento e o sexo. Minha relação com Deus me ensina que o sexo é sagrado. Ele une as pessoas e as transforma. Acho que o casamento leva a vida inteira para dar certo.
Jerry: Acho que sim.
Luke: Para mim, o casamento e o sexo são mais especiais do que simplesmente comer um bife.
Jerry: De onde você tira essas ideias?
Luke: Quer saber mesmo?
Jerry: Sim.
Luke: Da Bíblia.
Jerry: A Bíblia lhe fala sobre sexo?

LUKE: ... E sobre casamento, compromisso e por que não tenho chance alguma de amar alguém como devo a não ser que primeiro passe a ter um relacionamento correto com Deus. Você alguma vez ouviu alguém explicar isso?
JERRY: Não como você está explicando.
LUKE: Quer saber mais?
JERRY: Talvez. Vou pensar nisso.
LUKE: Tudo bem. Vamos almoçar — estou a fim de um bife.

GUIA DE ESTUDO

As perguntas a seguir se destinam a discussão e aplicação em pequenos grupos.

1. Você acha que este capítulo descreve precisamente como nosso mundo enxerga o casamento e o sexo? Que evidências você viu que defendem ou rejeitam essa descrição?
2. Você acha que o capítulo apresentou precisamente a visão bíblica do casamento? Que outra ideia você tem para completar a descrição?
3. Quais argumentos pró-casamento apresentados neste capítulo podem ser eficazes com pessoas que você conhece? Por quê?
4. Como você defenderia o sentido presente na visão bíblica do sexo?
5. Como o casamento remete para a cruz?

CAPÍTULO 10

SE JESUS É TÃO EXTRAORDINÁRIO, POR QUE ALGUNS SEGUIDORES DELE SÃO TÃO DESPREZÍVEIS?

Gostaria de encontrar Michael Newdow um dia. Se encontrar, talvez lhe peça desculpas. Considerando as mensagens deixadas na sua secretária eletrônica, ele merece um "Desculpe-me!" de alguém.

O médico de 49 anos de Sacramento agora tem várias fitas cassete cheias de saudações como estas:

- "Tome cuidado, você vai morrer!"
- "Você vai ser castigado."
- "Mike, aqui é Deus. Estou muito contrariado com você."
- "Você está com os dias contados."

Algumas mensagens faziam ameaças de um tamanho nível de violência que Newdow, em dado momento, tomou providências para que sua filha de 8 anos de idade fosse morar longe de sua própria casa.

O dr. Michael Newdow entrou com processo contra o distrito escolar local porque a escola exigia que a filha dele recitasse o juramento à bandeira americana. Atestando a reivindicação de que a frase "uma só nação sob Deus" o ofendia como ateu, o tribunal julgou em seu favor. Essa decisão provocou manchetes em todo o país, indignação política, celebrações de ateus e milhares de mensagens de secretária eletrônica.

As reações dos campos jurídico, político e ateísta fazem sentido. As reações de "cristãos" não fazem. Na verdade, é questionável se as pessoas que deixaram aquelas mensagens mordazes são mesmo cristãs. A maioria das pessoas que ligou omitiu sua afiliação religiosa, mas um número razoável verbalizou claramente a posição pró-Deus. Um seguidor de Cristo fazer uma coisa desse tipo traz à mente a velha pergunta: "Por que há tantos hipócritas na igreja?".

Alguns cristãos dizem que essa é a objeção mais comum ao cristianismo que eles ouvem. A pergunta se expressa de vários modos:

- "Por que a história é cheia de tanto ódio e opressão da parte dos cristãos?"
- "Por que alguns não cristãos que conheço têm um comportamento melhor do que os cristãos?"
- "Por que os cristãos são tão cheios de ódio, insensibilidade e justiça própria?"
- "Eu achava que os cristãos deviam ser humildes, generosos, moralmente puros, amorosos ou _____" (preencha o espaço)."

Não importa como seja formulada, a pergunta sobre a hipocrisia propõe a objeção mais considerável: "Se o cristianismo é isso, por que eu deveria ter algum interesse por ele?".

A OBJEÇÃO NÃO É À MERA HIPOCRISIA

Uma definição prática de *hipocrisia* poderia ser "dizer uma coisa e fazer outra". James S. Spiegel, no seu tratamento completo do tema, chama-a de "uma mentira contada com ações externas".¹ Ele começa o livro com o relato a seguir do seu doloroso primeiro encontro com a temida doença.

Quando era adolescente, eu muitas vezes cortava grama para conseguir um dinheiro a mais. Certa ocasião, eu e um amigo nos aproximamos de um homem que morava do outro lado da rua da minha casa e lhe perguntamos se ele gostaria de que cortássemos a grama do seu quintal. Ele concordou e propôs nos pagar 25 dólares pelo trabalho, observando que não estaria em casa no fim de semana e, portanto, nos pagaria na volta. Naquele sábado, eu e meu amigo trabalhamos várias horas, mas, como era um gramado bem grande, acabamos tendo de terminar o trabalho no domingo. No dia seguinte, voltamos para receber o pagamento. Na esperança de que ele ficasse impressionado com nosso trabalho, dissemos que foram necessários dois dias para terminar o trabalho. "Dois dias?", ele perguntou. "Vocês estão me dizendo que cortaram o meu gramado no domingo?" Concordamos. "Bem, meninos, não posso permitir trabalho na minha casa aos domingos. Não posso pagar vocês." Vimos ele enfiar a mão no bolso e tirar uns dois dólares em moedinhas. Ele nos deu esse dinheiro, dizendo: "Estou fazendo isso por pura generosidade".

Pasmados e quietos, eu e meu amigo fomos andando de volta para minha casa e contamos ao meu pai o que havia acabado de acontecer. Ele ficou furioso. "Hipócritas [...] hipócritas nojentos!", vociferou. "Eles sorriem tão amáveis e parecem tão íntegros na igreja, mas no mundo real não passam de caloteiros e trapaceiros!"²

Calotear, trapacear, mentir, odiar, fugir com a secretária da igreja; e essas não são as únicas condutas hipócritas que aborrecem

---

¹James S. Spiegel, *Hypocrisy: moral fraud and other vices* (Grand Rapids: Baker, 1999), p. 25.
²Ibidem, p. 9.

as pessoas — às vezes os comportamentos são piores! As pessoas ficam incomodadas com razão, por exemplo, quando ouvem relatos de abuso sexual cometido por um clérigo. A maioria das pessoas sensíveis se encolhe só de ouvir sobre as demonstrações de hipocrisia da igreja em toda a história — as Cruzadas, a Inquisição Espanhola, episódios incontáveis de antissemitismo e racismo, o julgamento das bruxas de Salém e outros momentos vergonhosos.

Os não crentes muitas vezes demonstram irritação por trás da pergunta: "Por que há tantos hipócritas na igreja?". Muitos vão além, perguntando: "Por que alguns seguidores de Jesus são tão imbecis?". Quando tratamos dessa pergunta sobre a hipocrisia comum, dolorosa e — em alguns casos — complexa, precisamos ter certeza de que estamos respondendo à pergunta verdadeira.

A OBJEÇÃO NÃO É DE FATO À HIPOCRISIA

Algumas pessoas usam a pergunta da hipocrisia como arma, do mesmo jeito que os céticos usam o problema do mal. Elas pouco se interessam pelos motivos subjacentes aos deslizes da vida reta. Tampouco sentem indignação ou tristeza por causa da hipocrisia da igreja. Apenas usam essa pergunta para atacar, querendo desacreditar a igreja e seus mensageiros.

A motivação dessas pessoas talvez tenha origem em tentativas de autojustificação. Afinal, a mensagem do evangelho nos diz que não somos justos — não, nem um sequer! Se, porém, os nossos ouvintes acreditam que *são* suficientemente bons, eles precisam encontrar falhas na nossa mensagem para, assim, se sentirem melhor. Basta o simples odor do evangelho para que essas pessoas levantem a guarda — e o ataque vem na forma de: "Bem, e todos os hipócritas na igreja?". As palavras de Paulo aos coríntios devem nos ajudar a prever esse tipo de reação: "Porque para Deus somos o aroma de Cristo entre os que estão sendo salvos e os que estão perecendo.

Para estes somos o cheiro da morte; para os outros, a fragrância de vida" (2Co 2.15,16).

Jesus nos dá um vislumbre de por que isso ocorre. No seu diálogo evangelístico com Nicodemos, ele expôs a condição do coração por trás da petição da mente.

Ele disse: "Este é o julgamento: a luz veio ao mundo, mas os homens amaram as trevas, e não a luz, porque as suas obras eram más. Quem pratica o mal odeia a luz e não se aproxima da luz, temendo que as suas obras sejam manifestas" (Jo 3.19,20).

Não importa se a pergunta camufle um ataque inflamado, autojustificação ou qualquer outra agressão indireta, a reação não deve ser uma resposta direta. Isso seria, como vimos no capítulo 6, responder ao insensato de acordo com sua insensatez.

Um exemplo característico é Mohammed, que conheci na University of Maryland. No início do ano letivo, a maioria das organizações estudantis monta mesas para distribuir informações a fim de aumentar o número de seus membros. A atmosfera é rica. Além de três dezenas (!) de organizações religiosas, os alunos também promovem de tudo, de direitos animais a competição de xadrez, inclusive a venda de suas mercadorias e entrega de folhetos com informação de suas primeiras reuniões.

Mohammed se aproximou da nossa mesa e anunciou:

— Não sou cristão. Sou da Arábia Saudita e sou muçulmano. Só tenho uma pergunta sobre o cristianismo americano.

"Ninguém tem só uma pergunta a respeito de alguma coisa", pensei. Percebendo a falta de sinceridade de Mohammed, embarquei na conversa e perguntei qual era a pergunta dele.

— Por que vocês, cristãos, são tão divididos?

Essa é uma forma bem comum da pergunta da hipocrisia. Se os cristãos devem amar uns aos outros em união, nossa multidão de denominações é evidência de hipocrisia.

Respondi à pergunta dele com outra pergunta.

— Você pode me dizer por que os muçulmanos são tão divididos?

Congele essa cena na sua mente. Você precisava ver e curtir a ironia e o humor do momento. Os quatro ou cinco jovens cristãos bacharelandos que estavam atrás de mim deram um passo para trás ao mesmo tempo. Eles perceberam a temperatura aumentar. Mas eu ria por dentro diante da cena de um judeu de Nova York debatendo com um muçulmano do Oriente Médio sobre o cristianismo na frente de uma mesa com os dizeres: "*Cruzada* Estudantil!". Se ao menos eu tivesse uma câmera.

Mohammed respondeu:

— Ah, não! Os muçulmanos são unidos. Não somos divididos!

— Ah, fala sério — deixei escapar —, você deve estar brincando. Os muçulmanos não entram em acordo. Você está dizendo que os sunitas e os xiitas concordam em tudo?.

— Bem, eles concordam nas coisas importantes.

— Então por que eles se matam uns aos outros por causa de coisas sem importância?

Nesse instante todos os alunos da Cruzada tinham ido para as suas aulas. De repente, eu me vi sozinho nessa minijihad. Pressionei meu recém-conhecido muçulmano mais um pouco.

— Qual a sua intenção em fazer essa pergunta?

Eu queria que ele tivesse um vislumbre da própria hipocrisia.

— Você está dizendo que o cristianismo não é legítimo porque os cristãos não se entendem? Nesse caso, também ninguém deveria ser muçulmano. E, além disso, ninguém deveria ser judeu, hindu, budista ou mesmo ateu.

— Eu só queria saber por que você achava que havia tantas denominações cristãs diferentes.

— Será? — repliquei, deixando claro que eu duvidava da sinceridade dele.

Reconheci a pergunta dele, dizendo:

— Não sei por que há tantas divisões. Gostaria de saber. Isso me incomoda muito.

Ele foi embora um pouco menos arrogante do que quando veio à nossa mesa. Minha esperança era que minhas "respostas" tivessem amenizado um pouco seu ataque. Eu tinha certeza de que uma explicação detalhada de "por que os cristãos são tão desunidos" não era o que a ocasião exigia.

O SOFRIMENTO POR TRÁS DA ACUSAÇÃO DE HIPOCRISIA

Por que a pergunta a respeito da hipocrisia é tão comum? Será que somos mesmo tão ruins? A igreja está de fato *cheia* de hipócritas? Será que uma análise estatística mostraria que o mundo cristão tem uma porcentagem maior de defeitos do que o resto do mundo? Provavelmente não. Deve haver mais por trás da pergunta sobre a hipocrisia do que se percebe à primeira vista.

Sim, a autojustificação responde por grande parte da falta de senso por trás da pergunta, mas não por tudo. Alguns se queixam da hipocrisia motivados por uma dose significativa de sofrimento. Por várias razões, alguns vizinhos nossos e colegas de trabalho têm raiva de Deus. Por não poderem lhe dar um murro no olho, eles nos veem como alvos fáceis dos seus golpes.

Acredito que esse era o caso de Bett. Gostaria de ter reconhecido isso na época. Nova no convívio do nosso *campus*, Bett estava empolgada por ter finalmente encontrado um lugar em que podia ser acolhida na universidade urbana, enorme e impessoal. Ela gostava das atividades espirituais e sociais do nosso grupo, mas nunca verbalizou um testemunho de conversão.

Frequentava todas as reuniões, cantava todas as músicas e até convidava amigos para participarem conosco — isso até que alguém sugeriu que tratássemos do tema do aborto em uma de nossas reuniões. De repente, Bett tornou-se fria.

— Por que estamos falando sobre isso? — ela se queixou. — Vamos deixar a política de fora. Se continuarmos assim, eu saio.

Quando me encontrei com Bett para falarmos sobre suas objeções, respondi a todo tipo de pergunta — mas nenhuma das que ela estava fazendo.

Comecei com um arsenal de argumentos — bíblicos, médicos, sociológicos, pró-mulher, pró-sociedade — a favor da posição pró-vida. Eu poderia ter falado em marciano que teria sido a mesma coisa.

Ela contra-atacou minha tagarelice com:

— Se os cristãos estão tão preocupados com bebês não nascidos, por que não fazem algo para ajudá-los? Tudo o que eles fazem é explodir clínicas de aborto. Não passam de um bando de hipócritas.

Eu estava bem armado para essa luta. Tinha lido muitos livros sobre o aborto. Tinha estatísticas, relatos e provas para mostrar que os cristãos estavam contribuindo enormemente para ajudar as mulheres com crises relacionadas à gravidez. Contei histórias de adoção e doações de roupas de maternidade e de atendimento obstétrico e ginecológico gratuito. Isso não teve efeito algum. Nada amenizava a raiva de Bett. Na verdade, minhas palavras atiçavam sua indignação.

Quando finalmente terminei de recitar algumas respostas padronizadas à pergunta sobre a hipocrisia, ela se desculpou educadamente e disse "até logo". Jamais voltou a uma reunião do nosso grupo.

Enquanto eu repassava mentalmente as conversas com Bett, percebia evidências do que mais tarde descobri por meio de outros que a conheciam bem — ela tinha feito um aborto alguns anos antes de entrar na faculdade. Como tantas mulheres depois de um aborto, Bett abrigava um enorme sofrimento e rancor não curados por trás de suas palavras.

De todos os livros e artigos sobre o aborto, poucos oferecem a visão perspicaz que Frederica Mathewes-Green escreveu no seu livro *Real choices* [Escolhas reais]. Depois de entrevistar em todo o país centenas de mulheres que tinham feito aborto, ela compartilhou suas descobertas com compaixão e esperança. Gostaria de ter lido o parágrafo a seguir, antes de ter conhecido Bett:

> Quando ouvi as mulheres contando seus problemas mais profundos em pequenos grupos de escuta, surgiu uma questão surpreendente. Em praticamente todos os casos, o aborto foi decidido para cumprir uma obrigação que elas julgavam ter para com outra pessoa, o pai, a mãe ou o namorado. Minha hipótese de que a decisão de abortar era motivada por problemas práticos — comida, abrigo, pobreza, roupas — não se confirmou. Em vez disso, as mulheres se sentiam obrigadas a agradar ou proteger alguma outra pessoa, e o aborto era o preço que elas achavam que tinham de pagar.[3]

Se a situação de Bett tinha algo em comum com a dessas mulheres, eu podia entender por que ela talvez cultivasse mágoa em relação às pessoas que ela achava não lhe terem dado nenhuma escolha real — ou ao Deus que não as deteve.

Muitos homens e mulheres, não somente os ligados ao aborto, fazem a pergunta sobre a hipocrisia como manifestação de raiva ou sofrimento, não por curiosidade ou interesse. Temos de identificar a diferença.

Se eu pudesse voltar no tempo, teria um diálogo muito diferente com Bett — eu lhe diria mais ou menos o seguinte:

> RANDY: Você é mesmo contra convidarmos aquele palestrante pró-vida, não é?
> BETT: Sim. Já lhe disse que não devemos fazer isso e, se fizermos isso, não vou mais frequentar as reuniões.
> RANDY: Pode me dizer o que está incomodando você?

---

[3] Frederica Mathewes-Green, *Real choices* (Ben Lomond: Conciliar Press, 1997), p. 22.

BETT: Não estou incomodada. Só acho que não devemos tratar desse assunto. Isso não tem nenhuma relação com quem somos.

RANDY: Mas, Bett, você *está* incomodada.

BETT: Sim. Porque ninguém me ouve.

RANDY: Eu estou tentando.

BETT: Sabe, muitas mulheres neste *campus* fizeram aborto. Algumas são amigas minhas. Elas são totalmente pró-escolha e vão nos odiar se lhes dissermos que estão erradas.

RANDY: Você acha que o aborto é errado?

BETT: Não, não acho. Bem, talvez às vezes. Pelo menos, não acho que diga a respeito a ninguém a não ser à própria mulher. E ninguém tem o direito de me dizer o que fazer com o meu corpo.

RANDY: Acho que você está certa ao dizer que muitas mulheres nesse *campus* fizeram aborto. Você pode me dizer como essas mulheres estão se sentindo em relação a essa experiência?

BETT: Algumas estão bem. Outras se fecharam para o assunto. Mas algumas estão de fato indignadas

RANDY: Elas estão bravas com quem?

BETT: Não sei. Talvez com o namorado, por tê-las engravidado; ou com os pais, porque as obrigaram a fazer o aborto; ou com a igreja, por fazê-las se sentir como vagabundas. Por que você está me fazendo todas essas perguntas? Eu disse que não quero falar sobre isso.

RANDY: Desculpe. Tenho a impressão de que você tem muita dor interior em relação a isso.

BETT: Você não ia entender.

RANDY: Você acredita que estou tentando entender?

Bett: Talvez. Não sei. Podemos falar de outra coisa? Se você quer realizar esse programa sobre o aborto, vá em frente. O que estou querendo dizer é que vou ter muito mais tempo livre nas terças à noite em vez de ir à reunião hipócrita do *campus*.

Randy: Sinto muito por ouvir isso. Mas espero que você acredite que me importo com os seus sentimentos. E sinto muito por ouvir que é tão doloroso para você. Posso só dizer mais algumas palavras e depois fico quieto?

Bett: Tudo bem.

Randy: Algumas mulheres que conheço ajudaram outras mulheres a lidar com o sofrimento em relação ao aborto. Elas na verdade têm grupos de apoio para o que chamam de "estresse pós-aborto". Eu as respeito muito, e elas são exatamente o oposto de hipócritas. Elas têm um escritório no centro da cidade, na rua K, e, se você alguma vez tiver vontade de fazer uma visita, acho que elas poderiam ser muito úteis para algumas dessas suas amigas que estão com raiva. Aqui está o cartão delas.

Bett: Ok.

Randy: Uma última coisa. Parece-me que *você* talvez esteja com raiva de Deus.

Bett: Só agora você percebeu?!

Randy: Espero que você não fique assim durante muito tempo. Não é um modo muito agradável de viver. Se a nossa comunidade puder ajudar você a superar isso, talvez só ouvindo, gostaríamos de tentar.

Bett: Obrigada. Eu aviso você.

Acho difícil que Bett tenha feito a pergunta da hipocrisia como ataque para se autojustificar. A expressão nos olhos dela denunciava desilusão e dor.

Quando as pessoas reclamam de falhas morais dos cristãos — pais que as obrigaram a fazer um aborto (ou não as impediram), pastores que tiveram um caso, ministros de jovens que abusaram sexualmente de adolescentes —, a mágoa delas pode proceder de esperanças destruídas. Se pudessem verbalizar tudo o que está acontecendo dentro delas, talvez elas dissessem algo mais ou menos assim:

"Eu sabia. Minha esperança era que existisse uma coisa chamada santidade, beleza e fidelidade sexual, mas isso não existe, existe? Vocês alimentaram minhas esperanças, atiçando algo em mim — algo que podia ter sido plantado por Deus —, mas depois despedaçaram essas esperanças. Vocês fizeram mais do que me decepcionar. Prejudicaram minha capacidade de ver Deus com clareza. Se ele é santo, bom e amoroso, a mancha do pecado de vocês sujou minhas lentes e por isso não consigo enxergar essas qualidades".

Não é de admirar que Jesus tenha condenado com tanta veemência a hipocrisia religiosa — com mais veemência do que o pecado das prostitutas e dos coletores de impostos não religiosos. Assim como os profetas fizeram antes dele, Jesus ficou indignado com aqueles que se diziam representantes do divino. Para enfatizar suas acusações contra os que "não praticam o que pregam", Jesus usou termos como *guias cegos, sepulcros caiados, serpentes* e *raça de víboras* (veja Mt 23).

A PERGUNTA SOBRE A HIPOCRISIA: UMA OPORTUNIDADE PARA ESCLARECER O EVANGELHO

A boa notícia sobre a pergunta relativa à hipocrisia é que ela pode nos dar a oportunidade de falar das boas-novas. Se os indagadores forem sinceros (*se* e somente *se*), poderemos mostrar-lhes algumas concepções equivocadas por trás da pergunta deles — concepções equivocadas acerca do próprio evangelho.

Um equívoco comum é que professar equivale a possuir. Na realidade, nem todo o mundo que se diz cristão *é* cristão. Ao contrário de outras religiões em que uma pessoa já pode nascer sendo (o judaísmo, por exemplo), o cristianismo é uma fé em que o indivíduo precisa *nascer de novo*. Em outras palavras, ninguém nasce cristão. Logo, aqueles que nunca foram seguidores de Cristo autênticos, nascidos de novo, cometeram muitos males e pecados em nome do cristianismo.

É importante eu me lembrar da ausência de autenticidade quando converso com meus amigos judeus. Uma boa dose de antissemitismo foi expressa em vitrais coloridos. Quando eu tinha cerca de dez anos de idade, minha família foi solicitada a "vigiar" a nossa sinagoga na noite de Halloween porque, nas vésperas de Todos os Santos anteriores, o prédio tinha sido danificado. Certo ano, alguém enviou uma mensagem para nossa comunidade judaica, usando o cortador de grama a fim de gravar uma enorme cruz no gramado da sinagoga. Podemos citar muitos e muitos exemplos que demonstram ódio "em nome de Jesus". O próprio Jesus advertiu os que professavam o seu nome, mas nunca o possuíram, que ele os saudaria com um: "Nunca os conheci. Afastem-se de mim, vocês que praticam o mal!" (Mt 7.23). Falar sobre essa peça do quebra-cabeça com aqueles que perguntam sobre a hipocrisia pode ajudar a esclarecer a necessidade que cada indivíduo tem de receber a oferta do evangelho.

Uma segunda concepção errônea comum é de que a salvação significa perfeição. Não sei por que as pessoas têm a impressão de que os cristãos se dizem perfeitos. Elas equiparam nossa mensagem de condenação do pecado com a afirmação de que nós nunca pecamos. Mas o quadro total da obra do evangelho na nossa vida mostra uma libertação multifacetada e progressiva. Nós *fomos* salvos (passado) da *penalidade* do pecado. Nós *somos* salvos (presente) do *poder* do pecado. E um dia *seremos* salvos (futuro) da *presença* do pecado. Nesse meio-tempo, uma mistura de êxitos e falhas espirituais constitui mais a norma do que a vitória total.

Descrever a experiência cristã como *uma jornada progressiva rumo à santidade* e não a obtenção imediata da santidade pode de fato ser libertador para os indagadores. O fato de que os cristãos estão em uma jornada progressiva talvez seja a razão de alguns "igrejeiros" que nossos amigos indagadores encontram *ser* tão tolos — ou simplesmente esquisitos. A igreja é o único lugar em que essas pessoas são recebidas. Pode se dizer que a igreja é um refúgio para hipócritas — pessoas que não são capazes de agir de acordo com os padrões que pregam.

Então por que os hipócritas *estão* na igreja?

Mesmo alguns cristãos não se dão conta da natureza progressiva da salvação. Por isso, alguns de nós alardeiam um nível de santificação do qual nem sequer estão perto. Ou nos tornamos vítimas do "risco" de encontrar a verdade — e assumir o mérito por isso. Mesmo como filhos redimidos de Deus, nossa carne de vez em quando se rebela contra a noção da graça — favor totalmente imerecido. Começamos a acreditar no que nós mesmos anunciamos sobre nós e achamos que somos suficientemente inteligentes, bons ou perspicazes para merecer a cruz. Para outros de nós, a fé inabalável em absolutos (uma coisa boa!) degenera em detestável demonstração de arrogância. Portanto, às vezes a acusação de hipocrisia é bem merecida.

No entanto, algo ainda parece não resolvido, não parece? Mesmo depois de rechaçar os ataques de algumas pessoas, de reconhecer o sofrimento dos outros, de esclarecer as concepções equivocadas de outro indagador ou de nos arrependermos da nossa própria hipocrisia, a objeção ainda permanece. Por que os hipócritas *estão* na igreja? Deus não poderia ter feito um trabalho melhor de fundar uma empresa de relações públicas para representá-lo? Se temos de ser os seus representantes, por que ele não montou uma equipe melhor? Uma resposta suficiente só pode vir com reflexão teológica. Se pensarmos profundamente sobre nosso lugar no plano redentor de Deus, ficaremos mais bem preparados para responder à pergunta sobre a hipocrisia com palavras para falar e paciência para ouvir.

Pensar na natureza dual do reino de Deus pode nos ajudar a enxergar a hipocrisia com mais nitidez. Jesus falava frequentemente sobre o reino. Alguns afirmam que na verdade o reino era sua mensagem central. Seu ensino se baseava no tema veterotestamentário "o Senhor é rei", e as Escrituras declaram a realeza de Deus, tanto sobre Israel (veja Êx 15.18; Nm 23.21; Dt 33.5; Is 43.15 etc.) quanto sobre toda a terra (veja 2Rs 19.15; Is 6.5; Jr 46.18; Sl 96.10; 99.1-4 etc.).

Embora haja uma abundância de afirmações nas Escrituras de que o Senhor reina *agora*, muitas referências também prometem um reino posterior e mais pleno (Is 24.23; Sf 3.15-17; Zc 14.9). George Elden Ladd, um autor influente que escreve sobre o reino, fala sobre essa descrição dupla: "Ela leva à conclusão de que, embora Deus *seja* o Rei, ele também deve *tornar-se* o Rei, isto é, ele tem de manifestar sua realeza no mundo dos homens e das nações".[4]

Assim, Jesus anunciou: "o Reino de Deus chegou a vocês" (Mt 12.28), contudo ele também ordenou que orássemos: "*Venha* o teu reino; *seja* feita a tua vontade" (6.10, KJV). O reino já veio — e as pessoas experimentam salvação, cura, perdão e poder na sua vida diária. No entanto, ele ainda não está aqui em toda a sua plenitude — algumas doenças não são curadas, algumas pessoas não dobram os joelhos diante do ungido do Senhor e os leões não se deitam com os cordeiros.

---

[4]George Elden Ladd, *A theology of the New Testament* (Grand Rapids: Eerdmans, 1974), p. 61 [edição em português: *Teologia do Novo Testamento* (São Paulo: Hagnos, 2003)].

Essa perspectiva "já-ainda não" nos ajuda a entender por que Jesus parou de ler as Escrituras, no meio da frase, naquela sinagoga de Nazaré (veja Lc 4.16-21). A passagem prescrita para aquele sábado, Isaías 61.1,2, diz:

> O Espírito do Soberano Senhor está sobre mim,
>   porque o Senhor ungiu-me
> para pregar as boas-novas aos pobres.
>   Ele me enviou para restaurar os que estão com o coração quebrantando,
>   anunciar liberdade aos cativos e
> libertação das trevas aos prisioneiros,
>   proclamar o ano do favor do Senhor
> e o dia da vingança do nosso Deus,
>   para consolar todos os que andam tristes...

Jesus interrompeu a leitura depois de "proclamar o ano do favor do Senhor" e não anunciou "o dia da vingança do nosso Deus". Esse ponto da interrupção é significativo. Quando ele prosseguiu declarando: "Hoje se cumpriu esta Escritura que vocês acabaram de ouvir" (Lc 4.21). Ele tomou cuidado para não afirmar mais do que devia. A sua primeira vinda, o "já", foi cumprida no que "acabaram de ouvir". As boas-novas (a mensagem da salvação) foram proclamadas aos pobres; os de coração quebrantado foram sarados; e os cativos e prisioneiros (à escravidão do pecado) foram libertos.

Mas "o dia da vingança do nosso Deus" ainda não chegou. Essa parte da profecia não se cumprirá antes da segunda vinda, quando o juízo/vingança final será derramado.

Entre as consequências de viver durante o que alguns chamaram de "o tempo entre os tempos", estão uma série de decepções. Algumas pessoas são libertas de pecados debilitantes, enquanto outras aprendem a viver com aquele espinho na carne. Alguns crentes são curados milagrosamente de câncer, enquanto outros entram pela graça na eternidade e recebem um novo corpo. Algumas áreas de muita turbulência política são tranquilizadas por tratados de paz, enquanto outras se deterioram e até deflagram guerras violentas. Nossas espadas não se transformaram em arados — ainda.

Contudo, viver no reino do "já-ainda não" também resulta em um anseio agridoce pela consumação. C. S. Lewis chamou isso[5] de "alegria" e a descreveu como "um desejo não satisfeito que é ele próprio mais desejável que qualquer outra satisfação".

O fato de o reino ainda estar por se cumprir, de o juízo final não ter sido pronunciado e de nosso anseio pelo reino consumado permanecer sem resposta, tudo isso resulta em um desejo não satisfeito. Nossa insatisfação é o motivo pelo qual às vezes agimos como hipócritas, mesmo quando detestamos agir assim. A eternidade plantada em nosso coração encontra seu cumprimento inicial na cruz do nosso Salvador, contudo anseia pelo cumprimento na própria presença desse Salvador. A igreja estar voltada para a terra nos incomoda porque fomos destinados para o céu, não para a terra. Dizendo de modo simples, há hipócritas "na igreja" porque a igreja ainda está na terra, não no céu.

PERGUNTAS PARA RESPONDER À ACUSAÇÃO DE HIPOCRISIA

Portanto, o que vamos dizer quando as pessoas perguntarem sobre a hipocrisia? Se elas estiverem apenas nos atacando, será sábio de nossa parte desviar de sua crítica ácida e lhes mostrar a própria hipocrisia delas. Se estiverem sofrendo, devemos ter empatia com elas e mostrar que nos importamos. Se estiverem legitimamente indignadas, precisamos participar da sua indignação.

---

[5] C. S. Lewis *Surprised by joy* (San Diego: Harvest Books, 1955), p. 17-8 [edição em português: *Surpreendido pela alegria* (São Paulo: Mundo Cristão, 1995)].

Nos casos em que as pessoas realmente querem dialogar sobre as incoerências entre o que praticamos e o que pregamos, devemos usar várias perguntas para guiá-las à graça do evangelho. Em primeiro lugar, fazer uma pergunta formulada negativamente pode ajudar a dissipar o calor das emoções e pôr a pergunta delas em perspectiva.

- "Você não acha que *todos* os cristãos são hipócritas, acha?"
- "Você não diria que a igreja está *cheia* de hipócritas, diria?"
- "Você não diria que a conduta hipócrita é a norma dos cristãos, diria?"
- "Você não acha que a hipocrisia é o tipo de conduta que o cristianismo ensina, acha?"

O segundo tipo de reação, concordante com elas, não é uma pergunta. Mas prepara o caminho para perguntas que podem produzir reflexão. Quando as pessoas estão certas, devemos aproveitar a plataforma que elas construíram para nossa mensagem e dizer expressões de afirmação. Devemos concordar sinceramente, porque um pouco da raiva contra a hipocrisia é dada por Deus. Quando as pessoas nos contam um episódio específico de conduta hipócrita, podemos responder com declarações confirmativas, como:

- "Puxa. Isso é hipócrita."
- "Ai. Entendo por que isso é tão doloroso para você."
- "Não culpo você por estar chateado."

O terceiro tipo de reação que abre o caminho para perguntas de sondagem envolve reconhecimentos surpreendentes.

- "Sim, você está certo. A igreja está cheia de hipócritas."
- "Sabe, eu também sou hipócrita."
- "Na verdade, pensando bem, somos todos hipócritas."

O quarto tipo de reação, apropriada para algumas pessoas, volta o feitiço contra o feiticeiro.

- "Você não é hipócrita de vez em quando?"
- "Você não desliza em nada? Consegue sempre viver à altura dos seus padrões?"
- "Você, às vezes, não diz uma coisa e faz outra?"

Por fim, algumas perguntas, especialmente para alguns dos nossos interlocutores mais reflexivos, trazem à tona insatisfação profunda com a natureza "ainda não" do nosso mundo. (Nas perguntas a seguir, observe o uso de *nós* em vez de *você*. Queremos que nossos amigos saibam que participamos do ódio deles pela hipocrisia.)

- "Por que você acha que essa hipocrisia nos incomoda tanto?"
- "O que a hipocrisia tem que nos faz querer gritar?"
- "O fato de isso incomodá-lo tanto me faz querer saber por quê. O que você diria sobre isso?"

Em algum momento do diálogo, devemos dizer algo como:

- "Acho que o fato de a hipocrisia nos incomodar tanto indica algum senso de certo e errado, não?"
- "Pergunto-me: será que odiarmos tanto a hipocrisia não é um sinal de que as coisas deviam ser de algum outro modo? O que você acha?"

Mais cedo ou mais tarde podemos reconhecer nossa hipocrisia como a base para nossa necessidade da cruz. Uma surpresa tão agradável pode ajudar os indagadores a encontrar alívio para a hipocrisia deles também. A seguir, vejamos algumas maneiras de dizer isso:

- "Uma das razões de eu ser cristão é que isso resolve meu próprio problema de hipocrisia. Quando Jesus morreu na cruz, ele mostrou que de fato existem justiça e pecado."
- "Entre os meus problemas, há uns que são ainda piores do que a hipocrisia. A Bíblia os chama de pecado. E, embora eu tenha tentado, nunca consegui me livrar da hipocrisia. Por isso, o pagamento de Jesus pelo pecado é uma notícia muito boa para mim. É a solução para a minha hipocrisia."
- "Eu lido com minha hipocrisia o tempo inteiro. Acho que, se eu de fato tivesse consciência do que está acontecendo no meu coração, entenderia que sou ainda mais hipócrita do que percebo. Digo que algumas pessoas não deveriam ser grosseiras, mas, rapaz, eu sou desprezível às vezes (principalmente quando estou atrás do volante). Digo que os homens devem ser fiéis à esposas, mas às vezes olho para mulheres de um jeito que eu não deveria olhar. O melhor de ser cristão, na minha opinião, é que sou perdoado por *todas* as minhas falhas — e não somente pela minha hipocrisia."
- "Acho que um dos motivos por que a igreja tem tantas pessoas desprezíveis é que ela é o único lugar que reconhece que *todos* são desprezíveis! Mas a igreja nos ajuda a encontrar perdão por sermos desprezíveis, bem como poder para deixar de ser assim."

Será que eu deixaria alguma dessas mensagens na secretária eletrônica de Robert Newdow? Acho difícil. Devemos procurar usá-las quando algum amigo se queixa dos cristãos hipócritas que ele conhece? Acho que sim. Enquanto não entrarmos no próximo estágio da história redentora, provavelmente vamos ouvir muito essa pergunta. Também poderíamos preparar uma resposta que demostra sabedoria, compaixão e concordância em vez das alternativas. Nossa reação a: "Por que alguns seguidores de Jesus são tão desprezíveis?" não deve pôr mais lenha na fogueira.

Guia de estudo

As perguntas a seguir se destinam a discussão e aplicação em pequenos grupos.

1. De que várias maneiras as pessoas lhe fizeram a pergunta sobre a hipocrisia?
2. Que demonstrações de hipocrisia mais incomodam você?
3. A discussão sobre o reino de Deus faz sentido para você? Você consegue exprimi-la com suas próprias palavras?
4. Com respeito à pergunta da hipocrisia, escolha uma das respostas listadas — ou crie uma você mesmo — de acordo com cada um dos quatro tipos de respostas: uma pergunta formulada negativamente, uma afirmação surpreendente, um reconhecimento sincero e uma pergunta profunda e reflexiva.
5. Escreva sua própria explicação de por que os hipócritas estão na igreja.

PARTE 3

POR QUE PERGUNTAS E RESPOSTAS NÃO BASTAM?

Capítulo 11

A PERGUNTA DA COMPAIXÃO: "E SE EU NÃO ME IMPORTAR QUE O MEU PRÓXIMO ESTEJA INDO PARA O INFERNO?".

A reunião de oração estava indo bem. Concentrados na expansão internacional do reino de Deus, havíamos orado pela paz de Jerusalém, pelo fim do conflito na Irlanda do Norte, pela cura da aids na África e pelo avivamento da igreja da Europa Ocidental. Lemos páginas e páginas de um guia de oração que havia sido atualizado especificamente para o período de intercessão de hoje.

Então apareceu este pedido para o Afeganistão: "Orem para que os membros da Al-Qaeda, responsáveis pelos ataques do Onze de setembro nos Estados Unidos e agora escondidos nas montanhas do Afeganistão, sejam convencidos de seus pecados, cheguem à fé em Cristo e abandonem suas ligações com essa organização terrorista".

Olhei para saber se mais alguém do meu pequeno grupo achava difícil lidar com esse pedido. Será que eu era o único com complexo de Jonas? Seria o meu o único coração duro?

Orar pelos membros da Al-Qaeda?, eu me perguntei. *Acho que não! Sabendo quem é Deus, ele será "misericordioso e compassivo, longânime, rico em benevolência, um Deus que cede à compaixão e não envia a calamidade"* (veja Jonas 4.2). *Então o quê? Ele responderá às nossas orações e aqueles #!@$&*#! se safarão!*

Em vez de orar pela Al-Qaeda, orei por mim mesmo.

Essa não foi a primeira confissão desse tipo. Meses antes, eu havia chegado à triste constatação de que não me importava com a alma do meu próximo perdido tanto quanto deveria. Não acho que sou o único nisso. Na minha convivência com outros cristãos, percebo frieza e, em alguns casos, desdém para com o mundo perdido à nossa volta.

Pense no *tom* de alguns adesivos cristãos bem conhecidos:

- "Da próxima vez que você achar que é perfeito, tente andar sobre a água."
- "Faça suas reservas para a eternidade agora — ala de fumantes ou ala de não fumantes."
- "Sou louco por Cristo. E você é louco por quem?"

O meu preferido de todos os tempos, completado com chamas vermelhas vindas do fundo do adesivo, é: "Se você está vivendo como se Deus não existisse, tomara que você esteja certo!".

Será que esses sentimentos parecem com os Daquele que apelou: "Venham a mim, todos os que estão cansados e sobrecarregados, e eu lhes darei descanso" (Mt 11.28)? Ou são as exclamações frustradas de um coração rancoroso e desdenhoso?

Por uma série de razões legítimas, alguns cristãos têm raiva do mundo à sua volta (veja o cap. 12). Mas em alguns casos sentimos algo pior — desdém. Dallas Willard, na sua atenta análise do Sermão do Monte, ajuda na distinção entre a raiva e o desdém:

Na raiva, eu quero ferir alguém. No desdém, eu não me importo se a pessoa se fere ou não. Ou pelo menos é isso que digo. Não vale a pena levar a pessoa em consideração, de um jeito ou de outro. Podemos sentir raiva de alguém sem negar seu valor. Mas o desdém torna mais fácil feri-lo ou vê-lo ainda mais degradado.[1]

Foi durante esse tempo em que o Senhor ouviu e respondeu à minha oração: "Eu não me importo nem um pouco com os perdidos", que certo dia conheci Nathaniel. Minha reação a ele me deu esperança de que Deus pode descongelar e curar um coração frio e endurecido — se lhe pedirmos.

Eu havia acabado de falar em uma reunião de alunos universitários que estavam passando o verão como estagiários em Washington, D. C. "A evangelização como modo de vida" foi o tema solicitado para a minha palestra. Eram estudantes cristãos que queriam falar de sua fé com outros estagiários e colegas de trabalho. Depois de minha palestra, Nathaniel veio até mim com ar perturbado.

— Podemos conversar? — perguntou.

Para mim, seria uma enorme satisfação conversar com ele. Dada a descrição que me fora passada dos meus ouvintes, imaginei que ele fosse crente. Eu estava errado. Uma sondagem prévia me mostrou que Nathaniel havia sido convidado por um colega de trabalho para experimentar um pouco como é uma comunidade que reflete a Cristo. Ele gostou da experiência, mas não conseguia conciliá-la com suas perguntas intelectuais.

— Meu pai é cristão — começou — e ele já me deu todos os livros que você pode imaginar para me convencer de que o cristianismo é o caminho certo. Li C. S. Lewis, Francis Schaeffer, Josh McDowell, você escolhe. Só que não consigo perceber sentido em tudo isso.

---

[1] Dallas Willard, *The divine conspiracy* (New York: HarperCollins, 1998), p. 151 [edição em português: *A conspiração divina* (São Paulo: Mundo Cristão, 2001)].

O tom de voz de Nathaniel revelava uma vulnerabilidade que eu raramente tinha ouvido em alguém que me faz perguntas.

— O que, especificamente, é confuso para você? — perguntei.

— Esse é o problema. Eu nem sequer consigo dizer com certeza o que está me incomodando. Só acho que meu pai não é nem um pouco lógico. Meu passado não combina com meu presente, e não sei o que vou fazer depois de me formar. (Mais tarde ele me contou que faltava menos de um ano de faculdade, e ele estava com medo do que aconteceria depois.)

Nathaniel falava com apenas uma voz, mas eu reagi a dois estímulos. Uma reação ao conteúdo da pergunta dele: que livros eu podia lhe recomendar? Que passagens da Bíblia podiam esclarecer sua confusão? Quem ele devia conhecer para ver a bondade cristã encarnada?

A outra reação foi muito mais profunda. Senti uma dor e uma tristeza vindas dele que eu não havia sentido muitas vezes. Quase comecei a chorar. Que trágico era esse rapaz se ver tão alienado — de Deus, de seu pai e até dele mesmo. A confusão, entendi naquele momento, não é apenas um quebra-cabeça intelectual a ser resolvido, é um nó emocional que precisamos desatar.

O que me chocou ainda mais é o que eu *não* senti. Em conversas semelhantes, o que senti, para minha vergonha, foi desdém pelo interlocutor. Se eu tivesse expressado minhas emoções cáusticas com palavras, elas talvez tivessem sido tão horríveis quanto estas:

"Bem, o que você achou que ia acontecer por dar as costas a Deus? Paz e felicidade? Seu orgulho não lhe permite aceitar respostas, ainda que elas sejam lógicas e racionais. Sua incredulidade o fez irracional. Dizendo-se sábio, você tornou-se louco! Mais cedo ou mais tarde, você vai pagar por esse orgulho. E, se você esperar muito, será tarde demais. E então?"

Para minha tristeza, confesso que ainda continuaria em frente. Contudo, extraordinariamente para mim, quando me sentei perto de Nathaniel, não continuei! Deus estava respondendo às minhas orações que pediam compaixão de um jeito muito melhor do que eu sequer teria imaginado.

EXEMPLOS QUE DEVEMOS SEGUIR

Para encarnar o evangelho com nossa vida assim como o comunicamos com nossas palavras, temos de ser libertos do desdém e da raiva e ser transformados pela graça e pelo amor. Para que essa transformação ocorra, é imprescindível pedir que Deus a realize. Mas nós também podemos contribuir para esse processo refletindo sobre alguns grandes exemplos.

O exemplo supremo, obviamente, é o próprio Senhor: "Ao ver as multidões, teve compaixão delas, porque estavam aflitas e desamparadas, como ovelhas sem pastor" (Mt 9.36). Foi uma reação emocional forte. Alguns diriam que o texto dá a entender também uma reação física.

Será que enxergamos as pessoas como Jesus enxerga? Será que vamos além do verniz de sucesso, da riqueza, do riso, da confiança ou da atitude mental positiva das pessoas? Imagine como deve ser enfrentar a morte sem a certeza da salvação, lidar com a doença sem o conforto da oração ou lidar com a incerteza sem a comunhão do Espírito Santo. Imaginar isso pode nos ajudar a ser mais parecidos com Jesus.

A experiência emocional de Paulo em Atenas também deve nos desafiar a corrigir nossa perspectiva. A Bíblia nos diz que "Paulo ficou profundamente indignado ao ver que a cidade estava cheia de ídolos" (At 17.16). Com compaixão semelhante à de Jesus, a reação de Paulo teve um aspecto físico, mas também teve indignação, tristeza e aflição. Ele precisou lidar com a ira santa contra a idolatria e o pesado ônus de ver as pessoas libertas dela.

A reação emocionada do apóstolo Paulo é um contraste total em relação aos métodos rasos dos epicureus e estoicos que ouviam Paulo na colina de Marte. Essas duas cosmovisões rivais continuam moldando a alma das pessoas hoje em dia. Os epicureus "afirmavam que o prazer é o objetivo principal da vida, e o prazer supremo é uma vida de tranquilidade, livre de sofrimento, paixões perturbadoras, medos supersticiosos e inquietação diante da morte".[2] É possível perceber facilmente a influência epicurista em nossa cultura do "se você se sente bem, faça" ou "faça o que seu coração manda".

O fato de que alguns cristãos reflitam mais os sentimentos epicuristas do que os sentimentos paulinos é perturbador. Ao estabelecer como prêmio elevado a "alegria" ou a "comunhão" e com uma visão distorcida da "vida abundante", algumas pessoas evitam qualquer ônus desconfortável em relação a enxergar um mundo necessitado. A tristeza e o fardo, por definição, estão excluídos de uma vida que deve ser alegre e plena.

Semelhantemente, alguns seguidores de Jesus confundiram o estoicismo com a maturidade cristã. Eles acham que o cristão saudável é imperturbável. Eles leem o jornal, ouvem os vizinhos e assistem à televisão e permanecem emocionalmente insensíveis. Sua confiança na soberania de Deus e a fé na volta de Cristo deixam tudo em perfeita ordem para eles. Não se incomodam nem sentem raiva (pelo menos, não de modo justo). Tão somente "louvam o Senhor", sabendo que não serão deixados para trás.

Nem Paulo nem Jesus cometeram esses erros. Eles viam a idolatria e a perdição ao redor deles e isso os comovia e angustiava — até às lágrimas. Sem essa angústia, não refletimos a piedade e a inteireza para um mundo iníquo e ferido. Se Jesus chorava e Paulo gemia, nós temos de fazer mais do que suspirar ou olhar com desdém.

---

[2]Richard N. Longenecker, *The Acts of the Apostles*, vol. 9, *The expositor's Bible commentary* (Grand Rapids: Zondervan, 1981), p. 473-4.

Parte da angústia de Paulo talvez tivesse origem na sua compreensão profunda da idolatria. Ele sabia o que os ídolos podem e não podem fazer. Eles não podem salvar nem satisfazer, mas podem escravizar e desumanizar.

Quando as pessoas atribuem maior valor a alguma coisa ou têm afeição maior por algo acima do verdadeiro Deus, elas põem suas esperanças de satisfação nesse objeto reverenciado. Cultuam esse objeto. Isso é idolatria. Esqueça a ideia de pessoas que se curvam diante de estátuas. É claro, esse é um retrato de idolatria na forma mais simplista. Porém, qualquer coisa (um time, um carro, um bem material, uma carreira, um relacionamento, um sonho, o intelecto, uma realização, o prazer, o sofrimento, o passado, o futuro, uma experiência, uma realização, uma vingança, um desejo e até mesmo um arrependimento!) pode ser um ídolo. Essa religiosidade é tão sutil e tão prevalecente no nosso mundo que não consegue gerar reação nenhuma, muito menos indignação, angústia ou compaixão. E, se formos sinceros, nós também talvez descubramos algumas dessas coisas reivindicando a lealdade principal do nosso coração.

Paulo e Jesus também compreendiam a verdadeira natureza da incredulidade. As pessoas não rejeitam o evangelho em primeiro lugar porque são obstinadas demais para "entendê-lo". A incredulidade brota de outros solos além do da confusão intelectual. As pessoas rejeitam as boas-novas porque elas são escravas de outros tipos de novidades. Estão apaixonadas por algo que não merece essa devoção e não conseguem se libertar desse objeto.

UM EXEMPLO QUE *NÃO* DEVEMOS SEGUIR

Quando enxergarmos as pessoas como Jesus e Paulo enxergavam — como ovelhas sem pastor ou como adoradoras de ídolos equivocadas —, é provável que sintamos mais compaixão do que desdém. Além de valorizar esses bons exemplos, podemos ajustar ainda mais nosso termostato da compaixão examinando um mau exemplo — Jonas.

Muita gente não hesita em condenar Jonas. Ficamos admirados do quanto ele foi tolo em pensar que podia fugir de Deus. E, com pouca compaixão por ele, repreendemos sua falta de compaixão por Nínive. Contudo, um exame mais atento desse breve livro deve moderar nossa rejeição do chamado profeta relutante. Quanto "amor" *nós* demonstraríamos por um inimigo invasor com a fama bem-merecida de estupradores cruéis e assassinos impiedosos? A semelhança entre Nínive e a Al-Qaeda talvez seja mais estreita do que achamos.

Dada a reputação de Nínive, é incrível Deus havê-la chamado de "grande cidade" — três vezes: quando ordenou que Jonas fosse pregar ali (1.2), quando fez o chamado pela segunda vez (3.2) e quando apelou com estas palavras: "Não deveria eu ter pena dessa grande cidade?" (4.11).

Nínive é mencionada como "grande" ainda mais uma vez. No capítulo 3, no início da obediência de Jonas, o narrador a identifica de um modo incomum, usando um jogo de palavras em referência tanto às grandes proporções geográficas de Nínive (uma "jornada de três dias", como 3.3 [KJV] expressa) quanto ao lugar especial que ela tem no coração de Deus.

A construção sintática hebraica dessa expressão, em geral traduzida por algo como "uma cidade extraordinariamente grande", é única. As notas de rodapé em muitas Bíblias nos informam que ela também pode ser traduzida por "uma cidade importante para Deus" ou, de modo mais literal, por "uma grande cidade para Deus". Acho que as evidências pendem o prato da balança para a tradução da nota de rodapé.[3]

---

[3]T. Desmond Alexander, *Jonah* (Downers Grove: InterVarsity, 1988), vol. 23a: *Tyndale Old Testament commentary*, p. 119, nota 3 [edição em português: *Obadias, Jonas, Miqueias, Naum, Habacuque e Sofonias* (São Paulo: Vida Nova, 2001)].

Deus considerava Nínive um objeto de seu interesse, um lugar repleto de pessoas que não sabiam distinguir a mão esquerda da direita, um lugar que devia sua própria existência, como a planta que protegeu a cabeça de Jonas, à mão sustentadora de Deus (veja 4.10). O narrador nos lembra de que Nínive era "grande para Deus" porque Deus foi quem a considerou assim — três vezes.

Não há razão alguma para Deus não chamar também os nossos semelhantes de "grandes" ou "importantes", pois ele os criou à sua imagem, faz o sol brilhar sobre eles — iníquos e justos — e se entristece porque eles não sabem distinguir a mão esquerda da direita. Se não temos o mesmo interesse que Deus por aqueles que estão à nossa volta, precisamos do mesmo remédio que Jonas: o arrependimento.

Nada, a não ser a contrição, pode nos transformar para esse fim. Assim como Jonas, que se preocupou tanto com uma planta, que ele não teve nenhuma responsabilidade de criar nem de sustentar, temos mais compaixão por animais de estimação, carros, tacos de golfe ou outros objetos inanimados do que por pessoas — que são portadoras da imagem divina e têm importância eterna. Não adianta condenar Jonas ingenuamente, dizendo: "Ah, eu nunca seria tão frio", ou simplesmente decidir "ser mais compassivos". Foi necessário o instrumento salvador de um grande peixe para mudar o coração de Jonas. (Leia sua oração em Jonas 2.) É necessário outro instrumento salvador, uma cruz, para alcançarmos uma atitude semelhante.

Mas cuidado. A transformação tem de ser completa, não apenas temporária. Quando a cortina se fecha no drama de Jonas, ficamos entregues à incerteza. O profeta irado chegou a reagir à graça de Deus como Nínive reagiu? Os ninivitas "abandonaram os seus maus caminhos" (veja 3.10). Será que ele continuou chafurdando em autopiedade e obteve resposta à oração: "Tira a minha vida, eu imploro, porque para mim é melhor morrer do que viver" (4.3)?

UMA TRANSFORMAÇÃO QUE DEVEMOS PEDIR

Observar bons e maus exemplos, compreender a ramificação plena da idolatria e não se esquecer da verdadeira natureza da incredulidade nos traz somente até aqui em nossa busca de compaixão. Nós também temos de nos maravilhar com o escândalo da graça.

Escândalo parece a palavra errada, não parece? Ela traz à mente algo que causa (ou deve causar) desgraça — o envolvimento de um político com o crime organizado, por exemplo, ou as práticas contábeis desonestas de um alto executivo.

Talvez outro aspecto da palavra *escândalo* nos remeta ao Calvário. Os termos neotestamentários *skandalon* e *skandalizo* são a origem de nossa palavra *escandalizar*,[4] que significa "aquilo que gera ofensa, ou causa revolta, ou provoca oposição".

Escândalo comunica perfeitamente a natureza de Jesus, que ele previu como pedra de tropeço. Ao contrário de "fazer alguém pecar" (um uso comum da palavra, como em Mt 5.29,30), Jesus deixa as pessoas surpresas. O fato de ele deixar de cumprir as expectativas delas gerava ofensa e provocava oposição. Ele *escandalizou* João Batista porque se revelou como um tipo inesperado de Messias (veja Mt 11.6). As pessoas da cidade natal de Jesus ficaram *escandalizadas* com a simplicidade dele (Mt 13.57). Os fariseus ficaram *escandalizados* com a interpretação de Jesus — de que o que os tornava impuros era o que lhes saía da boca, não o que entrava por ela (Mt 15.10-12).

Paulo entendia a cruz como um *escândalo* porque ela mostrava quanto nós somos incapazes de alcançar a justiça do reino pelo esforço próprio. Israel buscava a justiça "não pela fé, mas como se fosse por obras" e, assim, "não a alcançou [a justiça]". Os israelitas tropeçaram na "pedra de *escândalo*" (veja Rm 9.31-33; Is 8.14). Na verdade, Paulo

---

[4]W. F. Bauer; F. W. Danker; W. F. Arndt; F. W. Gingrich, *"Skandalon"*, in: *A Greek-English lexicon of the New Testament and other early Christian literature* (Chicago: University of Chicago Press, 1979), p. 753.

ressaltou que, se *pudéssemos* nos tornar justos por meras obras (simbolizadas pela circuncisão), o *escândalo* da cruz seria abolido (veja Gl 5.11). Pedro concordou, citando o mesmo versículo de Isaías (1Pe 2.8).

Em outras palavras, a graça deve ser tanto surpreendente quanto inquietante para nós. Apesar de algo da nossa inclinação para a autossuficiência detestá-la, sua maravilha deve nos dominar com alegria, gratidão, humildade e anseio por compartilhá-la.

No entanto, a graça pode se tornar banal. Já lemos o final da história a seguir tantas vezes que ela não consegue mais nos chocar. Mas podemos ter certeza de que um sorriso não era a reação que Jesus buscava obter quando contou essa parábola *escandalosa*. Tente lê-la como se fosse a primeira vez e veja se você sente a força surpreendente e intencional.

> Porque o Reino dos céus é como um proprietário que saiu de manhã cedo para contratar trabalhadores para a sua vinha. Ele combinou pagar-lhes um denário pelo dia e os enviou para a sua vinha.
>
> Por volta das nove horas da manhã, ele saiu e viu outros que estavam desocupados na praça e lhes disse: "Vão também trabalhar na vinha, e eu lhes pagarei o que for justo". E eles foram.
>
> Saiu outra vez por volta da sexta hora e da nona e fez a mesma coisa. Por volta da undécima hora, encontrou ainda outros que estavam desocupados e lhes perguntou: "Por que vocês ficaram aqui desocupados o dia todo?". "Porque ninguém nos contratou", responderam.
>
> Ele lhes disse: "Vão vocês também trabalhar na minha vinha".
>
> Ao cair da tarde, o dono da vinha disse a seu administrador: "Chame os trabalhadores e pague-lhes o salário, começando com os últimos contratados e acabando pelos primeiros". Vieram os trabalhadores contratados por volta da undécima hora e cada um recebeu um denário. Quando vieram os que tinham sido contratados primeiro, esperavam receber mais. Mas cada um deles também recebeu um denário. Quando o receberam, começaram a se queixar do proprietário da vinha, dizendo-lhe: "Estes homens contratados

por último trabalharam apenas uma hora, e o senhor os igualou a nós, que suportamos o peso do trabalho e o calor do dia".

Mas ele respondeu a um deles: "Amigo, não estou sendo injusto com você. Você não concordou em trabalhar por um denário? Receba o que é seu e vá. Eu quero dar ao que foi contratado por último o mesmo que lhe dei. Não tenho o direito de fazer o que quero com o meu dinheiro? Ou você está com inveja porque sou generoso?". Assim, os últimos serão primeiros, e os primeiros serão últimos (Mt 20.1-16).

Essa parábola não incomoda você? Algo dentro de você não está clamando pelo nosso tipo de "justiça"? Muitos intérpretes revelam seu desconforto com essa parábola minimizando o *escândalo* dela e, com isso, seu potencial de criar tropeço. Uma dessas interpretações considera que o trabalhador da undécima hora é tão diligente que seu rendimento foi equivalente ao dos trabalhadores que labutaram o dia inteiro. Outro intérprete equipara a "disposição" dos trabalhadores do começo à dos trabalhadores do fim do dia. Ainda outro, apelando à igualdade, mas prestando pouca atenção ao texto, defende que todas as pessoas e seus esforços pelo reino são iguais diante de Deus. Cada uma dessas visões, no entanto, precisa de informações de fora da parábola. Nenhuma delas faz justiça ao clímax da parábola: "Assim, os últimos serão primeiros, e os primeiros serão últimos" (Mt 20.16).

Essa parábola também não infunde em nós um sentimento de humildade estupefata quando ouvimos: "Não tenho o direito de fazer o que quero com o meu dinheiro?". Um comentarista explica: "Se a generosidade de Deus tivesse de ser representada por um homem, esse homem seria diferente de qualquer homem já encontrado".[5]

---

[5]Para um resumo dessas interpretações e das palavras de Huffmann, veja D. A. Carson, *Matthew* (Grand Rapids: Zondervan, 1984), vol. 8, *The expositor's Bible commentary*, p. 427 [edição em português: *O comentário de Mateus* (São Paulo: Shedd, 2011)].

Refletir sobre a pedra de tropeço da cruz e sobre a natureza contraintuitiva da graça deve nos conduzir a uma encruzilhada humilhante, mas bela — a da santidade aterradora de Deus e da nossa completa indignidade. Devemos nos maravilhar de que o Deus que se revela como fogo (uma imagem frequente de santidade incandescente) simplesmente não consome a nós, pecadores. Deus não consumiu nem a Moisés, que choramingou e discutiu naquele solo sagrado. E, assim como ele (também perante a sarça ardente!), nós não somos consumidos (veja Lm 3.22 para saber por quê!).

Essa humildade, portanto, deve se estender para os outros, como "um mendigo contando a outro onde encontrar pão". Deve haver, porém, uma analogia mais adequada. O rótulo de "mendigo" não abarca totalmente a extensão de nosso desespero, e a salvação é muito mais excelente do que pão. Apesar disso, o clichê nos faz virar 180 graus em relação à arrogância e à altivez.

PASSOS EM DIREÇÃO À COMPAIXÃO

Diante disso, o que devemos fazer para ser mais compassivos? O primeiro passo é com os joelhos. Temos de confessar nossa falta de interesse. A grande promessa de 1João 1.9 envolve tanto o perdão quanto a purificação: "Se confessarmos os nossos pecados, ele é fiel e justo, e nos perdoará os pecados". Quando recitamos as palavras conhecidas, no entanto, temos de prosseguir para o restante do versículo: "[...] e nos purificará de toda injustiça". Deus não só nos declara perdoados e justificados, mas também promove a obra de purificação que começou em nós. Quando confessamos que não nos importamos se o nosso próximo está indo para o inferno, Deus nos perdoa e também aperfeiçoa. Ele nos torna menos encardidos, menos amarrotados, menos irados, menos desdenhosos e menos egocêntricos.

Talvez precisemos dizer ao nosso Pai celestial: "Não me importo com as pessoas como deveria. Tenho um coração frio. Por favor, faça-me mais parecido com o Senhor — atencioso, compassivo, generoso, gracioso e transbordante de misericórdia. Dê-me um anseio tão grande por ver sua obra nas pessoas à minha volta quanto anseio por ela em mim. Preciso que o Senhor atue, porque não consigo por mim mesmo produzir esse tipo de compaixão".

Orando assim, podemos ter certeza de que Deus agirá para nos "desjonizar", dando-nos um coração voltado para o próximo e os amigos perdidos. Orar assim talvez nos faça sentir como se estivéssemos aprendendo uma língua estrangeira. A contrição saiu de moda, e as reuniões semanais de confissão congregacional quase desapareceram. Esta oração do *Livro de oração comum* parece, de fato, quase de outro mundo:

> Todo-Poderoso e amantíssimo Pai, nós erramos e nos desviamos como ovelhas perdidas. Seguimos demais os desejos e inclinações de nosso coração. Transgredimos as tuas santas leis. Fizemos coisas que não devíamos fazer e não fizemos o que devíamos ter feito. Não há nenhum bem em nós. Mas ó Senhor, ó Deus, tem misericórdia de nós, miseráveis pecadores. Perdoa, ó Deus, os que confessam seus pecados. Restaura, Senhor, aqueles que estão arrependidos, de acordo com as tuas promessas aos homens em Jesus Cristo, nosso Salvador. E concede, Pai misericordioso, em nome dele, que de agora em diante vivamos uma vida santa, reta e sóbria, para a glória do teu santo Nome. Amém.[6]

Ser fluentes nessa língua, como era a igreja outrora, pode nos ajudar a nos aproximar mais de Deus e a refletir o coração dele para os que convivem conosco. Não precisamos ter medo de que confessar minimizará a graça. Também não fazemos confissões para expiação pelos pecados, mas, sim, por gratidão pela obra já feita para perdão dos pecados.

---

[6] Disponível em: http://anglicanadr.com.br/wpcontent/uploads/2015/12/Livro_de_Oracao_Comum.pdf, p. 36.

Para a confissão individual, a lista a seguir, do clássico de John Baillie, *A diary of private prayer* [Diário de oração pessoal], fornece um modelo valioso.

Ó Pai celestial, que criaste os meus membros para te servir, e a minha alma para seguir-te com todas as forças, com tristeza e o coração contrito reconheço diante de ti as faltas e omissões do dia que passou. [...]
Minha falta de fidelidade até aos meus próprios padrões adotados:
Meu autoengano diante da tentação:
Minha escolha do pior quando conheço o melhor:
Ó Senhor, perdoa.
Por não aplicar a mim mesmo os padrões de conduta que exijo dos outros:
Minha cegueira ao sofrimento dos outros e minha lentidão para aprender por mim mesmo:
Minha complacência com os erros que não dizem respeito a mim e a minha sensibilidade exagerada para com aqueles que a dizem:
Minha lentidão para enxergar o bem no meu próximo e o mal em mim mesmo:
Minha dureza de coração para com as faltas do meu próximo e minha prontidão para tolerar as minhas próprias faltas:
Minha relutância em acreditar que me chamaste para uma obra pequena, e ao meu irmão, para uma grande:
Ó Senhor, perdoa.[7]

O segundo passo para a compaixão, ainda de uma postura genuflexa, envolve orar pelos que não conhecem a Cristo. Quando

---

[7]John Baillie, *A diary of private prayer: a devotional classic* (New York: Scribner, 1949), p. 15.

suplicamos que Deus atraia pessoas para ele, nós mesmos somos atraídos para essas pessoas. Fazer uma lista daqueles que são os nossos "Dez mais queridos" e guardá-la dentro da nossa Bíblia pode motivar orações, bem como amolecer corações. Fazer isso não demonstra de modo nenhum falta de fé na soberania de um Deus que predestina. Até Paulo "orava" pelos perdidos — quer pela nação inteira de Israel (veja Rm 10.1), quer somente pela alma do rei Agripa (veja At 26.29).

Certamente, a maioria das pessoas não tem o dom da evangelização e nunca fará fluir o evangelho com tanta espontaneidade quanto aqueles que têm esse chamado. Por isso, não devemos esperar os níveis de angústia pelos perdidos, a facilidade de falar ou o mesmo tipo de reações manifestados por gente como Billy Graham ou outros evangelistas. No entanto, podemos pedir e esperar níveis maiores de compaixão e desejo de contar aos outros as boas-novas que nos transformaram.

O terceiro passo para a compaixão envolve empatia — ver as coisas da perspectiva do nosso próximo. Em geral nós nos concentramos na segunda parte de Provérbios 14.12: "Há caminho que parece certo ao homem, mas no final conduz à morte". Tão somente vemos as pessoas como perdidas e a caminho do inferno. Mas a primeira parte do versículo também merece reflexão. Devemos perguntar: "*Por que* esse caminho parece certo para elas?". Mesmo que não sejamos capazes de identificar corretamente a motivação delas, certamente isso despertará compaixão por elas.

O budismo "parece certo" para muitos interlocutores que nos fazem perguntas porque ele reconhece um aspecto espiritual da vida muitas vezes negligenciado. Também minimiza a dificuldade de lidar com o mal e com o sofrimento e atrai as pessoas perturbadas pelo barulho e pelo caos da sociedade moderna. Ficar sentado em silêncio durante uma hora e meia para meditar depois de ter enfrentado o trânsito e a tecnologia "parece certo" para muitas pessoas.

O islamismo "parece certo" para muitos porque ele exige uma pureza moral inflexível em um mundo que se tornou nauseantemente imoral. As crenças da Nova Era "parecem certas" para algumas pessoas porque satisfazem o anseio pela transcendência sem o sofrimento da contrição.

Poderíamos continuar indefinidamente, citando atrações próprias de cada cosmovisão concorrente. De fato, devemos fazer isso, para demonstrar respeito pelos nossos ouvintes enquanto declaramos a superioridade do evangelho.

O "caminho" pode "parecer certo", porém, por razões menos cognitivas. Uma mulher talvez seja favorável à escolha (no caso do aborto) porque certa vez se viu sem saída por causa de uma gravidez indesejada e encontrou aceitação somente em uma clínica de aborto. Alguém talvez seja solidário para com os homossexuais porque um amigo próximo apanhou e foi ridicularizado por causa de sua orientação sexual. Uma moça talvez seja ateia porque seus pais fanáticos religiosos foram duros demais na criação dela. Um homem talvez seja viciado em dinheiro porque tem o sentimento profundamente enraizado de nunca ter o suficiente. A moça talvez seja promíscua porque nunca se sentiu aceita pelo pai, que a abandonou na tenra idade. A raiva dessas pessoas talvez tenha mais fundamento do que a sua!

Meu encontro com Nathaniel me incentivou a continuar pedindo que Deus quebrante meu coração pelas pessoas. Quando eu e Nathaniel nos encontramos algumas vezes naquele verão para almoçar, procurei enxergar as coisas da perspectiva dele. Senti seu medo do futuro e a confusão de ideias. Tivemos alguns momentos prazerosos de debate sobre o evangelho, e a evangelização foi um prazer e, ao mesmo tempo, um fardo para mim. Acho que é assim que devia ser. Ainda é, quando trocamos e-mails e telefonemas.

Continuo orando por Nathaniel. Peço que Deus lhe abra os olhos e o coração para a verdade e a graça da cruz. Também oro por mim mesmo, para que o círculo de pessoas por quem tenho essa compaixão seja ampliado. Deus deve estar respondendo a essas orações, e até estou começando a orar pela Al-Qaeda.

GUIA DE ESTUDO

As perguntas a seguir se destinam a discussão e aplicação em pequenos grupos.

1. Você consegue se identificar com a atitude do autor em relação à Al-Qaeda? Em relação a quais outros grupos você sente um tipo semelhante de desprezo?
2. Por quais outros motivos você acha que Jesus tinha compaixão pelas pessoas, quando as enxergou como "ovelhas sem pastor"? O que ele viu que muitas vezes esquecemos?
3. Por que mais você acha que Paulo se sentiu como se sentiu em Atenas? O que mais sobre ídolos não foi mencionado nesse capítulo?
4. Você precisa fazer uma oração de confissão semelhante à do *Livro de oração comum* ou à da obra de John Baillie?
5. Faça uma lista dos "Dez mais queridos". Peça que Deus aja no coração deles — e no seu!

CAPÍTULO 12

A PERGUNTA DA IRA: "E SE EU *QUISER* MESMO QUE O MEU PRÓXIMO VÁ PARA O INFERNO?".

Poluição sonora existe? Aconteceu em uma bela tarde de abril há alguns anos na George Mason University, na Virgínia do Norte. Quando atravessei a porta de saída do Johnson Student Center, imediatamente tive duas sensações conflitantes. A primeira foi uma onde de descontração. O céu estava azul, e a temperatura era perfeita para ficar sentado no gramado. A segunda sensação foi de tensão, causada por alguma poluição sonora. O barulho era alto demais para ser ignorado, mas vago demais para entender. Assim, por curiosidade, eu me aproximei para ver o que era todo aquele barulho.

Uma multidão de cerca de cem alunos tinha se juntado em volta de um homem. Ele estava segurando uma cruz de madeira enorme, de cerca de três metros. Ele gritava. Chamava as mulheres da multidão de "vadias". Os homens, ele chamava de "fornicadores". Qualquer um com camiseta estampada com letras gregas, indicando que fazia parte de uma fraternidade ou irmandade, passava a ser alvo de condenação especialmente severa. O homem trazia uma

Bíblia. Gritava furioso, mas tinha o rosto inexpressivo, não olhava na cara de ninguém.

A multidão mudava sempre. A quantidade básica de cerca de cem pessoas permanecia a mesma, mas o perímetro parecia uma porta giratória, poucas pessoas se detinham mais do que um minuto. As pessoas se aglomeravam, ouviam por alguns momentos e depois iam embora, indignadas. Muitas riam. Se alguém fazia uma pergunta, era mais uma acusação escarnecedora do que uma indagação sincera. Eu também teria ido embora, mas me senti forçado a analisar a situação. "O que as pessoas estão pensando desse sujeito?", eu me perguntei.

A cena não era nova. Toda primavera alguém aparecia na Mason com o mesmo truque. Todo ano era um cara diferente, mas a apresentação era a mesma — e, deixe-me adivinhar, com o mesmo efeito. A *performance* dava às pessoas um tema para discutir e dar risada pelo resto do dia. Dava para ouvir conversas de zombaria por todo o campus: "Ei, você viu o crente bizarro por aí no pátio? Que idiota! Não sei como alguém poderia ouvi-lo".

Também não sei. No entanto, esses caras aparecem todo ano, achando que estão fazendo "a obra do Senhor". E George Mason não é exceção. Em muitos campi pelo país afora, aparecem pregadores barulhentos gritando. A poluição sonora religiosa no campus tornou-se um problema perene.

Preciso acrescentar um qualificador aqui. Alguns desses pregadores de rua são excelentes. Cliffe Knechtle, ex-afiliado à InterVarsity Christian Fellowship, é um mestre desse modo de expressão. As apresentações dele são poderosas e respeitosas. Ele extrai perguntas sinceras da multidão e as responde concisamente e de um modo que satisfaz tanto o coração quanto a mente. Há outros como ele. Conheci pessoas que chegaram à fé em Cristo por causa desse tipo de pregação ousada. Mas esses bons evangelistas são raras exceções. A maioria dos pregadores de campus/rua que vi produz mais poluição sonora do que convertidos religiosos.

Durante alguns anos tive esperança de que esses gritadores parassem de aparecer. Mas abandonei essa esperança e decidi usar o evento como um trampolim para conversas evangelísticas. Eu também perguntava a alguém: "Você viu aquele cara pregando lá fora?". Se a pessoa respondesse sim, eu perguntava: "O que você acha desse cara?". Eu tomaria cuidado para me distanciar do modo de se apresentar daquele pregador, dizendo que eu estava me perguntando como o pregador barulhento estava tão informado sobre a vida moral das pessoas sem conhecê-las. Mas em seguida eu perguntava: "O que você acha da mensagem dele?". Sem me alinhar com ele, a pergunta me dava a chance de dizer o que eu achava de como uma pessoa vem a conhecer Deus e vai para o céu.

Era curioso que a maioria das pessoas com quem conversei manifestava uma interpretação semelhante do pregador. Embora as opiniões variassem sobre a mensagem dele, todos eram unânimes a respeito de sua comunicação: "Ele sem dúvida parece muito bravo".

Tenho de concordar. Na verdade, cheguei a ouvir esse tom de ira em muita pregação e evangelização. Mesmo algumas conversas cotidianas entre cristãos e não cristãos parecem rudes e raivosas. Se formos honestos, reconheceremos que muitas das nossas palavras parecem raivosas por uma razão muito boa: nós *somos* raivosos.

A mídia social apenas exacerbou a expressão da nossa raiva. É incrível a quantidade de "testemunhos" que circulam nas mídias sociais. Isso é bom. Mas o e-mail é perigoso por causa da sua facilidade. Sem reflexão em oração ou tempo para nos acalmarmos ou pedirmos que outra pessoa revise nossa mensagem, o botão de "responder" é pressionado rápido demais. A difusão da raiva através do ciberespaço não está ajudando a difusão do evangelho.

Porém, vale a pena perguntar: Será que toda essa manifestação de raiva é ruim? Talvez Deus queira que fiquemos irados. Embora a maioria das pessoas de George Mason ficasse constrangida com o pregador do campus, alguns alunos cristãos com quem conversei gostavam de fato dele. "Jesus não expulsou os cambistas do templo?", eles perguntavam. "Os profetas do Antigo Testamento não estavam irados grande parte do tempo? Não devemos ter raiva do pecado?" Eles achavam que o visitante do campus que carregava uma cruz demonstrava um tipo de raiva justa.

Sem dúvida, se nossa motivação para expressar raiva é uma indignação pura, sem contaminação e justa, como certamente foi a de Jesus e Jeremias, então temos todo o direito de gritar. O problema é que o que está por trás do nosso discurso retórico muitas vezes é outra coisa. Muito do nosso empenho evangelístico gera pouco fruto porque nossa motivação, em vez de se basear em indignação justa, está envenenada por raiva pecaminosa. Nossas palavras, portanto, contêm mais raiva pecaminosa do que verdade.

PROVÉRBIOS E A IRA

Muito foi escrito — tanto por cristãos quanto por outros — sobre a ira.[1] A relação entre ira e evangelização, no entanto, não foi estudada a fundo. Identificar a diferença entre a ira justa e a ira pecaminosa talvez seja um primeiro passo importante para entender essa relação.

O livro de Provérbios nos adverte sobre o dano que a ira pode causar. Talvez Tiago tivesse em mente alguns provérbios quando escreveu: "Meus amados irmãos, não se esqueçam disto: Sejam todos prontos para ouvir, tardios para falar e tardios para irar-se, pois a ira do homem não produz a vida justa que Deus deseja" (Tg 1.19,20).

Essa última frase alude a uma advertência de Provérbios: "O homem irado provoca brigas, e o de gênio violento comete muitos pecados" (29.22). Ou "Quem é irritadiço faz tolices, e o homem cheio de astúcias é odiado" (14.17). Gostaria de não entender

---

[1] Veja, por exemplo, Neil Clark Warren, *Make anger your ally* (Wheaton: Tyndale House, 1993).

o que Salomão queria dizer no último provérbio. Tolices? Como fazer um buraco na parede com o punho? Como dizer palavras que insultam e magoam uma esposa? Como gritar com uma criança? Como passar do limite de velocidade e ganhar uma multa de 75 dólares? Como fazer um comentário sarcástico para um vizinho não crente, de modo que o evangelho lhe pareça ainda menos atraente? Provérbios sabe aonde esse tipo de comportamento leva: "O homem de gênio difícil precisa do castigo; se você o poupar, terá de poupá-lo novamente" (19.19).

Quando eu era um cristão jovem, passei um verão participando de diversas atividades evangelísticas em um *resort* em uma praia. A premissa era que as pessoas estavam ali para relaxar e fugir das pressões do cotidiano. Logo, imaginamos, elas estariam mais abertas para conversar com novos conhecidos e mais dispostas a discutir questões espirituais — coisas para as quais elas não tinham tempo nem energia no curso normal da vida. A premissa estava certa grande parte do tempo. Mas também tivemos um número razoável de conversas do tipo:

— Oi, meu nome é Randy, e esse é o meu amigo Bob, estamos na praia hoje conversando com as pessoas sobre questões espirituais. Você já pensou um pouco sobre essas coisas?

— Se manda, Randy, e leve seu amigo Bob junto.

Um sábado à tarde, encontrei algumas pessoas da turma do "se manda". Eu estava frustrado (um gatilho comum da ira). Quando estava me aproximando de um jovem, eu estava decidido a não "me mandar" mais. Na verdade, eu estava pronto para lhe dizer para onde Deus *o* mandaria! Eu não ficaria surpreso se, por causa da nossa conversa, esse sujeito agora fosse líder de alguma sociedade local de ateus. Ele não queria conversar; eu não queria me mandar. Ele disse não várias vezes. Eu lhe perguntei por que diversas vezes. Ele não queria me dar resposta nenhuma; eu não queria ceder. Pensando nesse diálogo, todo o episódio poderia ter sido filmado e usado para ilustrar o provérbio: "Pois assim como bater o leite produz manteiga, e assim como torcer o nariz produz sangue, também suscitar a raiva produz contenda" (30.33).

Mesmo que estejamos do "lado certo" de uma conversa evangelística, alguns tipos de ira podem ser terrivelmente destrutivos. É completamente tolo dar "vazão à [sua] ira", e é completamente piedoso "[você] ter domínio próprio" (veja Pv 29.11). Até conviver com outras pessoas iradas é algo que o Senhor quer que evitemos. "Não se associe com quem vive de mau humor, nem ande em companhia de quem facilmente se ira" (22.24). Ao que parece, essa doença é contagiosa.

Provérbios também tem alguns conselhos para lidar com a ira de outra pessoa. A mensagem do evangelho, por tocar na questão da pecaminosidade das pessoas, muitas vezes traz a ira delas à tona. Mesmo quando nos expressamos do modo mais desprovido de ira possível, alguns reagem com muita ira. Em muitos casos, o melhor é ignorar a ofensa. Como Provérbios 12.16 declara: "O insensato revela de imediato seu aborrecimento, mas o homem prudente ignora o insulto". Provérbios 19.11 nos mostra o que isso requer: "A sabedoria do homem lhe dá paciência; sua glória é ignorar as ofensas".

Quando ignorar a ira de alguém não funciona, precisamos empregar táticas para desviá-la; daí a ideia de Provérbios 29.8 de que "os zombadores agitam a cidade, mas os sábios a apaziguam" e a sugestão específica de Provérbios 15.1: "A resposta calma desvia a fúria, mas a palavra ríspida desperta a ira".

Ter algumas das frases seguintes na ponta da língua talvez seja exatamente o que é necessário para desviar a ira e voltar o coração de alguém para o Salvador:

- "Uau! Parece que isso incomoda mesmo você. Esse assunto é doloroso para você?"

- "Acho que toquei em um ponto sensível. Sinto muito. Quer que eu mude de assunto?"
- "Espero não tê-lo ofendido. Por que esses assuntos espirituais parecem incomodar tanto você?"

É claro que esse tipo de calma e autocontrole quando deparamos com a ira — quer do outro, quer a nossa própria — requer nosso conhecimento da ira. Também exige a maturidade espiritual que superou o dano causado pela ira não resolvida. Requer algum esforço.

O QUE ESTÁ POR TRÁS DA IRA

Grande parte da literatura sobre ira concorda em que ela é uma emoção secundária, não primária. Em muitos casos, algo subjacente à ira a desencadeia. Os três gatilhos mais comuns são mágoa, medo e frustração. Assim, descobrindo o que está por trás dela, boa parte da ira destrutiva pode ser canalizada para uma conduta construtiva.

Você talvez grite com seus filhos, por exemplo, porque nesse dia não teve o reconhecimento que achava que merecia no trabalho — *mágoa*. Você talvez esteja dirigindo como um louco porque alguém acabou de fechá-lo e você quase foi parar em uma vala — *medo*. Talvez seu cônjuge ouça uma reprimenda que não merece porque aquela encomenda importante de que você precisava para ontem não foi entregue pelo correio hoje — *frustração*.

Identificar o desencadeador subjacente pode ajudar a dissipar a ira resultante. Isso também pode nos libertar para tratar da questão real. Se não identificarmos a causa primária, pode desenvolver-se um resíduo de ira. Com essa ira escondida debaixo da superfície, não é preciso muito para acendê-la.

Recentemente eu e minha esposa tivemos uma discussão intensa sobre um lustre que eu havia acabado de instalar no corredor.

(Nós nos referíamos a essas conversas como "discussões de ajuste conjugal" [no original, "*marital adjustment discussions*"]. Um dia nos demos conta de que as iniciais das palavras de "*marital adjustment discussions*" formam a palavra MAD [maluco]. Achamos que não era um bom nome. Agora só as chamamos de "brigas" mesmo.) Eu achava que meu trabalho havia ficado muito bom, obrigado. Minha esposa parecia irritada com o resultado. Perguntei o que ela achou. Ela não gostou. O tom dela foi mais rude do que se espera para uma avaliação da luminária do corredor.

Perguntei se ela estava chateada comigo por ter escolhido o lustre sem a opinião dela. Não estava. Indaguei se deveria estar fazendo alguma outra coisa em vez desse reparo. Não deveria. Perguntei. Quis saber. Ela perguntou. Ela quis saber. Chegamos ao consenso de que alguma outra coisa além da luminária do corredor estava causando atrito entre nós.

Voltamos mentalmente o filme do que havia acontecido antes de eu arrumar a luminária. Estávamos conversando sobre o consumo de refrigerante dos nossos filhos. Eles me perguntaram se podiam tomar um refrigerante, sabendo — espertinhos que são — que a mãe deles já havia dito que não podiam. Eu disse que sim. O refrigerante foi consumido. Nossa ira, não. Na discussão sobre o episódio do refrigerante, eu fiquei frustrado com minha esposa por não ter um sistema melhor de distribuição de refrigerante e lhe deixei isso claro com alguns modos bem insultantes. Ela ficou frustrada comigo por não a ter consultado antes de dar uma resposta aos meninos. E estava magoada pelo modo como falei com ela sobre isso.

Por trás da nossa discussão sobre o lustre havia um resíduo de ira que envenenou nossa capacidade de conexão. Ter encontrado o canteiro original de nossa ira ajudou a nos concentrar nas nossas emoções presentes. Isso nos libertou para confessarmos nosso pecado um ao outro (fala rude e insultante), pedirmos perdão e em seguida tratar objetivamente do problema do lustre. Isso também nos ajudou a chegar a uma solução para o consumo de refrigerante dos nossos garotos — de agora em diante é H_2O, nada mais!

O problema da ira residual nos afeta mais do que percebemos. Especificamente, ele prejudica imensamente nosso trabalho evangelístico. Grande parte da ira residual na comunidade cristã procede dos três gatilhos — mágoa, medo e frustração —, e essa ira surge quando interagimos com não cristãos.

Ficamos ofendidos porque as pessoas não reagem ao nosso empenho de alcançá-las como achamos que deveriam. Se, por exemplo, nossos vizinhos não cristãos dizem não quando os convidamos para o culto de Páscoa da nossa igreja, talvez fiquemos magoados. Assim, nós nos lembramos de que Jesus disse que os cristãos seriam rejeitados. Dizemos a nós mesmos que não devemos considerar isso algo pessoal. Tentamos engolir o insulto dizendo para nós mesmos: "Eles na realidade estão rejeitando o Senhor, e não a mim". Mas, para ser honestos com nós mesmos e com Deus, parte da mágoa se transforma em raiva, e esta surge quando dizemos aos vizinhos que eles perderam um ótimo culto.

Meu amigo Troy agora ri quando conta de alguns de seus primeiros esforços evangelísticos. Não havia muito que rir, a não ser quanto ao dia em que ele orou para que caísse fogo e enxofre sobre alguém que ele havia acabado de conhecer em Mênfis.

Troy havia decidido entregar folhetos em uma esquina. "Por que ficar esperando alguma campanha organizada?", pensou. "Deus pode me usar sozinho, mesmo se eu entregar só alguns folhetos." Assim, ele pegou a sacola dos folhetos e começou a distribuí-los na esquina. Ele tinha só alguns minutos, mas se animou com o clichê de que "basta uma faísca".

Ele sorria e entregava alguns bons folhetos sobre o evangelho. Algumas pessoas aceitavam. A maioria o ignorava. Mesmo quando ele olhava no rosto da pessoa e dizia "Oi" ou "Bom dia", alguns aproveitavam a oportunidade para olhar para os próprios pés. Ele não reconhecia isso, mas seus sentimentos estavam sendo feridos, e uma corrente subjacente de raiva estava se infiltrando. Algumas pessoas de fato aceitavam os panfletos, viam o que eram e os jogavam no chão. Não querendo contribuir para o preconceito que alguns têm de que os cristãos não se importam com o meio-ambiente, ele recolheu os folhetos transformados em lixo. As pessoas começaram a rir, e o pescoço de Troy ficou vermelho. Ele estava magoado e constrangido. Quando se viu recolhendo alguns folhetos aos pés de uns zombadores, não conseguiu resistir.

— Vocês todos vão queimar no inferno — desabafou, sentindo-se mais semelhante a Jeremias do que nunca.

A teologia dele estava certa? Talvez. A ira dele era justa? Dificilmente.

Nós, cristãos, somos constantemente ofendidos, e precisamos estar cientes de que isso acontece. Também precisamos ter consciência do nosso medo. Receamos todo tipo de coisa. Temos medo de que as pessoas que distribuem camisinhas nas nossas escolas públicas possam convencer nossos filhos de que "sexo mais seguro" é de fato suficientemente seguro. (Já notou que eles não chamam mais de "sexo seguro"?)

Temos porque mais do que nunca os casamentos estão sendo ameaçados. Temos medo de que nossos filhos sejam sugados pela pornografia na internet. Estamos amedrontados por causa do aumento da violência nas ruas, o aumento do uso de drogas nos bairros de classe média, e eu poderia continuar indefinidamente.

Dizemos a nós mesmos que Deus está no controle, mas, se formos honestos com nós próprios — e com Deus —, o medo tem algum poder sobre nós toda vez que lemos as notícias. Esse medo, assim como a mágoa, pode ser um solo fértil para a ira residual, que depois se espalha nas nossas discussões com nosso vizinho sobre o pecado. Ele quer jogar golfe no domingo de manhã em vez de juntar-se a nós para ouvir a orquestra de sinos na igreja. "Se todos fossem como ele, o que seria da sociedade?", nós nos perguntamos. Esse medo se infiltra nas nossas conversas com ele. O tom de ira que ele detecta em nós só aumenta ainda mais o desejo dele de dar a primeira tacada.

Assim como a mágoa e o medo, uma série de fatores causam a frustração. Admita. O reino de Deus não está avançando tão rápida e completamente quanto gostaríamos. O reino não está se espalhando pelos bairros tão desenfreadamente quanto dizem que está na Coreia. O sal da terra não é tão salgado quanto deveria ser. Cada vez mais pessoas estão adotando (ou ao menos tolerando) estilos de vida que os cristãos acham ofensivos. O aborto, a homossexualidade, a proibição da oração nas escolas e inúmeras outras plataformas demonstram nossa falta de influência na sociedade, e não os troféus de nosso empenho para transformá-la. Por isso, ficamos frustrados.

A questão é: esses problemas são frustrantes para os cristãos. E a frustração está produzindo uma dose considerável de ira residual, que precisamos reconhecer para lidar corretamente com ela.

Outras raízes da frustração

A frustração também procede de outras emoções. Os sentimentos de impotência, vergonha e tristeza podem causar frustração, o que intensifica manifestações de ira e prejudica nossas tentativas de falar das boas-novas às pessoas.

Depois de anos como voluntária do movimento pró-vida, Hannah se sentia cada vez mais impotente para estancar a força da máquina pró-escolha. Algumas eleições cruciais tinham ido mal, para "o lado errado", e a opinião pública passara a ficar contra o lado pró-vida. Na noite anterior, ela havia assistido a um episódio de uma conhecida série de televisão. O programa fez mais um retrato das pessoas pró-vida como gente insana que explode clínicas de aborto. Em contrapartida, a posição pró-escolha foi retratada como muito mais sensata. Hannah ficou quase em estado de desespero pelo fato de tantos bebês estarem sendo mortos, mas parecia que ninguém se importava.

Quando Nancy, uma colega sua de trabalho, perguntou se ela havia visto o programa, o tom de voz de Hannah disse muito mais do que as palavras: "Sim, vi". Hannah estava orando por Nancy há meses, desde o momento em que elas foram transferidas para mesas vizinhas no novo escritório. Ela estava pedindo que Deus abrisse uma porta para o testemunho, e talvez essa fosse a porta aberta. Mas, por causa da frustração reprimida, Hannah atravessou a porta aberta com um caminhão.

— Sim, eu vi — começou —, e achei que foi uma amostra hábil e pretensiosa de uma propaganda unilateral contra o movimento pró-vida. Sabe, nem todos que são pró-vida explodem clínicas de aborto. E nem todos que são pró-escolha são tão compassivos quanto a mulher do programa da noite passada. Gostaria de que eles mostrassem os dois lados de vez em quando. Gostaria de que eles mostrassem o amor de Jesus no movimento pró-vida alguma vez.

O "Oh" de Nancy disse tudo. Uma porta aberta acabava de se fechar. Embora a ira de Hannah contra o aborto fosse um sentimento piedoso, sua sensação de impotência ofuscou seu interesse pela alma de Nancy.

Como a conversa poderia ter sido se Hannah tivesse reagido de outro modo? Por exemplo: "Sim, eu vi o programa. Achei que ele levantou muitas questões em um curto período de tempo. O que você achou?".

Barry, um professor de astronomia, enfrentou uma situação semelhante. Mas sua ira procedia da vergonha. Sendo um cristão fortemente comprometido em um campus muito secularizado, ele se sentia constrangido com as declarações anti-intelectuais que os cristãos diziam na televisão e na imprensa. Quando via adesivos com os dizeres: "Deus disse. Eu creio. Isso resolve a questão", ele ficava tentado a jogar o carro em cima. Alguns colegas dele tinham ouvido certas pessoas lhes dizerem que eles iam para o inferno porque eram inteligentes demais. Alguns haviam abandonado a fé pela falta de respostas satisfatórias. Barry estava com vergonha de uma subcultura cristã que não respondia a indagações sinceras de pessoas inteligentes. Sentia-se frustrado porque suas tentativas de testemunhar eram barradas quando outros cristãos faziam declarações que afastavam seus colegas.

A ironia é que o constrangimento dele instigou manifestações de ira que magoavam as pessoas, em vez de ajudar, o que prejudicava suas tentativas de evangelização. Certo dia, um colega perguntou a Barry o que ele achara de uma entrevista de um pastor anti-intelectual no jornal local. Barry desdenhou.

"É injusto apresentar aquele idiota como porta-voz do cristianismo. Ele acha que a fé é só algo do coração, e não da cabeça. Odeio esse sujeito. Gostaria de que ele nunca mais abrisse a boca. Não consigo entender como alguém vai à igreja dele."

Seu esforço de se distanciar do pregador também o distanciou do cristianismo. Essa demonstração de ira não era atraente para o colega. Se isso é o que a fé cristã faz em você, quem vai querer ter compromisso com ela?

A conversa de Barry teria sido muito melhor se ele tivesse reconhecido e lidado com essa vergonha e ira antes de interagir com seu colega. Então, quando ele tivesse recebido a pergunta sobre a entrevista do pastor tolo, ele poderia ter dito: "Ah, aquele cara. Bem, sem dúvida há muitas expressões diferentes da fé, não há? Eu não diria que ele representa muito bem minha perspectiva. Mas sem problemas. Alguns de nós consideram nossa capacidade um dom de Deus, não uma maldição de alguma outra origem. O que você achou da entrevista?".

A fonte da ira de Debbie era muito mais sutil. Seu casamento decepcionante lhe causava tanta tristeza e angústia que esses sentimentos permeavam muitas das suas conversas. A tristeza e a angústia na verdade podem ser uma reação positiva às decepções da vida. Mas, no caso de Debbie, essa reação levou a outro passo que não era saudável — a frustração. Sua frustração então passou a se expressar em ira e sarcasmo. Sua atitude para com os homens em geral era hostil e cáustica. Não é difícil perceber que o antagonismo de Debbie não seria a melhor propaganda para a mensagem do evangelho — uma mensagem que proclama que Deus, nosso Pai celestial, nos ama.

Na mercearia, Debbie encontrou Barbara, sua vizinha não cristã. Essa era a oportunidade perfeita para Debbie convidar Barb para o estudo bíblico comunitário. O líder do estudo deixou claro que proporcionar um ambiente para as pessoas de fora investigarem a fé cristã era um forte objetivo do grupo. Debbie até havia considerado Barbara alguém para convidar. A conversa de Debbie na seção de hortifrúti, porém, foi repleta de queixas sobre o marido e os homens em geral. Quando Debbie finalmente resolveu fazer o convite, Barbara simplesmente não estava interessada.

O foco da ira de Debbie era o marido — e Deus, por não o consertar. Sua ira não controlada, porém, formou uma inclinação permanente para a ira no seu tom de voz que a fazia parecer brava com praticamente todo o mundo.

Teria sido muito melhor se Debbie tivesse investido sua energia no difícil trabalho de melhorar seu casamento. Embora sua situação não fosse fácil, um convite como o do exemplo mencionado a seguir talvez tivesse sido mais bem recebido: "Oi, Barbara, será que você gostaria de ir comigo a um estudo bíblico comunitário que eu frequento? Estou me beneficiando muito com o que estou aprendendo e tentando aplicar algumas das lições ao meu casamento. Nós nos reunimos na minha casa nas terças de manhã. Você já chegou a participar de algo assim?".

Reconhecer a frustração e suas raízes poderia ter ajudado Hannah, Barry e Debbie. Uma boa compreensão de como a ira surge, como ela funciona e por que é tão predominante poderia torná-los superadores de frustração e ira em vez de escravos delas.

Pode se defender a tese de que a frustração com a falta de progresso do reino de Deus é inevitável. Essa frustração é o risco ocupacional de um cristão que vive entre as duas vindas do Messias. É a realidade de fazer parte de um reino que é o reino do "já-ainda não". Aqui encontramos impotência, constrangimento, tristeza e aflição. Se não tratarmos esses elementos adequadamente, é bem provável que eles produzam frustração e, a seguir, ira.

O QUE DEVEMOS FAZER COM NOSSA IRA?

Em alguns versículos breves, mas complexos, o Novo Testamento dá algumas ideias de como lidar com a ira. Reconhecendo que a ira, em alguns casos, é real, natural e inevitável, o apóstolo Paulo diz aos efésios: "Quando vocês ficarem irados, não pequem" (Ef 4.26). Começando com "quando vocês ficarem irados", ele nos diz que a mera *presença* da ira não é pecado; o que fazemos com ela pode tornar-se pecado. Em outras palavras, é possível irar-se e não pecar. Podemos experimentar a emoção da ira — instigada por mágoa, medo ou frustração — e expressá-la de modos não prejudiciais e não pecaminosos.

Não é pecado dizer a alguém: "Estou realmente bravo com você. Gostaria que você não tivesse dito o que disse para mim. Fiquei bem magoado". Pecado seria acrescentar: "Seu babaca, imbecil!".

Não é pecado dizer a alguém: "Estou frustrado agora. Pedi que você me enviasse aquele pacote, mas você ainda não fez isso. Isso me causou alguns problemas, e neste exato momento estou com raiva de você". Pecado seria acrescentar: "Da próxima vez que eu cruzar com você, vou te dar uma surra daquelas".

A mesma passagem de Efésios também lança luz sobre como lidar com a ira. Antes e depois da admoestação do versículo 26: "Quando vocês ficarem irados, não pequem", Paulo menciona as condições em que o controle da ira é mais provável.

No versículo 25, ele faz uma advertência geral para que sejamos verdadeiros: "Cada um de vocês deve abandonar a mentira e falar a verdade ao seu próximo". O compromisso firme com a fidelidade em *todos* os nossos relacionamentos (não apenas os do corpo de Cristo) nos poupa de dizer coisas que negam a realidade da nossa ira, como as seguintes:

- "Está tudo bem."
- "Não estou bravo. Só estou preocupado com você."
- "Eu não estou magoado. Você na realidade só está prejudicando a si próprio."

O firme compromisso de lidar verdadeira e completamente com a ira é o que flui das duas afirmações de Paulo nos versículos 26 e 27: "Não deixem que o sol se ponha enquanto vocês ainda estão irados" e "Não deem espaço para o Diabo". Não dizer nada, nesse caso, é não ser verdadeiro. Quando a ira está presente e é necessário resolver conflitos, calar não é ouro. É necessário reconhecer a ira e tratá-la (antes que o sol se ponha), senão vamos dar um ponto de apoio ao Diabo, que ele usará para gerar mais destruição. Ele pode anular os efeitos do nosso testemunho, transformando-o em poluição sonora raivosa e condenatória em vez de boas-novas amorosas e que dão vida.

O excelente livro *Making anger your ally* [Tornando sua ira seu aliado], de Neil Clarke Warren, traz mensagens de incentivo. Depois de anos bem-sucedidos ajudando seus clientes a administrarem a ira, o dr. Warren nos garante que "poucas experiências na vida são tão emocionantes quanto saber que você é especialista em lidar com sua própria ira".[2] Talvez fosse o caso que essas experiências, além de emocionantes, também pudessem ajudar a mudar vidas e expandir o reino de Deus.

GUIA DE ESTUDO

As perguntas a seguir se destinam a discussão e aplicação em pequenos grupos.

1. Você pode citar exemplos de ira misturada com evangelização ou pregação (não necessariamente os seus próprios exemplos)?
2. Você consegue explicar como o sofrimento, o medo e a frustração provocam a ira? Dê alguns exemplos.
3. Dos gatilhos mencionados nesse capítulo, qual (quais) se aplica(m) a você?
4. Liste alguns relacionamentos que precisaram ser consertados por causa do dano causado pela ira. Como você pode fazer a restauração? Confesse a Deus toda ira pecaminosa de que tem conhecimento (1Jo 1.9).
5. Com quem você tem uma amizade de prestação de contas que poderia ajudá-lo a lidar com o problema da ira?

---

[2] Ibidem. p. 135.

CAPÍTULO 13

A PERGUNTA DO SILÊNCIO: "QUANDO É HORA DE FICAR CALADO?".

Meu dentista me deixa louco. Ele me faz as perguntas mais instigantes e geradoras de debate bem quando está com objetos afiados e pontiagudos na minha boca. "E, então, o que você acha das próximas eleições?"; ou: "Qual é a real solução para o problema palestino?"; ou: "Todas as religiões não são basicamente a mesma coisa?".

Toda vez, quero responder. Mas minhas tentativas sempre são abafadas pelas mãos dele na minha boca e aquele sugador barulhento que ele usa para remover o excesso de saliva. Você devia ter me ouvido tentando pronunciar "Yasser Arafat" certa vez, exatamente quando a novocaína estava começando a fazer efeito!

O quadro da sala de espera é o lema dele — bem como um aviso aos pacientes: "Bem-aventurados são os que têm conversas animadas com os mudos indefesos, pois eles serão chamados dentistas".

Às vezes me pergunto se algumas de nossas conversas evangelísticas não se parecem com as interações entre mim e o meu dentista. Um lado faz uma pergunta, sem de fato esperar a resposta ou sem prestar atenção a ela. O outro lado fica sentado frustrado, sem conseguir de fato responder ou esperar ser ouvido.

Ouvir, porém, talvez seja a ferramenta mais útil que temos para compartilhar as boas-novas. Talvez também seja a mais negligenciada. A própria habilidade que poderia promover o diálogo mais aprofundado, abrir corações para aceitarem a convicção do pecado, estabelecer uma base comum para mais diálogos ou dar a noção das necessidades, para muitos cristãos, continua um recurso não aproveitado.

Por que não ouvimos

Por que isso? Certamente não por falta de aprovação das Escrituras. Provérbios nos estimula repetidas vezes a reduzir nossas palavras e, por consequência, substituí-las por ouvidos atenciosos. Pense no seguinte exemplo:

> Quando são muitas as palavras, o pecado não está ausente, mas quem controla a língua é sensato (10.19).

Ou, ainda mais forte,

> Até o tolo passará por sábio se ficar em silêncio, e por perspicaz se contiver a língua (17.28).

Ou, mais objetivo,

> Quem responde antes de ouvir comete insensatez e passa vergonha (18.13).

Talvez não demos a devida atenção às pessoas porque achamos que não precisamos. Afinal de contas, temos a verdade! Seguimos Aquele que é o Caminho, a Verdade e a Vida. O que um não salvo, não regenerado e não iluminado, alvo para a conversão, tem para dizer?

Claro que isso é um exagero grosseiro. Mas, visto que minha caricatura tem algum grau de verdade, talvez sejamos menos abertos para ouvir.

COMO PODEMOS COMEÇAR A OUVIR

Nossa incapacidade de pôr em prática a boa escuta prejudica nossas tentativas de comunicar as boas-novas. Embora seja verdade que 1Pedro 3.15 adverte: "Estejam sempre preparados para responder a qualquer pessoa que lhes pedir a razão da esperança que há em vocês", fazer isso exige ouvir a fim de sabermos quando e o que estão nos perguntando.

Nem todas essas perguntas têm um ponto de interrogação no fim. Algumas pessoas que "pedem a razão da esperança que há em [nós]" fazem isso por meios menos diretos. Elas se perguntam em voz alta por que algumas tragédias acontecem, ou como alguém que cometeu um crime terrível "foi capaz de fazer uma coisa dessas", ou como alguém pode suportar a vida com determinada deficiência, ou se a vida tem algum propósito. Esses comentários, junto com inúmeras outras declarações do tipo: "Nossa! Fico me perguntando...", podem abrir uma porta para a nossa resposta — se estivermos ouvindo.

Algumas pessoas nos perguntam "a razão da esperança que há em vocês" só depois de lhes termos perguntado algo e ouvido atentamente a resposta delas.

Algumas perguntas "iniciadoras" podem ser mais ou menos assim:

- "Você de vez em quando pensa nas coisas espirituais?"
- "Em que ponto você está da sua jornada espiritual?"
- "Ao longo do caminho, que papel Deus desempenhou na sua vida, se é que ele teve algum papel?"
- "Qual você acha que é sua situação diante de Deus?"
- "Você já se perguntou sobre vida após a morte?"

Nem todas as perguntas são igualmente convenientes para começar o diálogo. Algumas são um pouco mais afiadas. A seguir, algumas perguntas boas para depois que se houver estabelecido uma relação ou depois que algumas barreiras de resistência tiverem caído:

- "Alguém alguma vez parou para lhe explicar que é possível ter uma relação pessoal com Cristo?"
- "O que você acha que significa ser cristão?"
- "Em momentos assim, de quais recursos interiores você se vale?"
- "Já cheguei a lhe falar sobre a diferença que a minha relação com Deus fez na minha vida?" (Ou alguma outra introdução para seu breve testemunho preparado. Lembre-se, um testemunho que enfatiza as diferenças do dia a dia resultantes da sua fé em Cristo é mais útil do que o tipo "como-me-tornei-cristão".)

Outras perguntas têm arestas ainda mais afiadas. Elas devem ser reservadas para o trabalho cirúrgico profundo, quando as pessoas tiverem demonstrado interesse considerável pelo centro do evangelho.

- "Se você morresse hoje à noite, que certeza você tem de que iria para o céu?"
- "Se você morresse hoje à noite e Deus lhe perguntasse: 'Por que devo deixar você entrar no céu', o que você diria?"
- "Tenho a impressão de que você está pronto para fazer essa decisão. Estou certo?"
- "Há alguma pergunta ainda sem resposta que impediria você de se tornar cristão?"

Um técnico sábio de um time de beisebol usa certos lançadores no início de um jogo; lançadores intermediários no quinto, sexto e sétimo turno; e "finalizadores" no oitavo ou no nono turno. De modo semelhante, temos de escolher nossas perguntas com muito cuidado, dependendo de onde nossos amigos se encontrem no caminho em direção à cruz. Ouvir as respostas deles pode nos ajudar a determinar esse ponto e fazê-los avançar.

COMO *NÃO* OUVIR

Alguns anos atrás, eu e meu filho Jon usamos um serviço de van do aeroporto. Voltando de um retiro, estávamos cansados depois de um longo fim de semana, um voo atrasado e a espera interminável da nossa bagagem. Tínhamos deixado nosso carro longe, no estacionamento destinado a veículos que vão ficar parados por tempo longo, e estávamos ansiando pela viagem rápida e tranquila na van que nos transportaria até nosso carro para o curto caminho até em casa.

Em vez disso, tivemos de ouvir uma artilharia de propaganda muçulmana na estação de rádio que nosso motorista havia selecionado estrategicamente para os seus ouvintes cativos. Durante quase trinta minutos, enquanto sacolejávamos pelo estacionamento, ouvimos destaques de discursos de Malcolm X, Louis Farrakhan e Elijah Mohammed. Fiquei me perguntando se eu não estaria sentindo o mesmo que alguns não cristãos sentem quando os bombardeamos com nossos discursos evangelísticos.

Semelhantemente ao que senti na cadeira do dentista, eu me senti frustrado com essa conversa unilateral. Fiquei incomodado especialmente com as representações erradas da minha fé, os equívocos sobre os meus sentimentos e a rejeição dos meus interesses.

Desde aquela volta no transporte incômodo, passei a ouvir com mais discernimento meus próprios diálogos com pessoas de outros credos. Também tenho escutado bastantes diálogos inter-religiosos e identifiquei algumas armadilhas comuns que costumam interromper o diálogo, ao invés de estimulá-lo.

"Eu também"

Quando alguém nos conta um problema ou uma preocupação, nossa reação imediata é muitas vezes desconfortável. Por isso, quando ouvimos sobre um acidente de carro, uma doença, o fim de um relacionamento ou algo semelhante, reagimos com uma resposta automática: "Eu também passei por isso!". Nem sempre usamos essa expressão, mas ficamos tentados a corresponder à dor dessas pessoas com uma história nossa. Assim, falamos sobre nosso acidente de carro, nossa luta com a doença ou nosso sofrimento semelhante. Em vez de perceber empatia, nosso interlocutor talvez sinta que está sendo rejeitado ou que não estamos nos importando com ele.

Seria muito melhor identificar o que a pessoa está dizendo por trás das palavras dela. Observe as duas conversas breves a seguir — uma boa, outra ruim.

Conversa 1

CRISTÃO: Fiquei curioso. Você já pensou nas coisas espirituais?
NÃO CRISTÃO: Faz algum tempo que não. Eu pensava em Deus, em religião e coisas assim. Mas isso foi antes da morte do meu primo. Depois que ele morreu, eu simplesmente abandonei a religião.
CRISTÃO: Eu também tive um primo que morreu. Ele morreu de câncer, e eu lembro que isso me perturbou bastante. Mas sou muito grato a Deus porque ele tinha certeza da salvação de sua alma. O seu primo tinha essa certeza?
NÃO CRISTÃO: Sai daqui.

Conversa 2

Cristão:	Fiquei curioso. Você já pensou nas coisas espirituais?
Não cristão:	Faz algum tempo que não. Eu pensava muito em Deus, em religião e coisas assim. Mas isso foi antes da morte do meu primo. Depois que ele morreu, eu simplesmente abandonei a religião.
Cristão:	Puxa. Parece que você e o seu primo eram muito próximos.
Não cristão:	Sim, éramos.
Cristão:	Como ele morreu?
Não cristão:	Câncer. Demorou bastante também. Foi tão horrível vê-lo definhar. Simplesmente não consigo entender como alguém consegue acreditar em um Deus bom depois de ver uma coisa assim.
Cristão:	Entendo por que você pensa assim. Você já conheceu alguém que encontrou esperança depois de perder um ente querido?
Não cristão:	Na verdade, não.
Cristão:	O que ajudou você a suportar essa perda?
Não cristão:	Na verdade, não sei. Você já passou por essa experiência, de alguém próximo de você morrer?

Resistir à reação "Eu também passei por isso" pode libertar você para se concentrar nos sentimentos por trás das palavras da outra pessoa e manter a atenção nela.

"AH, É?"

Um passo além da reação "Eu também passei por isso" é responder com um "Ah, é?". Novamente, talvez nós não usemos essas mesmas palavras, mas, se tentamos interromper a história de alguém contando uma experiência mais grave, descartamos essa pessoa e os problemas dela. A música "Nobody knows the trouble I've seen" ("Ninguém sabe dos problemas que tenho enfrentado") pode até ser um belo *spiritual*, mas é uma péssima ferramenta de testemunho. Quando alguém lhe conta sobre o seu acidente com dois carros, não conte o seu desastre com quatro carros. Quando ela fala da nota 7 que tirou na prova bimestral, não lhe conte da sua nota 5. Deixe as pessoas contarem as histórias delas e lhes peça mais detalhes e cores do que elas mencionaram inicialmente. Procure encontrar os níveis das emoções por trás dos fatos. Se você fizer isso, as pessoas depois talvez estejam mais dispostas a aceitar sua história.

Pontos nevrálgicos

Um amigo meu confessou sua vergonha e arrependimento depois de ter estragado uma oportunidade de testemunho. Um colega dele estava tentando achar algo em comum com ele. O colega, sabendo que meu amigo era cristão, perguntou a ele se já conhecia um dos novos colegas de trabalho deles — alguém que o colega achava que compartilhava da perspectiva cristã.

— Vocês dois teriam muito em comum — disse o colega. — Ele acabou de voltar de um tipo de missão; ele é muito humanista.

Humanista foi uma palavra mal-empregada por várias razões. Em primeiro lugar, o colega provavelmente quis dizer *humanitário*. Em segundo lugar, a missão de que o sujeito havia participado era uma missão genuinamente evangelística, e não uma viagem "humanista". Mas essa distinção era estranha aos referenciais desse não cristão, por isso ele procurou achar uma categoria que entendia. Para o seu modo de pensar, *humanista* era um termo positivo. Infelizmente, é um ponto nevrálgico para muitos cristãos. Em geral ligado ao meio *secular*, a simples menção da palavra *humanista* equivale a começar uma briga.

Antes de poder consultar seu dicionário em busca de um termo melhor, o bem-intencionado não crente ouviu um bocado de palavras do aspirante a evangelista sobre os horrores do humanismo secular, os perigos de deixar Deus fora de uma cosmovisão e uma série de outras questões sem relação com a fala original. O que poderia ter sido um trabalho de construir uma ponte se transformou, ao contrário, em um encontro que destruiu uma ponte.

Uma reação melhor poderia ter sido mais ou menos assim: "Uau. Eu gostaria muito de ouvir sobre a viagem missionária dele. Obrigado por pensar em mim. Seria ótimo se você pudesse nos apresentar algum dia. O que ele lhe contou sobre essa missão?".

Vários assuntos hoje são pontos nevrálgicos para os cristãos. Estamos prontos com argumentos, passagens bíblicas, citações e histórias, e despejamos isso sobre qualquer um que por acaso mencione aborto, feminismo, educação escolar em casa, homossexualidade, proibição de oração nas escolas ou separação entre igreja e Estado. Ouvir o que está por trás desses temas polêmicos, no entanto, pode nos ajudar a evitar cair em digressões que não levam a nada.

"NÃO DIGA!"

O potencial de dano que tem o sarcasmo faz dele algo que deve ser evitado a todo custo. Temos de resistir à tentação de arregalar os olhos ou soltar um sarcástico "Não diga!" ou "Ah, claro!" quando as pessoas apresentam teorias bizarras sobre Deus e a vida. Considerando que a sociedade se desviou muito dos fundamentos bíblicos, não devemos ficar surpresos quando as pessoas defendem direitos dos animais, o poder dos cristais, crença em alienígenas ou outros absurdos parecidos. Em vez de zombar delas, no entanto, temos de ouvir — e procurar qualquer princípio que elas por acaso julgam certo. Quando elas falam dos cristais delas, podemos perguntar: "Você acredita que há alguma fonte de poder além do mundo natural?"; ou, quando elas falam sobre a alma do animal, podemos reagir: "Parece que existe diferença entre um animal e uma pedra, não parece? Você acha que existe diferença entre um animal e uma pessoa?".

Recorrer ao sarcasmo talvez nos faça sentir bem na hora, mas ele afasta e insulta. Quase garante que o seu amigo vá procurar conversa séria em outro lugar.

Palavras demais

Nosso mundo detesta o silêncio. Ruído de fundo, música de elevador e efeitos sonoros constantes permeiam nosso ambiente. Na Disney World, a música a todo volume vem até dos arbustos! Por alguma razão, achamos que a ausência de som é ausência de conteúdo. Na maioria das vezes, porém, talvez seja exatamente o oposto que é verdade.

Conversas autênticas, aquelas que unem corações e transferem conhecimento, precisam de espaço para respirar. Não precisamos nos precipitar com palavras tão logo a outra pessoa faça uma pausa. Na verdade, precisamos de tempo para ouvir e digerir o que acabou de ser dito antes de interromper com o próximo pensamento que vem à mente. Educar o coração para permanecer quieto precede a educação da nossa boca para fazer isso também. Com isso, podemos desenvolver o autocontrole de que precisamos para compartilhar as boas-novas — com palavras e sem elas.

Dallas Willard dá uma visão da disciplina do silêncio: "Praticar a disciplina de não falar pode no mínimo nos dar controle suficiente sobre o que dizemos, para que nossa língua não 'dispare' automaticamente. Essa disciplina proporciona algum distanciamento interior que nos dá tempo para analisar plenamente nossas palavras e ter a presença de espírito para controlar o que dizemos e quando dizemos".[1]

Willard também apresenta uma aplicação específica da disciplina do silêncio à obra de evangelização:

> No testemunho, o papel do falar é quase sempre enfatizado demais. Isso parece estranho? É verdade. O silêncio e sobretudo a escuta genuína são muitas vezes o testemunho mais forte da nossa fé. Um grande problema da evangelização cristã não é fazer que as pessoas falem, mas silenciar aqueles que com seu palavreado contínuo revelam um coração sem amor, desprovido de confiança em Deus.[2]

Não apenas o silêncio, mas também outras disciplinas de abstinência — tempo para ficar só, jejum e sacrifício — podem produzir a tranquilidade interior não disponível à alma não educada ou indisciplinada.

Palavras de menos

Os cristãos às vezes cometem outro erro nas conversas evangelísticas — deixamos *o interlocutor* falar demais. Só porque a conversa evangelística dura bastante tempo não significa que ela está caminhando em direção à cruz. Chega um ponto em que mais palavras significam menos pensamento.

Entendi isso depois de ouvir Bob durante mais de duas horas. No início, eu achava que essa abordagem era boa. Darlene, uma amiga do Bob, tinha me dito que ele era "muito aberto" para coisas espirituais. Ela promoveu o nosso encontro para conversarmos e tomarmos café porque, como ela me disse: "Ele tem tantas

---

[1] Dallas Willard, *The spirit of the disciplines* (New York: HarperCollins, 1998), p. 164-5 [edição em português: *O espírito das disciplinas* (s.l.: Habacuc, 2003)].
[2] Ibidem.

perguntas que não sei responder". Então nos encontramos. E ele falou. Falou. E falou. Ainda bem que o café dava refis de graça. Então, novamente, teria sido sábio se eu pudesse ter trocado o café dele por descafeinado.

Após algum tempo, percebi que ele não tinha interesse nenhum em coisa alguma que eu e Darlene tínhamos para dizer (quando raramente conseguíamos intercalar alguma palavra). Ele não fez nenhuma pergunta. Não deixou espaço algum para a discordância. Parecia determinado a nos impressionar com tudo o que tinha lido, todo o mal que tinha visto (que o convencera de que "é impossível que exista um Deus") e todas as pessoas boas que ele havia conhecido que não tinham nenhuma religião. Então percebi que estávamos lhe prestando um desserviço deixando-o falar. Estávamos permitindo que ele se convencesse da própria insensatez.

Por fim, eu disse algo que parecia extremamente errado:

— Bob, preciso ir embora. Não quero ser rude, mas preciso ir a outro lugar bem agora. Mas deixe-me fazer uma pergunta. Se eu lhe enviasse um livro curto, você estaria aberto o suficiente para lê-lo e me dizer o que acha?

Ele disse que sim. Na verdade, começou a dizer novamente o quanto ele gosta de ler, quanto ele leu e os nomes de alguns livros preferidos seus, e...

— Que bom — eu o interrompi. — Vou enviar o livro pelo correio. Por que você não anota rapidamente seu endereço nesse guardanapo para mim?

Quando Darlene e eu fomos para o carro, ela me perguntou para onde eu precisava ir.

— Para qualquer outro lugar — respondi.

Ela me pareceu confusa.

— Quanto mais deixarmos o Bob falar, mais ele vai se convencer das suas convicções absurdas. Precisei calá-lo antes que ele se tornasse insensível a qualquer porção da verdade. Ele não estava nos deixando falar nada, então eu disse: "Preciso ir a outro lugar". De fato preciso — por causa dele e por minha causa.

Antes de partirmos, paramos para orar. Aquelas palavras da oração foram as mais importantes proferidas toda aquela tarde.

Eu lhe enviei pelo correio um exemplar do livro *The case for Christianity* [Em defesa do cristianismo], de C. S. Lewis. Com apenas 56 páginas, esse livro estava totalmente dentro da sua esfera de capacidade de leitura. Colei um post-it com meu número de telefone, oferecendo-me para nos encontrarmos quando ele tivesse terminado de ler o livro. A nota dizia: "Quando nos encontrarmos, gostaria muito de ouvir o que você achou desse livro. Também gostaria de lhe dizer algumas das minhas ideias".

Nunca mais tive notícia dele. Não acho que ele estava aberto para ouvir. Se o tivéssemos deixado falar durante mais tempo ainda, ele teria apenas endurecido mais na sua incredulidade. Às vezes, dizer adeus é a melhor decisão evangelística.

COMO OUVIR

Seria fácil ler as sugestões a seguir como uma lista de "técnicas" que produzem convertidos pela evangelização. Também seria errado. Ao contrário, o ouvir generoso flui de um coração que foi humilhado, acalmado e transformado pelo poder da graça. Ouvir é simplesmente uma forma de servir, de pôr a outra pessoa em primeiro lugar, como Filipenses 2 nos implora. Ouvir exige interesse interior pela outra pessoa mais do que uma prática exterior de técnicas. As palavras e habilidades são importantes, mas somente se elas forem a manifestação exterior do interesse interior.

Não ouvir é sinal de "ambição egoísta [...] ou de vaidade" (veja Fp 2.3). Podemos *desenvolver* a humildade necessária para executar essas habilidades praticando as disciplinas espirituais. A seguir apresentamos alguns modos pelos quais essa humildade pode *se expressar*.

O OUVIR REFLEXIVO

Receber corretamente tanto o conteúdo quanto o tom das palavras das pessoas prepara o terreno para reagirmos apropriadamente. O ouvir reflexivo, portanto, informa a essas pessoas que você valoriza o que elas dizem e quem elas são. Também garante que você não se ocupará com distrações desnecessárias ou temas irrelevantes.

As expressões testadas e aprovadas do ouvir reflexivo constroem ainda pontes e comunicam amizade.

- "Será que estou ouvindo você corretamente? Você está dizendo [...]."
- "Então você está dizendo que [...]?"
- "Parece-me que você acredita [...]."
- "Se estou ouvindo você corretamente, o que você está querendo dizer é [...]."

Ao fazer essas declarações, você está pedindo que as pessoas esclareçam o que já disseram ou que corrijam alguma impressão errada que você talvez tenha. Não se sinta pressionado a entender exatamente na primeira vez o que estão querendo dizer. Poucas comunicações são impecáveis — de ambos os lados. Apenas se aproximar já é bom o suficiente. O aspecto positivo de mostrar que você de fato quer entendê-las é mais importante do que qualquer aspecto negativo de não acertar em cheio na primeira tentativa.

Um diálogo com escuta reflexiva pode ser mais ou menos assim:

CRISTÃO: Você de vez em quando pensa em coisas espirituais?

NÃO CRISTÃO: Um pouco. Mas acho que a religião é um assunto de foro íntimo.

CRISTÃO: Você está dizendo que as pessoas não devem discutir religião com as outras?

NÃO CRISTÃO: Não, eu não diria isso. Eu só não gosto quando as pessoas não param de falar sobre isso o tempo inteiro.

Cristão: Então você acha que não há problema em falar sobre Deus sem exagerar.

Não cristão: Claro. Só não gosto quando gente completamente estranha puxa assunto sobre Deus como se fala sobre o tempo.

Cristão: Ah, entendo por que você está dizendo que é um assunto de foro íntimo. Você não fala sobre assuntos privados com qualquer um que esteja por perto em qualquer lugar.

Não cristão: Exatamente. Acho que a religião é um tema reservado apenas para determinadas situações.

Cristão: Parece que você acredita que a religião é muito importante.

Não cristão: Sim, embora eu não consiga afirmar com certeza em que eu acredito sobre Deus.

Cristão: Você gostaria de descobrir mais sobre essa questão?

Não cristão: Acho que sim. Mas como sequer começar? Onde procurar respostas?

Cristão: Acho que encontrei algumas boas respostas. Você teria interesse no que encontrei?

ESPELHAMENTO EMOCIONAL

Repetir corretamente o conteúdo das palavras de alguém é apenas parte da história. Identificar-se e sentir empatia com as emoções da pessoa talvez valha ainda mais. Escolher termos que captem um sentimento, bem como medir o grau de intensidade, é uma habilidade que talvez precise ser desenvolvida. Mas algumas declarações de espelhamento emocional talvez sejam mais ou menos assim:

- "Parece que isso é algo que desperta sentimentos muito fortes em você."
- "Você parece incomodado quando fala sobre isso."
- "Puxa. Isso deve ser algo que toca em um ponto sensível, não?"

- "Quando você me fala sobre o que pensa, me parece que está com raiva. Estou certo?"
- "Notei que você riu quando respondeu à minha pergunta. Esse assunto faz você se sentir desconfortável?"
- "Tenho a impressão de que há mais coisas acontecendo dentro de você do que você está me dizendo. Estou certo?"
- "Parece que você passou por tempos difíceis."

Esse tipo de sondagem, especialmente quando a conversa toca no problema do sofrimento, podem nos mostrar se as pessoas estão meramente fazendo um exercício intelectual ou estão falando por sofrimento pessoal. Se a pessoa está perturbada por causa de um parente que está morrendo, um tratado filosófico sobre o mal está completamente fora de cogitação.

Uma regra prática é reagir a sentimentos com sentimentos e a fatos com fatos. Não se vai muito longe reagindo a sentimentos com evidências e diagramas. O progresso que se faz com empatia e validação é extraordinário.

Encontrar uma base comum

Muitos não cristãos provavelmente achem que têm pouco ou nada em comum com os colegas de trabalho cristãos, vizinhos ou conhecidos cristãos — pelo menos nada desejável. Quanto mais eles formam impressões das pessoas religiosas pela mídia popular, mais têm medo delas ou as evitam. Um dos meus cartuns preferidos ilustra essa tensão cultural: um homem está passando por uma casa, onde uma placa na grama diz: "Cuidado com o cão!". Logo atrás dessa placa, na varanda da casa, está um cachorro — segurando uma placa que diz: "Jesus te ama!".

Achar uma base cultural comum, portanto, talvez seja difícil em relação a céticos, agnósticos ou pessoas que não têm consciência de um domínio espiritual. Algumas das expressões seguintes podem nos ajudar no caminho:

- "Entendo que você pode acreditar nisso."
- "Eu acreditava em algo nessa linha". (Só diga isso se for verdade!)
- "Isso faz sentido para mim. Porém, não tenho certeza de que leve tudo em consideração."
- "Acho que você está certo em pensar que a vida tem muitos enigmas. O que você descobriu que faz tudo isso ter sentido?"
- "Não condeno você por achar que não há nenhuma resposta. Há mais perguntas do que respostas, sem dúvida. Mas acho que sei *algumas* respostas."

Achar uma base emocional comum também é útil. Se não ficarmos incomodados com algumas coisas que incomodam nosso próximo — coisas que *são* verdadeiramente perturbadoras —, por que eles iriam querer acreditar no que acreditamos? Não se incomodar com elas só os torna frios e indiferentes — como nós! Assim, as palavras que semeiam capital emocional em comum valem quanto pesam, em ouro:

- "Esse tipo de coisa também me incomoda" (isto é, desastres, crimes, o mal etc.).
- "Estou com você. Também fico indignado quando ouço esse tipo de coisa."
- "Isso é horrível!"
- "O que você encontrou que o ajuda a lidar com esse tipo de coisa?"

Ouvindo no estilo cool jazz (não be-bop)

Esse título precisa de uma breve explicação. Miles Davis revolucionou a cena do jazz quando inaugurou a "escola *cool*" do jazz. Após anos do *be-bop* de Charlie "Bird" Parker, Dizzy Gillespie e outros, Miles ousou usar menos notas. Dizzy ("zonzo") é um nome apropriado para os sons desse brilhante trompetista, compositor e mago do som, mas seu ritmo frenético estava cansando as pessoas. Elas estavam sedentas de alguns tons bem selecionados em vez da avalanche de notas que vertiam do saxofone de Bird e do trompete com formato esquisito de Dizzy. Os músicos *cool*, Miles, Stan Getz, Bill Evans e outros, impressionavam as pessoas pelo muito que conseguiam "dizer" tocando menos.

Podemos usar uma dose de *cool* jazz e menos *be-bop* em nossa apologética e evangelização, isto é, realizar mais dizendo menos. Quando as pessoas dizem coisas que parecem convidar a uma enorme quantidade de evidências, fatos, respostas, citações e sermões, resistir à tentação de mostrar todas as cartas talvez seja uma conduta melhor. Vai ser difícil resistir a essa tentação, especialmente se você tiver lido muitos livros de apologética (que todos nós deveríamos ler!). A multidão de evidências é tão fortemente a nosso favor que queremos mostrar o quanto nossa defesa da fé é boa. Contudo, algumas palavras bem escolhidas, que preparem nosso ouvinte a pedir mais, seriam muito melhores.

Quando as pessoas nos dizem que há tantas evidências da evolução, em vez de lançar uma bomba nuclear em Darwin com todos os nossos recursos, um simples: "Bom, acho que esse é um meio de explicar como chegamos até aqui" talvez seja melhor.

Quando as pessoas se queixam de todo o mal do mundo e dizem: "Isso leva a gente a pensar que não existe Deus", podemos tentar: "É uma possibilidade".

Quando nossos amigos que seguem religiões alternativas não param de falar das convicções deles, em vez de picar em pedacinhos os conceitos errados deles, podemos usar uma pausa para simplesmente dizer: "Hmm. Isso é interessante". Se eles chegarem a passar a palavra de volta para nós darmos uma resposta mais completa, podemos acrescentar: "Esse é um modo de ver as coisas.

Acho que há outros modos que devem ser considerados". Esperar que perguntem: "Quais os outros modos você tem em mente?", pode aumentar a probabilidade de que eles nos ouçam.

Entre outros recursos do estilo Miles Davis que podem ajudar a fomentar mais reflexão, estão: "Talvez", "Não tenho tanta certeza", "Não tenha tanta certeza disso", "Eu me pergunto se" e "Acho difícil".

Qualquer expressão que os deixe curiosos para saber o que mais estamos pensando, em vez de desejosos de que simplesmente calemos a boca, vale a pena ser tentada. Isso pode fazer com que nos ouçam — o que era nossa esperança quando começamos a ouvi-los.

Guia de Estudo

As perguntas a seguir se destinam a discussão e aplicação em pequenos grupos.

1. Por que você acha que não escutamos tão bem ou tanto quanto deveríamos?
2. Qual das perguntas iniciadoras você teria mais facilidade para usar?
3. Qual dos seguintes obstáculos à boa comunicação você é mais propenso a usar: "Eu também passei por isso!", "Ah, é?", pontos nevrálgicos ou "Ah, claro!"?
4. Qual recurso estilo "Miles Davis" você acha mais confortável usar?
5. Pratique uma conversa com um parceiro, usando o ouvir reflexivo e o espelhamento emocional. Observe quanto tempo você consegue participar da conversa sem inserir os seus próprios pensamentos ou sentimentos. Tente conectar-se e esclarecer para que seu parceiro saiba que você está ouvindo corretamente.

Epílogo

PERGUNTAS NÃO RESPONDIDAS

Meu pai era um patriota antes de patriotismo ser bacana. Muito antes do fervor patriótico que veio depois de 11 de setembro de 2001, ele exibia com orgulho o pendão vermelho, branco e azul na frente da casa dele, e usava essas cores na manga do casaco e em volta da placa do seu carro.

Entre seus pares, ele não é o único. A geração dele, com as visões pró-americanas, é marcada pelo patriotismo e pela franqueza. A Grande Depressão moldou a parcimônia e a criatividade de meus pais para lidar com a vida. O dia 7 de dezembro de 1941 — o ataque a Pearl Harbor — e a Segunda Guerra Mundial cristalizaram o amor e a fidelidade deles pelos Estados Unidos e de um pelo outro. Sem hesitação, meu pai se alistou no exército do nosso país.

G. K. Chesterton disse certa vez: "O verdadeiro soldado combate não porque odeia o que tem à sua frente, mas porque ele ama o que está atrás dele". Ele devia estar falando de meu pai ou de qualquer um dos outros soldados americanos na Segunda Guerra Mundial. Acredito que Tom Brokaw estava certo ao chamar a geração dos meus pais de "a maior geração de todas".

Quanto à minha geração, às vezes chamada de *baby boomers*, o marco simbólico foi aquele festival de rock insano e saturado de drogas no interior de Nova York — Woodstock. Pode se dizer que a trinca composta pelo assassinato de JFK, do Watergate e de Woodstock moldaram, na verdade, o coração de minha geração. Esses acontecimentos nos tornaram cínicos, céticos e desconfiados das autoridades e pessoas que procuram uma via de escape.

Woodstock moldou o futuro de nosso país. Motivou uma multidão de manifestantes que protestavam contra o serviço militar (queimando a carta de intimação para se apresentarem a fim de serem enviados para a guerra) a serem transformadores do mundo. Porque tinham ficado desiludidos com a política, eles se voltaram para outros meios de transformação da cultura. Escreveram músicas, fizeram filmes e se tornaram professores. Sabiam que a sala de aula, especialmente na universidade, é um meio fundamental de mudar a sociedade. Hoje, eles são o núcleo dos professores titulares de nossas principais universidades.

E eles de fato moldaram mentes! O que começou como noções radicais nas salas de aula transformou-se em pressupostos padrão de homens e mulheres comuns. O que as gerações anteriores teriam considerado um completo absurdo — "não existe certo e errado"; "ninguém pode dizer o que é a verdade"; "o bem e o mal são simplesmente determinados pela cultura predominante"; "não existem absolutos — absolutamente não!" — agora está tão arraigado nos corações e mentes que questionar isso é ser radical.

Tudo isso, no entanto, talvez esteja prestes a mudar. Acredito que a mudança, na verdade, já começou. Não faz muito tempo, participei de um experimento que me deu a esperança de uma reviravolta assim. Um grupo de cerca de cem cristãos, incluindo a mim, reuniu-se para uma conferência sobre "entender os tempos". Discutimos meios de alcançar um novo público — o que alguns chamavam de *baby busters* ou "geração X". A fim de preparar o terreno para o experimento, lemos resultados de pesquisas de opinião.

Ler dados de pesquisas de opinião, achávamos, era uma coisa; ouvir diretamente das pessoas por trás dessas pesquisas era outra. Por isso, convidamos quatro não cristãos da "geração X" para participar de uma mesa-redonda e responder a perguntas sobre suas crenças, valores, esperanças, medos e convicções. Prometemos que *não* tentaríamos convertê-los, que queríamos apenas ouvi-los. Demos 25 dólares a cada um dos participantes e lhes dissemos que a discussão da mesa-redonda não tomaria mais do que uma hora do tempo deles.

Tentando incluir uma amostra representativa da população, convidamos dois homens e duas mulheres, sendo um dos quatro de uma minoria étnica. Todos tinham entre 20 e 25 anos de idade. Um dos homens e uma das mulheres vinham de lares onde os pais não estavam mais casados, e um dos pais estava no terceiro casamento. Embora essa última dinâmica não fosse necessariamente nossa intenção, as estatísticas se confirmaram, e nosso quarteto representava outra realidade cultural.

Grande parte da hora transcorreu exatamente como esperávamos. Nossa mesa-redonda simplesmente verbalizou o que os dados das pesquisas anteviam. Ouvimos respostas previsíveis como as seguintes:

"Não acho que nenhuma religião tem a pedra fundamental da verdade."

"Quem sou eu para dizer que Deus só pode ser encontrado em uma única tradição religiosa?"

"Tenho alguns amigos gays. Eu diria que eles são como eu e você. Ser gay é tão somente o modo em que Deus os fez."

"Eu gostaria de que meus pais não tivessem se divorciado, mas o que posso fazer? Nunca se pode julgar ninguém sem ter vivido o que essa pessoa viveu. Espero que, quando eu me casar, seja para ficar casado a vida inteira. É por isso que vou primeiro morar com alguém, só para ter certeza de que essa pessoa é a certa antes de me comprometer assim."

"Não, não frequento igreja. Acho que você pode adorar a Deus do mesmo jeito, talvez melhor, sozinho, em contato com a natureza."

E isso se estendeu por 45 minutos. Então, uma pessoa do grupo fez uma pergunta que não fazia parte das pesquisas que havíamos lido.

— Há alguma coisa que faria você *querer* ir à igreja?

Uma longa pausa.

Quem fez a pergunta cutucou:

— Faria diferença, por exemplo, se os sermões fossem realmente bons e relevantes para sua vida?

— Na verdade, não — foi o consenso dos quatro.

Um enorme número de mensagens em CDs ou na internet os ajudava a ter uma vida razoavelmente boa.

— Vocês iriam à igreja se a música fosse boa mesmo?

Novamente, o "Na verdade, não" captou o sentimento. Havia uma multidão de ótimas estações de rádio, e os tocadores de mp3 deles permitiam que com apenas um clique de mouse eles pudessem ouvir todos os tipos de música.

A conveniência, a importância, os programas, os seminários, fosse o que fosse — todo tipo de atração para levá-los à igreja era logo rechaçado com um dar de ombros.

Por fim, alguém tentou:

— Você iria à igreja se um bom amigo convidasse você?

Unanimidade! Os quatro, sem hesitação, disseram enfaticamente:

— Sim.

Acertamos! A multidão de cristãos se lembrou coletivamente de um dado da pesquisa — os "relacionamentos" eram, de longe, a prioridade mais alta desse grupo. Talvez para preencher o vazio criado por casamentos destruídos ou por uma sociedade tecnológica e impessoal, as pessoas querem que pessoas — e não programas — as unam a Deus.

Ficamos em silêncio durante um tempo, processando tudo o que tínhamos ouvido durante os últimos cinquenta minutos. Precisávamos encerrar a conversa, mas não sabíamos bem como.

— Temos tempo para a última pergunta — nosso moderador disse.

— Bem — uma voz da primeira fila se dirigiu à mesa —, vocês têm alguma pergunta para nós?

Novamente, ficamos surpresos com a falta de hesitação por parte dos membros da mesa-redonda.

— Sim — a pessoa mais expressiva do quarteto respondeu imediatamente.

— No que vocês acreditam?

As outras três cabeças acenaram indicando que todos eles estavam curiosos para saber a mesma coisa.

Que momento de frustração! Tínhamos só mais três minutos, e também havíamos prometido não tentar convertê-los. Mas ali estávamos, faltando três minutos para perdermos uma grande oportunidade de testemunho ou dar a quatro "almas perdidas" a mensagem de que elas precisavam para mudar a eternidade delas.

Noventa e nove pares de olhos se voltaram para o nosso moderador. Ele tinha ido para a frente, no canto esquerdo da sala, para agradecer aos integrantes da mesa-redonda por terem vindo e dizer aos demais que se reunissem novamente depois de um intervalo.

Ele quebrou o silêncio desconfortável com uma piada:

— Mas esperem aí. Não foi esse o combinado. Nós fazemos as perguntas a *vocês*.

As risadas foram educadas, mas não adiantaram nada para evitar a pergunta.

— Bem, não era nosso propósito convidá-los aqui para pregarmos a vocês — ele continuou. — Por isso, queremos ter certeza de que não estaremos quebrando a confiança que vocês depositaram em nós. Estamos realmente muito gratos por suas respostas sinceras. Vocês nos ajudaram muito. Considerando que vocês nos perguntaram em que acreditamos, acho que vou dizer algumas coisas e depois permitir que vocês quatro prossigam com qualquer um de nós individualmente, caso queiram. O que acham?

Todos gostaram da sugestão. Gostaria de ter tido um gravador para o que veio depois disso. Eu talvez não tivesse exatamente as palavras certas, mas me lembro de ter ficado impressionado com a simplicidade e a eloquência da mensagem evangelística que foi apresentada.

—Aquilo em que acreditamos pode ser chamado de "cristianismo puro e simples" — nosso porta-voz começou —, o tipo de coisa que tem sido o consenso da igreja cristã durante séculos. Acreditamos que há um Deus e que ele se revelou a nós para podermos ter um relacionamento pessoal com ele — uma relação que nos ajude nesta vida e dure para sempre, no céu. Também entendemos que todos nós estamos aquém de qualquer padrão decente de bondade. Em outras palavras, todos nós temos algum pecado em nós que arruinou muitas coisas — amizades, consciência, relacionamento com Deus, coisas desse tipo. Cremos que Jesus é a resposta para nossos problemas. Ele não só nos ensinou lições para viver de modo que não tenhamos esses problemas, mas também morreu na cruz para suportar a pena que merecíamos pelos problemas que criamos. Todos nós chegamos ao ponto de segui-lo todos os dias da nossa vida.

Que moderador! Todos nós nos admiramos do seu resumo agradável da mais importante notícia já anunciada. Ele deu uma olhada em nossa direção como se estivesse dizendo: "Que tal?". Depois se virou para a mesa e perguntou se o que dissera fazia sentido.

As cabeças faziam que sim, mas os olhos pediam mais.

Os cristãos estavam nervosos porque agora estávamos já há 62 minutos de uma reunião de uma hora. Os participantes da mesa não estavam nem um pouco incomodados. Mas honramos o acordo e agradecemos pelo tempo deles, suas ideias e sinceridade. O intervalo prometido foi suprimido por apertos de mão, conversas e anotação de números de telefone para conversas futuras que continuassem o diálogo. Nossa conferência durou somente mais alguns dias, mas durante esse tempo ocorreram muitas conversas no horário de almoço entre os conferencistas e os integrantes da mesa-redonda — conversas sobre Jesus.

Passei o resto da conferência (e muito tempo desde então) refletindo sobre o que vi e ouvi naquele dia. Permaneço particularmente tocado pelo fato de os membros da mesa-redonda — uma vez que tínhamos demonstrado que os ouvimos genuinamente — quererem nos ouvir. Também fiquei me perguntando sobre a disposição para ir à igreja "se um amigo os convidasse".

Seria essa a abertura para o evangelho que tantos de nós estávamos pedindo em oração? Será que, a despeito de todas as tendências culturais, sociais e religiosas, uma nova geração estaria com tanta fome da verdade que nossa mensagem seria mais aceita do que tem sido durante tanto tempo?

Será que outro conjunto de acontecimentos moldou indelevelmente uma nova geração? Assim como Pearl Harbor tornou meus pais quem eles são e Woodstock tornou meus pares quem nós somos, não seria possível que Columbine e Onze de setembro estejam moldando uma geração de pessoas desejosas da verdade, de sentido, completude, integridade e paz verdadeira?

Os alunos universitários e do ensino médio hoje talvez não se convençam da linha relativista que foi tão persuasiva nas salas de aula nos últimos trinta anos. Não lhes diga que o mal não existe.

O que aqueles homens fizeram com os aviões no Onze de setembro foi maldade. Atitudes terroristas de fazer explodir prédios ou matar reféns são erradas. Essas ações impronunciáveis são erradas em qualquer tempo ou cultura. Atos heroicos de salvar vidas ou impedir ataques violentos são corretos. Qualquer pessoa que diga o contrário está errada.

Acredito que o solo em que agora plantamos as sementes do evangelho está mais bem adubado. As estruturas de plausibilidade estão sendo reconstruídas. Os pressupostos estão inclinados mais favoravelmente na nossa direção. E a noção de que a fé é importante para todos os aspectos da vida não é mais considerada absurda. As oportunidades para o fruto evangelístico podem estar prestes a aumentar de modo impressionante.

Este livro tratou de perguntas — perguntas que as pessoas nos fazem e perguntas que podemos fazer a elas. A seguir, sugiro mais algumas perguntas que precisamos fazer a nós mesmos:

- Será que estamos prontos para tratar das perguntas dessa próxima geração com respostas convincentes?
- Será que nos aproximaremos dela diferentemente de como nos aproximamos das gerações de Woodstock e de Pearl Harbor?
- Será que vamos elaborar novos métodos de evangelização ou vamos depender do êxito de rotinas passadas?
- Será que vamos nos adequar à realidade de que algumas pessoas pertencem (a uma igreja ou comunidade) antes de crerem?
- Será que teremos instrução teológica suficiente para enfrentar toda a variedade de alimentos em permanente mudança à nossa volta ou vamos colocar nossa comida como mais uma simples opção de entrada do bufê?

- Será que vamos apresentar nossa mensagem como o evangelho todo-abrangente ou vamos continuar apresentando o evangelho como uma proposição intelectual simplista?
- Será que vamos continuar respondendo a perguntas com respostas ou vamos responder com outras perguntas?
- Será que vamos anunciar nossa mensagem como o rabino Jesus anunciava? Ou vamos continuar seguindo o modelo de Murray, o vendedor de carros usados?

CONHEÇA OUTRA OBRA DO AUTOR

Por que parece mais fácil compartilhar o evangelho com estranhos do que com sua família?

Muitos cristãos "apanham" quando o assunto é evangelização. Muitas vezes não sabem agir com naturalidade ou sentem-se derrotados por não ter coragem de evangelizar, sobretudo os parentes e as pessoas mais próximas.

Nesse livro a reflexão teológica se mescla à prática. Em cada capítulo o leitor descobrirá:

- preciosos insights extraídos das Escrituras;
- histórias de pessoas que foram surpreendidas com a graça de Deus;
- passos concretos que o ajudarão a trazer o evangelho para sua família.

O autor conhece bem as complexidades e as consequências dessa tarefa tão importante. Como judeu messiânico, Randy Newman já levou muitos membros de sua família a Cristo.

Esta obra foi composta em Adobe Caslon Pro,
impressa em papel offset 75 g/m², com capa em cartão 250 g/m²,
na Imprensa da Fé, em junho de 2021.